U0537105

扬州市文艺创作引导资金项目作品

文学家的秘境

姚维儒 著

中国民族文化出版社
北京

图书在版编目（CIP）数据

文学家的秘境 / 姚维儒著 . -- 北京 : 中国民族文化出版社有限公司 , 2023.11
 ISBN 978-7-5122-1804-8

Ⅰ . ①文… Ⅱ . ①姚… Ⅲ . ①汪曾祺（1920-1997）— 人物研究 — 文集 Ⅳ . ① K825.6-53

中国国家版本馆 CIP 数据核字 (2023) 第 209577 号

文学家的秘境
Wenxuejia de Mijing

作　　者	姚维儒
责任编辑	何敬茹
责任校对	李文学
出 版 者	中国民族文化出版社　地址：北京市东城区和平里北街 14 号
	邮编：100013　联系电话：010-84250639　64211754（传真）
印　　装	四川科德彩色数码科技有限公司
开　　本	787mm × 1092mm　16 开
印　　张	17.25
字　　数	240 千
版　　次	2024 年 3 月第 1 版
印　　次	2024 年 3 月第 1 次印刷
标准书号	ISBN 978-7-5122-1804-8
定　　价	86.00 元

版权所有　侵权必究

序一
面具后的汪曾祺

杨 早

忘了是谁说的:"每一篇小说都是作者的假面舞会。"人们总能从小说里发现作者的经历、心境、思想以及挥之不去的各种记忆。在世间的小说家中,汪曾祺的假面是半透明的,这与他的创作理念有关。早在1947年,汪曾祺就给他擅长的短篇小说下定义:"用最经济的文学手腕,只写事实中最精彩的一段或一面。""短篇小说的作者是请他的读者并排着起坐行走的。""短篇小说的作者是假设他的读者都是短篇小说家的。"(《短篇小说的本质》)这也就是说,短篇小说的重点不在于建构一个世界并邀请和导引读者进入(这是长篇小说干的事),也不像中篇小说,要面对面地向读者讲一个头尾完整的故事。短篇小说只是要挑出事实上最精彩的一段或一面来描写,这其实是要求读者对这种生活是熟悉的、习以为常的,作者方能从漫长的生活之河中舀取一瓢最甜的水,这瓢水一旦脱离大河,立即就会获得陌生化的魅力,变成滋养我们精神生活的甘醴。

汪曾祺秉持这样的理念写他的短篇小说,小说中最多涉及的自然便是他稔熟而沉淀在记忆里的故乡高邮。他笔下的高邮,外乡人固然觉得平常而又新奇，高邮同乡也会猛然惊觉习焉不察的寻常日脚，竟然被这位老乡描写得如此动人。汪曾祺表弟杨汝绚从小就认识这位表哥，从1948年的《邂逅集》就开始读他的小说，多年之后读到重写的《异秉》，忍不住会致信评论：

《异秉》里摆熏烧摊子的王二，这样的人和这样的行业许多县城都有，但只有他王二身上带着高邮熏烧摊上的五香味和青蒜味，且因为生意兴旺，熏烧摊子从保全药店廊檐下搬进隔壁源昌烟店的空店堂里去了，他身上就还奇妙地沾着高邮中药店里的气味和刨旱烟的气味——我敢说：不是随便哪一位作家敢于轻易这么"一担三挑"，同时把一支笔伸到熏烧摊、中药铺和旱烟店里去的。

杨汝绚从这些文字里，感受到了"人的精神的美"与"乡土的美"：

我自己离开高邮四十多年了，离开时还是个小孩子，对家乡的记忆已经很模糊了，但你写我们家乡的小说中那份浓郁的气氛仍能拨动我心上的乡情之弦，你笔下的余老五、陆鸭（《鸡鸭名家》），陈相公、陶先生（《异秉》），小明子、小英子（《受戒》），巧云、十一子（《大淖记事》），以及那"岁寒三友"……都仿佛是我自小就亲爱过的乡亲。

对这一点，汪曾祺自己也颇为得意，他给鲁迅文学院研究生班讲课时讲：

我写家乡的小说《大淖记事》，家乡人说写得很像。有人就问我弟弟:"你大哥小时候是不是拿笔记本到处记?"他们都奇怪我对小时候的事儿记得那么清楚。我说,第一,我没想着要当个作家;第二,那时候的纸是粗麻毛边纸,用毛笔写字怎么记呀?为什么能记住呢?就是因为我比较细心地、专注地观察过这些东西,而且是很有兴趣观察。

当然,观察之外,更大的驱动力来自汪曾祺师承沈从文的"对家乡的严重的关切,对于家乡人的深挚的同情,乃至悲悯"。因此我们不妨将黄永玉评沈从文《长河》的话移来评价汪曾祺的高邮系列短篇:这是"与家乡父老子弟秉烛夜谈"的"知心的书"。也正因此,从1980年开始,尽管无数的读者为汪曾祺笔下的小城人事感动、欢喜、难过,但多多少少是有一点儿"隔"的。这种"隔"是没有办法的事,他们尝到了那瓢甘美的水,却无法感知那条生命之河的本味,于是也就无法尽知这种浸润与转换的难度与妙处。因此,四十年来对汪曾祺高邮系列的评论研究可谓汗牛充栋,但总给人隔靴搔痒之感,还有很长的路可以走。

倘若汪曾祺有一位年龄相仿的弟弟,也像他那样记得,会写,那就真是读者与研究者的福气。我们研究鲁迅的小说,谁能够绕过周作人的《鲁迅的故家》《鲁迅的青年时代》《鲁迅小说里的人物》呢?然而与汪曾祺同时同地长大的伙伴中,写的并不多,难以"教人想见旧高邮"。

汪曾祺生前并不太愿意别人去追索他笔下的人事原型。1992年,他将写高邮的小说合编为《菰蒲深处》,在序言里讲:

世界上没有这样便宜的事,把一块现成的、完完整整的生活原封不动地移到纸上,就成了一篇小说。从眼中所见的生活到表现到纸上的生活,总是要变样的。我希望我的读者,特别是我的家乡人不要考证我的小说哪一篇写的是谁。如果这样索起隐来，我就会有吃不完的官司的。出于这种顾虑，有些想写的题材一直没有写，我怕所写人物或他的后代有意见。我的小说很少写坏人，原因也在此。

汪曾祺的顾虑不无道理，那个时代也确实有过这样的名誉官司，作家打输的也不少。然而话说回来，了解汪曾祺笔下人事的原型，能不能帮助读者更好、更贴切地理解他的作品？当然能！汪曾祺极力主张"气氛即人物"，小说背后的那些人、事、地、物，同样也构成了包围着作品的"气氛"。不知道这些，小说依然好看；知道了，可以在想象中进一步还原旧高邮的图景，会从小说里得到更多、更精彩的东西。

举个例子，我祖籍高邮，但不在那里长大，跟汪曾祺的年代更是隔了半个世纪。因此，头几回到高邮，看文游台、盂城驿、镇国寺、高邮湖，虽觉得有意思，但跟汪曾祺的小说散文联系不深，似乎也就是名人故里的景点游逛。直到有一次走在东大街一带，有长辈说通湖路从前是没有的，这里是高邮县城的城墙。这一下犹如醍醐灌顶，我才明白：原来汪曾祺家是住在城外的！

住在城外，意味着什么？意味着他并非处于高邮的中心，而北城门外的东大街，因为临河临湖，交通便利，让此处成了高邮的人烟稠密的商业圈。当我看到高邮姚维儒先生手绘的《中华人民共和国成立前高邮东大街工商业分布示意图》和《汪曾祺在故乡旧时足迹示意图》（见本书附录部分）就更明白了：汪曾祺写的所有乡人故事，基本上都发生在他上小学、中学路上的这条大街上！住在北门之外，汪曾祺既能接触到大批的店铺与商贩，在人间烟火里每日穿行，又能到大淖看挑夫，到阴城看放烟火。这是一种介乎"乡人"与"野人"（借用东周的概念）之间的生活。可以说，这样的生活圈奠定了汪曾祺高邮小说的层面与格调。

姚维儒与汪曾祺相隔一代,但两人知道的人或事交集甚多,因此近年来姚先生致力于挖掘汪曾祺笔下的人物、地理、事件、物品的源头流变,集成《文学家的秘境》一书。对于"汪研""汪迷"来说,这都是很有功德的事。也只有姚维儒先生,才有能力去做这件事,因为在通晓言语、厘清关系、辨别地形、访谈人物等方面,高邮之外的研究专家再自称第一,也是做不到的。而且姚先生有兴趣亦有毅力,日积月累,亦蔚为大观,让读者更能看清汪曾祺为高邮叙事的树之根、水之源。

姚先生此书,由短文片章连缀而成,一篇一见,用不同的主题来吸附各类材料,颇得汪曾祺短文的妙处。其中多有重述引用汪曾祺的文字,并与他自己的考证叙述相互佐证,亦是题中应有之义。姚先生是位医生,走上文学之路并着手汪曾祺研究实属不易,他的部分调查考证对汪曾祺研究有一定的参考价值。这本书客观上成了汪曾祺文学的故乡图谱。另,全书编排有些芜杂,倘有妙手编辑淘洗一番,依人、地、事、物再加整理,当能更好地导游读者于汪曾祺的高邮世界。

姚先生不以予浅陋,命为之序。文情乡谊,均不容辞。辛丑暮春,杨早写于北京东郊。

序一作者简介:

杨早,北京大学文学博士,中国社会科学院文学所研究员,中国当代文学研究会常务理事。著有《清末民初北京舆论环境与新文化的登场》《民国了》《元周记》《野史记》《说史记》《早读过了》《拾读汪曾祺》等,编有《六十年与六十部:共和国文学档案》《沈从文集》《汪曾祺别集》,译有《合肥四姊妹》。

序二

汪曾祺小说的本事考

苏　北

姚维儒先生颇有兴趣，在写了《琐忆汪老》专著之后又将要出版研究汪曾祺的另一部著作《文学家的秘境》。《文学家的秘境》是关于汪曾祺小说的本事考，有一定学术价值，也挺有意思，对于诸多"汪迷"来说是一本很好的读物。他来信命我作序，我乐得从命。

姚维儒先生的汪曾祺研究是有其独特的路径的。首先，他是汪先生的家乡人，得天时地利之便；其次，他也算是"旧时代"过来的人，对汪先生笔下的旧时生活情状，有比较深切的理解；最后，作为汪先生的邻里，他对汪先生笔下的人和事的渊源能有比别人更深入的挖掘。他的写作有一种考据和索引之趣味，对汪先生笔下家乡的人事，都能说出个因由：《珠子灯》写的是谁，《关老爷》原型是某某，《皮凤三楦房子》写的又是谁，《鉴赏家》里的叶三是何人，他所知道的《薛大娘》……似乎要将汪先生写家乡的小说、散文中的人物都给"论证"一番。这样的研究当然是很有意义的，部分内容有一定的史料价值。他从另一个侧面丰富了汪先生笔下的人物和故事，延伸和扩展了汪先生笔下人物和故事的空间。当然，同时也满足了读者的某种"窥探"的心理，可读性是显而易见的。

近二三十年来的汪曾祺研究，以我看来，大约有这么几个派别。一个是学理性较强的学院派或者称为学术研究，他们主要活跃在学术期刊和专业领域；一个是以大量"汪迷"为群体的民间派，这一部分主要活跃在网络上，发帖子写阅读感受、分享汪曾祺及其作品信息，这些"散兵游勇"，形成强大的"汪迷部落"，使汪曾祺的民间热度不断升温；还有一派即如姚先生这一拨追寻汪曾祺足迹的故乡人。

从二十世纪八十年代始有李国涛、季红真、孙郁、陆建华、王干等诸先生，近年则有如杨早、郜元宝、徐强、李建新等青年才俊，他们对汪曾祺及其作品的研究都比较学术化。而故乡一派的发端，最早有陆建华、朱延庆、王干、金实秋和陈其昌等为代表的乡贤们。当然这些都不是绝对的，有的是兼而有之。比如陆建华、王干，他们本身就是评论家，也都是汪先生的家乡人，都与汪先生有过或多或少的交往，对汪先生的为人、为文，都比较熟悉和了解，因此能写出既饱含深情又有学术高度的文章来。

还有一批即如我这般的"汪迷"派。这一派人员很广、很杂，水平高低不一，充满热情，活跃度高，在大小网站、个人博客（微信）和众多大小报纸上都有他们的身影。近年来，汪先生的影响力不断升温，当然是由专家、学者们主导的，但"汪迷"派也功不可没。他们都是草根，但基数大，热情高，精力旺盛，"搞事"能力强。比如眼前的这位姚维儒先生（当然也包括"汪迷部落"的领头人赵德清），就是能产生较大影响力的汪先生基层研究者。他们既是家乡人，又是资深"汪迷"，是宣传高邮，宣传汪曾祺的中坚力量。

姚维儒先生"二派"兼具：有天时，更得地利；有热情，更有基础；有韧性，更会钻研。《文学家的秘境》一书中的许多篇章既具学术性，又有趣好玩，且为汪先生作品研究提供了第一手资料。书内的章节，诸如《最后的车匠》《寻访〈异秉〉的后人》《〈鸡鸭名家〉探究》《话说〈徙〉故事中的故事》等，都是研究汪曾祺作品最扎实的"柱础"。我想这些文字是自有其史料和文学价值的。

是为序。

2023 年 2 月 27 日

序二作者简介：

苏北（1962—　），著名作家，学名陈立新，安徽天长人。中国作家协会会员、安徽作家协会理事、中国农业银行作家协会副主席。著有作品集《秘密花园》《城市的气味》《忆·读汪曾祺》《书犹如此》等。曾获第三届汪曾祺文学奖金奖等多种奖项。

目 录

一、人物溯源

话说《徙》故事中的故事 …………………………… 003
《鸡鸭名家》探究 …………………………………… 011
寻访金大力的后代 …………………………………… 014
"庞家肉案"本姓唐 …………………………………… 017
《侯银匠》侯菊原型寻访 …………………………… 022
寻访《异秉》原型的后人 …………………………… 026
与汪曾祺笔下人物戴明生聊天 ……………………… 032

二、探赜索隐

汪淡如的印章 ………………………………………… 047
热闹的东大街 ………………………………………… 049
寻访庵赵庄 …………………………………………… 056
话说竺家巷和竺家小巷 ……………………………… 060
保全堂与万全堂 ……………………………………… 065
篷顶桥·隔河照壁·有名分的厕所 ………………… 070
高邮的炕房 …………………………………………… 075

三、汪文赏析

《珠子灯》写的是谁 …… 081
李小龙的黄昏 …… 085
最后的车匠 …… 088
从汪曾祺的《职业》说起 …… 091
话说《名士与狐仙》 …… 095
也谈"对口" …… 100
汪曾祺与牙医的一段佳话 …… 103
汪曾祺的疟疾 …… 107
《我的家乡》阅读感言 …… 111
闲言碎语话《冬天》 …… 116

四、岁月留痕

五小溯源趣谈 …… 123
大溏、大脑还是大淖 …… 130
师恩母爱伴一生 …… 134
汪曾祺笔下的臭河边 …… 138
汪曾祺笔下的杨家香店 …… 148
汪曾祺与巴金 …… 151
高邮帮船 …… 156
与李乃祥聊靳彝甫 …… 159
寻访沙岭子 …… 163
汪曾祺的莲花图 …… 168
汪曾祺"效力军台" …… 171

五、美食风物

读《干丝》聊干丝 …… 177
寻味高邮，汪曾祺笔下的蒲包肉 …… 181
汪曾祺对江阴的美食记忆 …… 184
汪曾祺与茶 …… 188
东大街的茶馆 …… 192
运河风物——慈姑 …… 194
《八千岁》中的草炉烧饼 …… 199
汪曾祺念念不忘的臭苋菜秆子 …… 203
荸荠庵里话荸荠 …… 206

六、市井生活

被汪曾祺写火的草巷口 …… 211
汪家的俭与舍 …… 215
大淖旧事 …… 219
十八半个箩班——汪曾祺笔下的挑箩把担 …… 223
汪曾祺笔下的民俗风情 …… 227
汪曾祺为他题写店招牌 …… 237
阴　城 …… 241
汪曾祺与岳阳楼 …… 244
打芦席做窝积 …… 248
汪曾祺洗过的澡堂——东玉堂 …… 250
赵厚麟与我们聊汪曾祺 …… 254

后　记 …… 258

一、人物溯源

一、人物溯源

话说《徙》故事中的故事

汪曾祺的小说《徙》载于1981年8月4日的《北京文学》。故事的主角是汪曾祺的老师高北溟和他的女儿高雪。

"先生之泽久矣。"高北溟先生是汪曾祺小学五年级至初二的国文老师,也是他非常尊重的一位恩师。汪曾祺受其影响最深。高北溟先生"为人正直,待人诚恳,清高而从不与世俗合污,终生勤奋"的高标品格,影响了他一生的立身和为人。汪曾祺终于把他对老师的尊敬写进小说《徙》中。

汪曾祺在《我的小学》《我的初中》里都说到高北溟,《徙》算得上是一篇写实性小说。其中的人物用的大多是真名。高北溟名鹏,其名和字用庄子《逍遥游》"北冥有鱼,其名为鲲……化而为鸟,其名为鹏"之意,足见其志向非比寻常。他是欲借力好风飞徙南溟的一介读书人。故而标题为《徙》,是喻高北溟欲徙未徙的跌宕起伏的人生,揭示了他的无奈和渴求广阔世界而终无所得,这种欲徙未徙的悲剧在他的女儿高雪身上又得到延续。

高北溟师从地方名师谈甓渔。谈甓渔,真名杨甓渔,乃高邮"杨八房"中的"杨三房"杨苇之子,名遵路,字由之,号甓渔。杨甓渔出身名门望族,亦系当时高邮文坛的领军人物。高北溟在老师的指导下,十六岁就"高高地中了一个秀才",没想到的是第二年朝廷就停了科举。心存大志的他,忽然一下子没了前进的方向，生活的压力也压得他喘不过气来。在他百无聊赖的时候，他的世家朋友沈石君给他指出了一条"明路"：考师范，去教书。这看似平坦之路，其实也荆棘丛生。

面对这样环境，高北溟试图以断绝各种社会关系来逃避：不宴请客人，不参加同学聚会，不和同事聊天，全身心地投入教学工作。当教学有成之时，他又以为自己可以展翅高飞了。他的安守本分，坚守气节，不料却引来同事的敌意相向。这时，他的靠山被排挤走了，理想的工作随之旁落。

当然他的一生中最重要的两个愿望，也无法实现。这两个愿望，一是为老师谈甓渔出书，二是让女儿高雪上大学。但为给老师的诗稿筹款出版，耽误了女儿高雪的前程。

汪曾祺在《徙》中着重写了高北溟的女儿高雪和女婿汪厚基之间凄美的爱情故事。汪曾祺与汪厚基家是亲戚，又是近邻，两家走动比较多，相互间十分了解。高北溟与他们两家也是邻里。汪厚基是高先生最喜欢的学生，说他"绝顶聪明"。高先生满以为这个学生一定会升学，将来一定会出人头地。他家道殷实，升学肯定没有困难。没有想到他家里决定叫他学中医。高先生听说，废书而叹，连声说："可惜，可惜！"

汪厚基家先请淮安的一位老中医来邮，在家里传授医术。然后汪厚基又跟一个姓刘的老先生学了几年后，便在东街上赁了一间房，挂牌行医了。他看起来不像个中医，英俊倜傥，衣着入时，倒像个大学毕业生。也许沾了"神童"名声的光，请他看病的还不少，因此他的收入颇丰，他家里觉得叫他学医这一步走对了。

汪厚基该成家了，来保媒的一年都有几起，汪厚基看不上媒人推荐的，他私心爱慕着高雪。他俩是小学同班，两家住得也不远。他俩一起上学放学，天天一起走，小时候感情就很好。高雪上师范三年级时，他曾托人到高家去说媒，结果被委婉地拒绝了，因高雪是个心高的人，她想飞出去。

一、人物溯源

高雪是高先生的掌上明珠，高先生在外受多大的委屈，回来看看这个"欢喜团"气也就消了。她要什么，高先生都依她。只有一次例外：高雪初三毕业要考高中，将来到北平上大学，而高先生执意要她考苏州师范。她拗不过父亲的苦劝，还是去读师范了。在学校里，高雪堪称校花。她丰姿楚楚，行步婀娜，神态安静，在唱歌、弹琴方面都很出色。唱的是《茶花女》，弹的是肖邦的《小夜曲》。对于若干的追求者她并不上心。师范是毕业了，高雪却病了，得了痨病——这病在地方上很是忌讳的。高雪病了却成全了汪厚基：汪厚基可以每天来给高雪看病。汪厚基觉得给她看病是一种福，而高雪也很感激他。经过汪厚基的精心诊治，高雪的身体一天比一天地好了起来。高雪病愈后，就在本县五小教书。她一边教书，一边补习功课，准备考大学。但她接连考了两年没有考上。第三年"七七"事变，抗日战争全面爆发，她所向往的大学都迁到了四川、云南。她想冒险通过敌占区去四川、云南，全家人都激烈反对，她只好在这个小城困着。高雪的岁数一年比一年大，该嫁人了。多少眼睛都看着她，她在学校经常收到情书，不断有人向她献殷勤，她一个也看不上，觉得他们讨厌。汪厚基又托媒人说了几次，又都被委婉拒绝。一次又一次，经过汪厚基的"穷追猛打"，在父亲的高压催促下，高雪终于同意和汪厚基结婚。婚后的生活是平静的，汪厚基待高雪真是含在口中怕她化了，体贴到不能再体贴，每天起床时连鞋袜都是汪厚基给她穿。然而高雪并不快乐，她的笑容总有点凄凉。半年之后，她又病了，得的是忧郁症。病了半年，百药罔效，高雪瘦得剩了一把骨头。高雪觉得自己不行了，叫汪厚基给她穿衣裳。她用非常温柔的眼光看着汪厚基说："厚基，你真好！"随即闭上了眼睛。高雪想飞，终究没有飞得出去。

汪曾祺笔下的汪厚基与高雪的爱情故事是凄美的，而现实中的汪厚基在娶高雪前有过另一段婚姻且膝下还有一对儿女。汪厚基比汪曾祺大七八岁，汪曾祺曾耳闻目睹了汪厚基与高雪相恋相爱的趣事和浪漫的悲情绝唱，将汪厚基艺术化到了极致，人性化也臻于完美。高雪为汪厚基生一男孩，取名萱，可惜孩子不幸早殇；而汪厚基的前妻即原配仲氏的儿子叫汪柯、女儿叫汪涓，则长大成人。汪厚基后来又娶了戚宝英为继室。汪厚基八十三岁去世，继室戚宝英一直与女儿汪洛生活在一起，后戚氏因病去世，享年99岁。戚宝英是大家闺秀，也是美人胚子，长得很标致，言行举止十分得体。20世纪60年代，出于生活所迫，她竟操起弹弓弹起了棉花，担负起全家的生活重担。我仍然清楚地记得戚宝英弹棉花的场景。

话说汪涓，她是我祖母的乳儿，她母亲仲氏生养她时因大出血不幸去世，后来她就被托给我祖母喂乳。那时我们家里虽开个北天星香厂，但因子女多生活也不富裕。祖父一辈子浑浑噩噩，抽大烟不问家事，我家里里外外全靠祖母一人。祖母有点像《大宅门》里面的白文氏。为了带汪涓，为了几斗米的收入，万般无奈的情况下，祖母忍痛将襁褓中的儿子送到了育婴堂。汪涓生得漂亮，圆圆的脸蛋上镶嵌着一双会说话的大眼睛，深得一家人的喜欢。家里有什么好吃的都尽她，祖父喝小酒，唯独她可以上桌，别的孩子则不然。她生活在这样的环境里感到非常快乐与温馨，以至长大了也不愿回她家去。每次她家里派黄包车来接她，那简直成了生死离别的场面：每拽她走一步都很困难，每过一道门她就死抓住门搭子不放，甚至手心都勒出血来。我的四叔说："汪涓的哥哥汪柯与我同班，可关系一直不好，就缘于汪柯误认为我们家不放她回去。"汪涓道："人是有感情的，妈妈及全家待我这么好，我哪能不感恩呀，那时我真的是不愿回去。"汪涓就读扬州工学院无机化学专业，毕业后分配到盐城，并在那里工作、结婚、生活到至今，现在盐城、南京两地跑。多年来她一直与我的父辈们以兄妹相称，每个月都寄生活费给我祖母，一直到祖母去世，可谓养老送终。

汪涓与汪曾祺的家世家境十分相似。汪涓的父亲汪厚基与汪曾祺同为

一、人物溯源

高北溟的高足,都极其聪明、多才多艺,但命运多舛,都先后娶了三任妻子,三个妻子都是名门闺秀且很漂亮。前两位妻子都因病过世,续弦的妻子对前妻的孩子都很照顾,子女对待陪伴父亲的继母也很敬重。汪涓因念我祖母的养育之恩,对姚家的亲情则明显重于汪家。对继母高雪,汪涓还是有点印象:10年前由盐城来高邮,与玉明姑母走在东大街上,她特地指着谈家门楼对面的竺家小巷,说那里就是高雪妈妈的娘家。

经我的好友杨德宏的引见,我与高北溟的外孙高峰有了一次接触,让我知晓了高北溟家许多鲜为人知的故事,许多史实显然与小说《徙》有较大的出入。

高北溟的"一所小小的四合院"位于竺家小巷西侧北首第一家,出巷子跨过东大街,即是他的恩师杨甓渔的家。据高峰说,他外公膝下不只是两个女儿(高冰和高雪),外婆一生先后生了十四个孩子,长大成人的仅四个女儿。

大女儿高玉,字温如,没有去学校读过书,一直在家做母亲的帮衬。高北溟曾经为大女儿高玉在他的学生中物色过一个准备做女婿,不幸高玉二十多岁就因病过世,高北溟及全家都悲痛不已。为此,高北溟在灵堂上亲拟挽联:"欲哭无泪,欲诉无辞,我为汝千百事打算终成一梦;求生不得,求死不能,可怜我数十年忙碌谁慰老怀?"来吊唁者无不为之动容。

二女儿高冰(1916—2015),美丽聪慧,好学不倦,后考上位于镇江的江苏省立师范。当时入学除了文化考试,还需要面试,高冰凭着长相与才华,一举获得通过。毕业后她去了该校校长的家乡教学,后来嫁给高峰的父亲王皋言。高北溟因大女儿招婿未能如愿,招婿入赘的心思就落到二女儿高冰的身上。但王皋言是独子,若招婿与理不合。当时的媒人就做了个"串媒",跟王家讲是娶媳妇,与高家讲就是招女婿,两边都留有新房。待到第一个儿子出生时,跟谁姓引起了极大争论。后来两家将前面出生的两个儿子（王镇、王杭）、一个女儿（王秀）随父姓，后出生的两个儿子（高潮和高峰）随母姓。他们兄妹几个的名字都是外公起的。

高北溟最小的女儿高露，生于1935年，一生从事教育事业，直至退休，目前居住在镇江。她育有两女一子，儿子戈矛曾任镇江市文广新局局长，她的一个女儿也随外公姓了高。

高峰的三姨高雪，人长得漂亮，聪明伶俐，心气也高，集外公的宠爱于一身。她一心想考高中、读大学，想出国去印度尼西亚，经过外公的苦言相劝，还是去了姐姐读书的学校——江苏省立师范。她最擅长音乐。由于天资聪颖，乐感好，她经常出现在学校的舞台上，是名副其实的校花。高雪毕业后应聘到南京鼓楼小学教书。因该校当时是国民政府中央直属机关附属学校，故薪酬高，每个月85块大洋，而普通学校的月薪只有8块，高冰当时的月薪是35块。由于高雪歌唱得好，当时的国民党中央电台曾经播放过她唱的歌曲。应该说高雪是飞出去了！

但好景不长，"七七"事变后，南京沦陷，学校停课，高雪不得已回到了高邮，并随家人去了横泾芦苇荡躲兵荒（与汪曾祺随家人去庵赵庄躲兵荒是同一时期）。

高北溟一心想把宝贝女儿高雪留在身边。为了实现他招婿的心愿，他准备将高雪许配给自己的高足汪厚基，当即遭到高雪的极力反对，高雪的母亲敢怒不敢言。老实说，汪厚基虽家道殷实，人品也好，但没有正规学历，仅是个中医郎中，高雪嫁给汪厚基显然是亏了，而且是去做他的"填房"。这对高雪来说，实在是有失公允。但高北溟认为汪厚基家境不错，人也聪明好学，老实可靠。在他的坚持下，高雪不情不愿地嫁了过去。虽然汪厚基对高雪一往情深，但心高气傲的高雪一直感到很委屈。现实与理想的落差让她适应不了。她一次次地纠结，一次次地难过，一次次地绝望，有了明显的自杀倾向，患上了当时很难治好的抑郁症。结果，这桩包办婚姻害了高雪，这是高北溟的保守思想酿成的悲剧。

高峰说："活泼开朗的三姨，遇到外公给她包办婚姻，应该是很痛苦的，她不像我妈那样顽强，最终得病去世了。我妈因外公外婆一直将她当男孩子养，所以成就了她的个性坚韧。我妈的心态非常好，处事坦然，所以能活到虚岁100。我妈妈在世的时候，谈及到三姨就潸然泪下，因为妹妹本没有病，是嫁到汪家后才得病的。她恨汪家，是汪厚基害了妹妹高雪，也害了汪萱（高雪去世后，汪家领走了汪萱，孩子没有了奶妈，见不到外婆，后患病死了）。汪曾祺笔下高冰的形象，实则是我大姨和我妈妈形象的糅合。"

高峰继续说："我的外婆贤惠善良，持家有方。她对我很疼爱，我从小主要是由外婆抚养长大的。因我们与外公外婆太亲，平时都不叫外公外婆，而是喊爷爷奶奶。我们家于1945年搬到镇江。我出生在镇江，在镇江读完小学、初中后，于1964年回到高邮继续读书。1968年我被下放到司徒公社倪庄大队，1978年考入南京林学院木材加工系，现定居于上海。我二哥王杭曾担任高三语文老师多年。他年轻的时候，我外公曾花了许多时间为他授课，我二哥可以算是外公的关门弟子。我三哥高潮，是高邮中学66届高中毕业生，因身体原因没有下放，后来做了市包装厂的一把手。

"我母亲虽是数学老师，但语文功底也非常好，很多古文能通篇背诵。小姨是我的启蒙老师，我小学在小姨的复式班上学。当时学校只有她一个老师，教几十个小孩、4个年级，每堂课每个年级各讲十多分钟，语文、算术、音乐、体育都是她一人教。我母亲80岁以后一直住在我二哥家，直到2015年去世。我二哥从小学开始直到初中毕业，他的班主任都是我母亲。母亲对于二哥而言是双重身份：母亲和老师。

"我的外公高北溟是一位教学有方的国文教师。我的父亲王皋言毕业

文学家的秘境

于上海大夏大学，曾在镇江师范学校任教，中华人民共和国成立以后曾创办过谏壁农校，以后一直在丹徒县（现为丹徒区）大港中学任教。我的母亲、三姨和四姨都是教师。大哥从南京工学院毕业后分配到甘肃，中途做过教师，二哥是教师，姐姐也是教师。我家真可谓'教育世家'，也算是实现了外公的夙愿。"

杨氅渔引领高北溟成为一位优秀的教师，高北溟将之传承给自己的后代，繁衍出一个"教育世家"，这种传承还延伸至一代大家汪曾祺。

"辛夸高岭桂，未徙北溟鹏。"高北溟没有飞出去，她的女儿高雪也没有飞出去，但他的后代飞出去了，他的学生汪曾祺飞出去了，如鲲鹏展翅，飞得很高很远。

汪厚基与高雪早已作古，然而他们凄美的爱情故事，随着汪曾祺的文字将会流芳百世。

一、人物溯源

《鸡鸭名家》探究

　　《鸡鸭名家》是汪曾祺早期创作的一篇小说，主要写了余老五和陆长庚两个风俗人物的故事，表现了他对大千世界万物的欣赏，以及对普通人的关心与尊重之情。

　　小说《鸡鸭名家》不是写能人的嚣张，而是写能人的闲适和惬意，将能人的那种归属感进行了一番美妙的描述。

　　余大房的炕房师傅余老五悠闲得很，每天擎着他的"其大无比，细润发光的紫砂茶壶"到处闲逛，为什么呢？因为余老五有本事呗。每年清明前后炕小鸡时他就该大显身手了。余老五炕小鸡的场面是极其庄严隆重的。余老五自掌炕以来，从未误过一回事，同行中无不赞叹佩服，这使余大房的声誉得以充分提升。

　　这一带多河沟港汊，出细鱼细虾，是个适于养鸭的地方。养鸭的遍及湖西和下河的每个村庄，由此也造就了许多养鸭能人，催生了蛋行、炕房和鸭行这些行业。

　　小说《鸡鸭名家》里面的人物都是有生活原型的。"高高大大，广额方颡，一腮帮白胡子茬"的余老五是谁？文中写他"是余大房炕房的师傅，他虽姓余，炕房可不是他开的，虽然他是这个炕房里顶重要的一个人"。其实，余大房的老板是余松林，大师傅余老五则是余登仁，余松林是余登

文学家的秘境

仁的儿子，而非文中所说："老板和他同宗，但已经出了五服，他们之间只有东伙缘分，不讲亲戚面情。"

据年近百岁的老人阎世俊说，汪曾祺笔下的余大房写的是过去草巷口6号的余元泰炕房，炕房老板是儿子余松林，而不是父亲余登仁。《鸡鸭名家》里的余老五原型便是余登仁。余登仁弟兄两个，弟弟余登义也是炕房的师傅。余登仁炕房手艺堪称一绝，余元泰的炕房规模在东大街也首屈一指。为什么汪曾祺在文中称余登仁为余老五呢？余登仁在家虽排行老大，但与人拜把兄弟则排行老五，余老五就这么喊出名了。阎世俊16岁即进余元泰炕房做学徒。中华人民共和国成立前夕，余松林出走，余元泰炕房渐衰，阎世俊于1953年成了俊成蛋行的老板。

《鸡鸭名家》中还写了一个不走运的能人——陆长庚。陆长庚是养鸭的，一生不得志，所以有点潦倒颓废。他"瘦瘦小小，目光精利，一小撮山羊胡子，头老是微微扬起，眼角带着一点嘲讽痕迹的，行动敏捷，不像是六十开外的人"。他是这一带放鸭的第一把手，诨号"陆鸭"，据说他跟鸭子能通话，他自己就是一只成了精的老鸭。

据阎世俊说，大淖一带及其周边并没有陆长庚这个人，汪曾祺笔下陆长庚的原型应该是来自于陆家舍的郭兆林，当时郭兆林可是这一带的放鸭高手，没有之一。他因左手有残疾，人称"郭侉（音）爪子"。他家住在大淖东边窑巷口中段土地庙的旁边，他的儿子郭元顶也是放鸭高手，后来他放鸭本领比父亲还要高一筹。郭兆林的女儿也有放鸭的巾帼气概。那时赶鸭子过荡过江的都会找到他家，郭家真不愧是"放鸭世家"。郭兆林家在大淖的东边有一个大塘（与大淖隔一个窑巷口，目前与北澄子河相连）。常年圈养着上千只鸭子，郭家是正儿八经的鸭行。

阎世俊说余登仁块头大，嗓门大，好喝酒，爱管闲事，不论是哪两家闹纠纷，吃"讲茶"评理，都有他一份。凭他的魁梧长相，凭着他家的炕

一、人物溯源

房和他做炕房的一绝手艺，他就足以威慑得住人。余登仁善交朋友，光把弟兄就有 11 个。排行老大的是毛唤春，余登仁排行老五，另外有开茶馆的刘长松、胡殿奎和马太昌，开肉案的唐家老大唐仁余，开草行的毛德隆，开蛋行的叶万财，开砖瓦行的陈培根，开鸭行的郭兆林和万泰炕房的师傅刘二瞎子（与三圣庵指南和尚是弟兄）等。每年泰山庙出会，这 11 位把弟兄都会扮演太监，穿一式的衣服出巡主要街道。

把弟兄，指结拜的弟兄。年长的称把兄，年轻的称把弟。把兄弟是能共富贵、共患难、互帮衬的一帮人。在你最需要帮助的时候，他们一定会在第一时间出现在你的面前；你惹了麻烦捅了篓子，他们也许会骂你责备你，怪你给他们找事，但第二天你就发现他们帮你把大事小情全部搞定；兄弟不是为你庆祝胜利，而是陪你共渡难关。

由于受到余登仁等父辈把弟兄的影响，在中华人民共和国成立初期，高邮一帮年轻人集中在一起搞文娱活动迎国庆，阎世俊也结识了自己的一帮把弟兄，人数也是 11 个。按年龄排列依次是阎世俊（炕房）、张寿松（熏烧）、戚立太（炕房）、王高山（《异秉》王二的二儿子）、吴同林（《吴大和尚和七拳半》里吴大和尚的二儿子）、邵正生（香伙，后来开茶炉）、李伯宽（保全堂西隔壁裕昌祥茶叶店老板）、朱文元（大东厨房的小老板）、胡文霞（朝阳春饭店老板胡殿奎的儿子）、赵福寿（赵厨房小老板）、叶臻（叶家蛋行叶万财的儿子），都是草巷口一带的"少豪"。这一茬把弟兄目前仍健在的是老大阎世俊和老小叶臻，其他都已谢世。

文学家的秘境

寻访金大力的后代

汪曾祺的散文体小说《故乡人》是系列小说，包括《打鱼的》《金大力》《钓鱼的医生》三部分。汪曾祺在《金大力》中主要写了金大力的故事。1995年，汪曾祺在《兽医》里又谈到金大力和他的老婆。汪曾祺善于写三教九流和引车卖浆者，《金大力》《兽医》都不例外。《金大力》看似平淡，语言朴素无华，描写方式也较为单一，却成了中小学作文阅读课本及高教版中等职业学校《语文》的基本课文篇目。

汪曾祺写道："金大力想必是有个大名的，但大家都叫他金大力，当面也这样叫。为什么叫他金大力，已经无从查考。这个金大力只是一个块头很大的家伙，是个瓦匠头儿，是个老实人……金家茶炉子生意很好。一早、晌午、傍黑，来打开水的人很多……烧火的是金大力的老婆，这是个很结实也很利索的女人。"

茶炉子事关民生，在那个年代似乎很重要。这里的人家都习惯提着暖瓶、洋铁壶、暖壶、茶壶，川流不息地到茶炉来提开水。这一带店铺人家一般也不烧开水，要用开水，多到茶炉子上去买，这比自己家烧方便。冬天茶炉子的生意更好，排队等上半个时辰是常态。东大街茶炉子有好几家，西头陈家巷的邵家茶炉，十六联西边的陈家茶炉，向东跑不了多远的赵家和田家茶炉，草巷口的朱家茶炉，保全堂药店西边的邵香伙茶炉（东大街

· 014 ·

一、人物溯源

几个姓邵的都是做香伙的），窑巷口附近的刘长松茶炉（兼营茶馆）。金大力茶炉先开在草巷口的巷首（朱家茶炉前身），后开在螺蛳坝的西边，汪曾祺家的南边。茶炉子用水都很多，金家茶炉的一半地方是三口大水缸。因为缸很深，一半埋在地里。一口缸容水八担，金家一天至少要用二十四担水。这二十四担水都是金大力挑的。有活时，他早晚挑；没活时，白天挑。有时还替民家挑水。

金大力虽早已作古，但想必是有后人的。几经辗转，我终于打听到金家的后代住在严氏阁附近。只能逐户询问。东台巷207号是一户四间楼上下的房子，有个院落，开了两个门，显然是已分开了的两户。一天下午我轻叩了207-1的门，里面随即有了应答声，开门的是位中年妇女，一问正是金姓人家。

女主人反问我认不认识她。她见我一脸的憬然，就主动告知她是团结巷邵家的。哦，原来是老邻居，最后电话联系上了她的丈夫金晓源。

金晓源今年70岁了，从电力公司退休，不打扑克，也不搓麻将，喜欢每天下午到如意泉泡一把澡。他和一些老朋友在澡堂里聊聊天，天南海北漫无边际地聊，不经意一个下午就过去了。这样既消磨了时间还修身养性，若在过去则是小县城有闲阶层的生活方式。金晓源弟兄3个，大弟金家宝在原先的百货公司上班，二弟金家俊则在原先的糖烟酒公司上班。弟兄3个住在一起，各开各的门。

金晓源的父亲叫金世红，为人忠厚老实，一辈子种菜为生，已去世多年。金晓源有一个叔叔和两个姑姑：他们都在上海，叔叔金顺龙及姑姑金彩花均已过世，姑姑金玉英还健在。金晓源曾经承继给上海的叔叔，故小时候一直在上海生活，小学三年级才回到高邮，当时一口的上海话，人家叫他小蛮子。金晓源与我还是高邮中学的校友，他低我两届，同属"老三届"。

金家西边隔两户就是汪曾祺笔下的薛大娘家。薛大娘早已去世。再向西就是关帝庙。关帝庙还在，香火不是很旺盛，偶尔传出诵经声，除了有人做佛事，大门时常都关闭着。

说到爷爷金大力做过瓦匠，金晓源和金家俊都没有什么印象，但他们的舅舅刘长元倒是个瓦匠，家住窑巷口东边的郭家巷。汪曾祺的妹妹汪丽纹曾经告诉我，臭河边的汪宅是他父亲汪菊生（汪淡如）经手建起来的，总共18间半，算是分给二叔汪长生的。当时负责施工的就是瓦匠刘长炳的父亲。那个时候汪家的房子修建补漏都找刘长炳。刘长炳虽然是个手艺人，与汪家却是世交。刘长元、刘长炳与东大街开小茶馆的刘长松都是本家兄弟。

刘长炳我有印象，他是高邮非常有名的瓦匠。他家在人民桥的西侧，坐北朝南，三间门面房。他稍高的个头，不胖不瘦，一脸的慈善，语调平和，不像个手艺人。他的儿子是我小学的同学，后来也继承父业当了瓦匠。

为了证实金大力是不是做过瓦匠，开没有开茶炉，我找到了金晓源的姨姐孙兰英。八十大几的孙兰英对金家的根底还是比较了解的。她说金大力不是正儿八经的瓦匠，而是经常跟在别的瓦匠后面做小工，时间长了也能砌墙。但他为人老实，不会投机取巧，又肯吃苦，待人谦和，要的工钱也不多，很受街坊邻居的青睐。一些砌房造屋的都愿意找他，他俨然成了"瓦匠头"。他是开过茶炉子的，但开的时间不是很长，后因有病挑不了水而关闭。为了生活，聪明能干的金大娘，利用家里闲置的水缸等器具，干起了投资少见效较快的染坊，而且越干越红火。

金家俊告诉我，他们这一门金姓的老家在车逻金家，他父亲曾去那里续过家谱。

一、人物溯源

"庞家肉案"本姓唐

汪曾祺在小说《故里杂记·鱼》里写了邻居唐家,但在小说里他用唐的谐音"庞"代替了"唐"。这篇小说向读者描述了越塘河边的风土人情,也讲了唐家的故事。出科甲巷到螺蛳坝转弯向东一带有几个桶匠。汪曾祺说:"桶匠有本钱,有手艺,在越塘一带,比起那些完全靠力气吃饭的挑夫、轿夫要富足一些,和杀猪的庞家就不能相比了。"

从后街(臭河边)往螺蛳坝方向,拐了一个直角即科甲巷的西北角,唐家就在这拐角处,门朝南,正对河边。他家的地势很高,从街面到屋基,要上好几层台阶。唐家的房屋在这一片算是最高大的,两边各有两间卧房,正中是一个很宽敞的穿堂。我读高邮中学时,几乎每天都要从这里经过。唐家西边的地身高,走到这里有个缓冲的陡坡,所以唐家的房子就更显得特别高,行人看他家是要仰视的。坐在唐家的堂屋向外俯瞰,可以看到对河的菜地和东南方向的海潮庵,可以看到科甲巷向南延伸的土路——土路径直向南过傅公桥可直抵位于东城门的高邮中学。

汪曾祺说:"那时的庞家肉案子生意很好,因为一条东大街上只有这一家肉案子。早起人进人出,剁刀响,铜钱响,票子响。不到晌午,几片猪就卖得差不多了。"

唐家肉案店铺开在东大街上,坐北朝南,向东隔两家就是连万顺酱园店，斜对面就是保全堂药店。唐家人很会做生意，在店堂肉案子对面设了一道栏柜，卖起了茶叶。这既方便了东大街的百姓，也赚了钱。

汪曾祺在小说里写道："庞家三兄弟一个是一个。老大稳重，老二干练，老三是个文武全才……庞家这三个妯娌，一个赛似一个的漂亮，一个赛似一个的能干。她们都非常勤快。"

有一年雨水特别大，臭河边的水平了岸，水都漫到后街街面上来了。地方上的居民铺户共同商议，决定挖开螺蛳坝，在淤塞的旧河槽挖一道沟，把臭河边的水引到越塘河里去。这道沟只有两尺来宽。臭河边的水位比越塘高得多。水在沟里像箭一般的飞流直下，溅起了很大的浪花。

鱼儿都有逆水而上的习性，流着流着，一些鱼竟蹦到岸上来了。接着，一条、一条……都是些半尺长的鲤鱼。桶店家的男人、女人、大人、小孩，都奔到沟边来捉鱼。有人搬了脚盆放在沟边，等鲤鱼往里跳。大家约定：每家的盆放在自己家门口，鱼跳进谁家的盆算谁的。人们正在商议，唐家的几个人搬了四个大杀猪盆，在水沟流入越塘的口子处挨排放好了。人们小声嘟囔："真是眼尖手快啊！"但也没有办法。不是说谁家的盆放在谁家门口吗？唐家的盆是放在靠近唐家的门口，当然唐家门口到河槽还有一段距离（约莫20米），唐家杀猪盆又大，放的地方又好，鱼直往里跳。别人不满意了，又不便撕开面皮说，好在家家的盆里都不断跳进鱼来。人们不断地欢呼、狂叫，真是天上掉馅饼了，完全不可思议。高兴压过了不平，兴奋代替了委屈。

那两天桶匠家家吃鱼，喝酒。这辈子没有这样痛快地吃过鱼，他们一面开怀地嚼着鱼肉，一面还在兴奋地谈论跳鱼的事。两天后，臭河边的积水流泄得差不多了，螺蛳坝重新被堵上，越塘河里没有水了，也没有鱼了，岸上到处是鱼鳞，鱼腥味四处散溢。

唐家桶里的鱼最多。但是唐家那两天没有吃鱼肉，他家吃的是鱼子、

一、人物溯源

鱼脏。鱼肉呢？这妯娌三个都用盐把鱼肉揉了，鱼肚皮里撑一根芦柴棍，一条一条挂在门口的檐下晾着，挂了一墙边。桶匠及周边的邻居，走到唐家门前都投以羡慕的眼光，一个对一个说："雀子都往亮处飞，鱼也有眼睛，谁家兴旺，它们就往谁家盆里跳啊！"唐家人听到别人的议论，就当没听见，三妯娌相互间会心一笑。唐家人不光精明，更勤俭，很会持家过日子。

著名评论家季红真也称赞："开肉案子的精明庞家。"

在我的印象中，唐家的前辈们都身材高大，且身手不凡。据我的同事唐志铭说，他父亲这一辈是弟兄五个，而不是小说里说的弟兄三个，真正文武双全的是老四而不是老三。他父亲排行老二，也是唐家肉案的实际掌门人。他父亲生了六个儿子，他是老小。后来继承唐家主业的就是他的二哥。唐志铭二哥我见过，络腮胡子，一看就是个精明干练之人。

唐志铭说他的父亲有一年得了一场重病，决定买一头牛放生。牛可不是一般价钱就可买到，邻居们纷纷献了爱心，汪曾祺的父亲汪淡如慷慨地捐了一份款。放生的善根非常大，一切善业当中，放牛的善根最大。放生的功德不可思议，俗话说一钱不落虚空地，你奉献了也必有福报。我们都见过放生鱼、放生乌龟，怎样放生牛呢？唐家将牛买回来送给孙厂（离越塘不算远）的一位姓孙的农民，只准耕田，不可买卖宰杀，即便老死也不能剥皮。唐老自将牛放生后，身体一天天好了起来，后半辈子再也不吃牛肉了。越塘河边是唐家的祖产，老二房除了唐志铭二哥一家住在那里，其余的弟兄五个都住在竺家巷北首西侧，在汪家后门斜对面。汪家与唐家相处融洽，汪家称唐志铭母亲为"二妈"，唐家喊汪曾祺继母任氏为"三奶奶"。三年自然灾害期间，在汪家最困难的时候，唐家曾接济过汪家。

汪曾祺最后一次回故乡高邮，也是19岁离开故乡后第三次回高邮，是在1991年9月29日，一直待到同年10月7日。而这次汪曾祺回高邮的邀请方是高邮商业局和北海大酒店。北海大酒店总经理唐汇生竟是唐家老大房的大孙子。

1991年10月1日北海大酒店举行开业典礼。午餐前，市电视台摄像师抓紧时间拍摄了汪曾祺故居及其周边的多种场景：汪曾祺与任氏娘、弟妹、亲属的相会，赵厨房老楼，王二熏烧摊，连万顺老店，大淖巷，草巷口等。街坊王老太、唐二妈和唐家小新娘子等也上了镜头。

在北海大酒店举行的开业典礼上，汪曾祺讲话并朗诵了《北海谣》（五言古风）：

家近傅公桥，未闻有北海。
突兀见此屋，远视东塔矮。
开轩揖嘉宾，风月何须买。
翠釜罗鳊白，金盘进紫蟹。
酒酣挂帆去，珠湖云暧暧。

后来汪曾祺特地为老邻居的后生唐汇生题赠《忆昔荷花厅吃茶》：

柳绿拂地隔骄阳，鸭唼浮萍水气香。
旋摘莲蓬花下藕，浮生消得一天凉。

当年，汪曾祺母亲杨氏时常在自家花园里摘上几朵鲜花送给唐家刚结婚的小新娘子。汪曾祺三次回故乡，遇见老邻居唐二妈总会与其叨唠聊几句家常。

前几天遇见唐子铭的五哥唐志增，79岁了身体还是那么硬朗，每天坚持跑步舞剑。他是唐家老弟兄中文化水平较高的一位，系62届高中毕业生。他告诉我，唐家的后生都十分有出息，不是魁星高照，就是财星当道，都健健康康、平平安安。

唐家老二房过去与汪家是斜对面的邻居，现在汪曾祺纪念馆及文化街区建成后，唐家与汪曾祺的弟妹依然做邻居，真的是缘分。

值得称赞的是，为了汪曾祺纪念馆及文化街区的建设，科甲巷、竺家巷一带的老住户们拆屋搬迁，做出了很大的贡献，具有一二百年历史的唐家老宅、杨家老宅就是模范代表。

注：高邮东大街是一个历史文化街区。高邮古城主街是一条南北向的大街，东西向的有府前街和东大街。东大街原先称孝义东铺，后称人民路，近年来称东大街。详细介绍见本书中《热闹的东大街》一文。

文学家的秘境

《侯银匠》侯菊原型寻访

2020年5月18日，汪曾祺纪念馆在高邮正式开馆。下午3点在纪念馆会议室召开了"百年汪老——汪迷座谈会"，《受戒》小英子原型的儿子张俊生，《侯银匠》里侯银匠原型的大孙女周秀华，《徙》里汪厚基的女儿汪洛，《皮凤三楦房子》里高天威的二儿子高红旗，《鱼》里唐二房的唐子增和四房的唐子兴等汪曾祺笔下人物的后代，汪曾祺的妹妹汪丽纹、汪锦纹、堂弟汪泰及其他汪家亲属，汪曾祺父亲汪淡如的忘年交阎世俊老人，以及众多的"汪迷"们出席了座谈会。这种别具一格的座谈会在纪念汪曾祺的活动中堪称"史无前例"。会议由高邮民协主席徐晓思主持。文联原副主席陈其昌首先发言，向大家讲述了汪曾祺与他之间一些鲜为人知的故事。

"我是侯银匠的孙女周秀华……"周女士的发言一下子把我的思绪拉回到了20世纪30年代东大街的场景。

"侯银匠店是个不大的小银匠店。从上到下，老板、工匠、伙计，就他一个人。他用一把灯草浸在油盏里，又用一个弯头的吹管把银子烧软，然后用一个小锤子在一个铜模子或一个小铁砧上丁丁笃笃敲打一气，就敲出各种银首饰。麻花银镯，头帽上钉的银罗汉、银链子、发蓝簪子、点翠簪子……侯银匠一天就这样丁丁笃笃地敲，戴着一副老花镜。"

一、人物溯源

侯银匠的店铺位于竺家巷西侧东大街的南侧,坐南朝北,戴车匠在它的东边,西边紧挨着谈有才小楼,对面是居家灯笼店、陶汝鞭炮店、马家线店和韦家旱烟店。这些历经百年的老房子依然存在,连模样都没有什么大的改变。

《侯银匠》是一篇典型的短篇小说,仅一千多字,主要写二十世纪三四十年代一个普通手艺人的家庭生活。侯家父女相依为命。侯菊继承了父亲的精细、手巧、勤劳、自尊、自强等品质。父亲爱女儿,对女儿有着朴实深沉的亲情依托。父亲耐心谨慎地为女儿寻找一门好人家托付终身,女儿不负期望,出嫁后精明贤惠,持家有方,有了好归宿。父亲欣慰又失落,失去感情依托,漫漫长夜独自消磨,倍感寂寞。女儿出嫁是他生活中的大事,小说中侯菊出嫁前后的片段描写间接烘托出侯银匠的人生况味。小说围绕侯菊出嫁前后父女二人的心理展开描写,和汪曾祺的其他小说一样,没有跌宕起伏的故事情节,没有激烈的心理斗争,却写出了中国传统浓郁的人情美、人性美,读来意味深长。

该小说通过一系列琐碎的、看似无关紧要的生活场景的细节描写来推动事件展开,使人物形象一步步丰满起来。其内心刻画的文字虽然不多,但整篇小说读完后给人明快、流畅之感,其创作手法就像我们的国画画法一样,通过整体意境来烘托人物的精神气质——天人合一的创作手法。

《侯银匠》2008年曾被江苏省高考语文试卷选中,作为现代文必考题。在浩如烟海的众多优秀作品中,独独选中这篇小说,足见汪曾祺的文字深入人心,也是从思想到艺术上对《侯银匠》的充分肯定。2008年高考结束后,高邮日报及电视台专门去上海采访了侯巧云,拍摄了许多珍贵的音像资料。记者张晓晖说:"那天的天气很热,同去的有夏素兰和李泰祥。"

一次,我的上海嫡亲堂妹姚维敏在微信上与我聊起了《侯银匠》的话题。她告诉我侯银匠的女儿是她同学王其定的母亲,叫侯巧云,是《侯银匠》侯菊的生活原型，在上海茶叶进出口公司上班，工作非常优秀，经常被评为生产能手和先进工作者。王其定的父亲王维新也是高邮人，从小好学上进，立志报国，毕业于国民党靖江军事政治学校，因成绩优秀留校担任教官。后来为了生存，经军校同学的推荐，他去了乡公所做事（会计）。工作受挫，经济遭损，但侯巧云没有因为这些嫌弃他，反而处处关心、宽慰他，对其不离不弃。

王其定为了弥补母亲没有去北京的遗憾，在母亲退休后特意陪她去了趟北京。她平生第一次坐飞机，显得十分开心。侯巧云三儿子的岳父是部队转业干部，亲家之间走动得比较多，他们非常聊得来。平时侯巧云对子女要求比较严格。受侯巧云言传身教的影响，子女们个个有出息。大儿子是上海某知名造船厂的高级技师，曾多次被评为上海市劳动模范，老二是老党员，老三曾经担任过厂长与书记，老四担任过单位的团支部书记。孙辈们也个个优秀，外孙女是牙科医生，是某涉外口腔诊所的副所长。侯巧云晚年身患多病，两年前因病去世，享年96岁。

王其定是房屋修建公司的财务主管，早已退休，现在有个非常幸福美满的家庭。我堂妹告诉我，她是王其定家的常客，她俩是从小到大的要好同学，王其定的哥哥还是她老公的姐夫（侯巧云的儿媳妇的弟弟），这桩婚事的介绍人就是侯巧云。转弯抹角，竟聊出亲戚关系来了。侯巧云曾经将登有《侯银匠》文章的报纸拿给她看，当时侯巧云的脸上洋溢着幸福、骄傲的笑容。

据王其定说，她外公侯银匠家并非小说中所说的"从上到下，老板、工匠、伙计，就他一个人"，实际上有两间门面，店铺里一直有伙计，最多时有四五个伙计（学徒）。

带着《侯银匠》的话题，我与周秀华做了进一步沟通。周秀华曾经是扬剧团的演员，后转至糖烟酒副食品商店工作。她虽然七十有三，但娇小

一、人物溯源

玲珑的身材和白皙的肤色令她仍显得清爽漂亮。她说侯巧云是她的姑姑，姑姑有弟兄三个、姊妹三个，巧云在女孩子当中排老二，在七个子女中排老四。她的姑姑一生勤劳节俭，积极肯干，在工作上获得了许多荣誉，退休后还负责社区工作。周秀华父亲原名叫侯云孙，后改名周立成，8年前去世，享年93岁。汪曾祺写的一点儿不错，侯银匠家过去敲银子做金器，还出租花轿。上海姑姑的儿子到高邮来玩时，曾经与周秀华谈起侯家引以为傲的《侯银匠》。

> 文学家的秘境

寻访《异秉》原型的后人

汪曾祺从1980年到1983年连续发表《异秉》《受戒》《岁寒三友》《大淖记事》《故里三陈》等名篇，奠定了他在中国当代文学史上的地位。《异秉》是汪曾祺1980年贡献于文坛的一篇力作，也是对1948年旧稿的改写，凝聚了30多年创作空白期所积蓄的生命体验，充分体现了他在艺术上的追求。1980年的《异秉》也是汪曾祺复出后在创作上的一个转折点和新的起点。《异秉》也是近年来被评论较多的一篇小说。许多外地"汪迷"们到了高邮，能见到《大淖纪事》的大淖，见到《异秉》原型的后人，也算是不枉此行。

2019年，北京青年报"青睐"人文寻访团及深圳卫视来高邮参观访问汪曾祺的故里时，我引领他们到草巷口25号，专访《异秉》生活原型王二（王广喜）的后代。当时由于采访的地方多，时间紧凑，两次在草巷口25号的采访都是来去匆匆，许多细节都没有展开来访谈。苏北老师还清楚记得他以前来此访谈过的情景。为补上这一缺憾，昨天我特意去了草巷口25号。巧呢，门正开着，我便进去了。王二的孙媳妇满面笑容地迎了出来，王二的孙子王正亮也在家。家里清清爽爽，摆布得当。两人都退休了，他们的儿子一家在苏州，因此老两口的日子过得很悠闲。都是老熟人了，彼此也不需要客套。

我进门后首先询问奶奶，他们告诉我，奶奶去姑娘家了。92岁的奶奶，

一、人物溯源

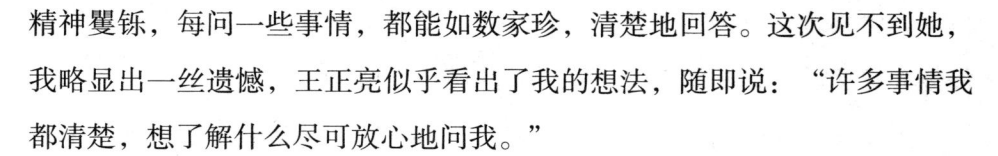

精神矍铄，每问一些事情，都能如数家珍，清楚地回答。这次见不到她，我略显出一丝遗憾，王正亮似乎看出了我的想法，随即说："许多事情我都清楚，想了解什么尽可放心地问我。"

"他家在后街濒河的高坡上，四面不挨人家。房子很旧了，碎砖墙，草顶泥地，倒是不仄逼，也很干净，夏天很凉快。一共三间……他上无父母，嫡亲的只有四口人，一个媳妇，一儿一女。"熟读汪曾祺书的人都知道，汪曾祺小说所写的"后街"，即位于汪家老宅南面的臭河边。实际上，王二的熏烧店开在东大街保全堂隔壁，真正的住家及作坊不是在后街，而在草巷口25号；王二家不"只是四口人"，而是个大家庭。

当我问到永安巷的房子，王正亮告诉我那是王家老宅，后来分给了叔叔王兴山（王蔚如）。爷爷王广喜共生3个儿子和2个女儿。大伯王宝山与他的父亲王高山一直住在草巷口，这里过去既是住家也是作坊。他家真正的主业是做砂炒，熏烧是副业，后来也卖盐，买卖粮食。王正亮还清楚记得门内迎面的墙上，写着竹筛大的"盐"和"粮"字，两字上下摆布，并用圆圈分别框起来。这里虽是砂炒和熏烧作坊，但盐与粮食的买卖则以这里为主。这里紧靠大淖，是通往下河四乡八镇的交通要道。那时王家的熏烧做的红火，由于业务的扩展，王家还养了一头驴。王二的儿子放过驴，孙辈们也放过驴。放驴就是带驴去饮水，放在草地上去打滚。驴主要是用来磨豆腐。他家熏烧店每天"要卖出很多回卤豆腐干"。除了回卤豆腐干之外，还卖牛肉、蒲包肉和猪头肉。牛肉用五香加盐煮好，在外面染了通红的红曲，一大块一大块堆在那里，买多少，现切。猪头肉则分门别类卖，拱嘴、耳朵、脸子，要什么切什么。

对于蒲包肉，汪曾祺在《异秉》中是这样描述的："蒲包肉似乎是这个县里特有的。用一个三寸来长直径寸半的蒲包，里面衬上豆腐皮，塞满了加了粉子的碎肉，封了口，拦腰用一道麻绳系紧，成一个葫芦形。煮熟以后，倒出来，也是一个带有蒲包印迹的葫芦。切片，很香。"王二家的砂炒和熏烧店一直开到1956年公私合营就关门息业了。

王二于1966年病逝，享年73岁。我指着墙上挂的遗像问是谁。王正亮回答我，是他的父亲王高山。我问他爷爷王广喜有照片没有。他说按照以前的老规矩，在他爷爷百年忌日时，照片及遗像会被统统烧掉。他说父亲与爷爷长得最像，几乎是一个模子脱下来的，要知道王广喜的模样，看王高山就行了。俗话说外甥多像舅，他大姑姑的大儿子胡士安长相极像王高山。这三个人不光相貌像，连走路姿势都很像。老大王宝山、老三王兴山长相随母。我问王正亮对他爷爷有印象没有。他说怎么会不记得呢，高高瘦瘦的个子，他小时候经常陪爷爷睡觉，后来三叔的儿子王正明也来陪。他们陪爷爷睡，天天缠着他讲故事，否则就不陪。就着孩子们的好奇心，爷爷讲了许多的故事，增添了他们孩童时代的生活乐趣，在潜移默化中也让他们领受了良好的家庭教育。说到爷爷王二，王正亮竟有点动情。他说爷爷乐于助人，逢到年关岁尾，提着灯笼去撒"米菲子"接济穷人，后来就往穷人门缝里塞钱，一般困难的塞两块，十分困难的塞五块。时间长了，人家都知道是王二塞的。好家风有传承，在王家是个很好的例证。

王二的三儿子王兴山的女儿王正军、女婿吴建兵25年前下岗，为了生活，他们在王兴山的指导下，干起了卖蒲包肉的老本行。先是在人民路与傅公桥路的丁字路口摆个摊子，两年前干脆在汪曾祺纪念馆对面开了个王二蒲包肉店。由于食材到位，制作精良，很快打响名声，高邮许多饭店都认准"王二蒲包肉"，许多外地人慕名而来。为了适应形势，他们做起了真空保装，干起了网络"云服务"，生意做到了全国。央视《舌尖上的中国》、省市电视台的美食节目都记录了他们制作蒲包肉的过程。

2018年4月10日，汪曾祺的儿子汪朗漫步在东大街上，在王二蒲包肉店前与王正钰夫妇分别合影。此照片曾张贴在王二蒲包肉店前，无形中成了最好的广而告知。我问王正亮,你爷爷的两个女儿现在哪里。王正亮告诉我,两个姑姑都去世了。大姑姑嫁给五柳园茶馆的老板的大儿子胡才元,后因病去世,小姑姑作为填房嫁给了胡才元,她们共生8个子女。五柳园在过去可是个家喻户晓的大饭店,一开始茶馆开在大运河下坎的柳园巷,在大同医院的对面。茶馆下午还开办书场,王少堂、康重华都在那里说过书。1956年公私合营后,北门大街上的饭店仍沿用"五柳园"的老招牌。"王二爱听书。走到街上,在形形色色招贴告示中间,他最注意的是说书的报条……以前去听书都要经过考虑。一是花钱,二是费时间,更主要的是考虑这于他的身份不大相称:一个卖熏烧的,常常听书,怕人议论。近年来,他觉得可以了,想听就去。小蓬莱、五柳园(这都是说书的茶馆),都去,三国、水浒、岳传,都听。"后来,王二的女儿嫁进了五柳园,他去五柳园听书更是顺理成章的事了。

前几天,作家王树兴打电话给我,讲汪曾祺文化街区近日进驻了一家玉石古董店,店主胡老板与汪家还有点渊源。我从草巷口王正亮家出来,径直走出草巷口,迎面第一家挂的招牌是"得趣堂",我进去一看,里面琳琅满目都是珠宝玉器、奇形怪石和紫砂茶具。店主眉目清秀,文质彬彬,一身浅灰色中式扣袢的衣服非常得体,似文化人,更像居士,一股文人气息扑面而来。我主动上去攀谈,一问姓胡,大名士荣。我接着问胡才元是他什么人。他回答是他的父亲。这么说来,王二正是他的嫡亲外公,他与王正亮应该是表兄弟。

我心中暗暗思忖:哪有这么巧的事,高邮小县城,聊聊就能聊出什么关系来。时值中午,我先回家吃饭,下午又忙不迭地来到得趣堂。外面下着小雨,街上的行人也少了许多。宾客分坐两边,酽茶和香烟侍候。交谈中知道了他的许多故事。他在家排行老八,也是老巴子,人称"八子"。他承继祖业,干起了烹饪。由于长期受家庭熏陶,加上刻苦钻研,他的烹饪手艺日臻成熟，后来在省、市、县级的烹饪大赛中，他屡获大奖。他先接手一家饮食店，办起了同兴楼酒家。为什么取名"同兴楼"？意在同心协力，共同兴旺。后来他被饮服公司外派到北京理工大学做厨师，接着被招至外交部生活服务处，后又被外派到驻阿尔巴尼亚的中国大使馆做厨师。前后6年的特殊经历，让胡士荣的眼界大开。在国外工作期满回国后，正遇上社会的下岗浪潮，他与公司没提什么条件，只要求将"五柳园"的注册商标给他。他先在南海五区办起了"五柳园饭店"，后将文游中路行政中心附近的一处两层框架结构的三户房产购下，后又加盖了一层。光靠外派积累下来的资金还不够，他办了点儿房贷，最终将"五柳园饭店"的招牌挂到了这里，生意做得红红火火，事业颇为顺风顺水。后因身患糖尿病，他休业并将饭店转租给别人，直到现在。

1991年10月，汪曾祺第三次回家乡高邮。他妹婿赵怀义决定在家里办家宴招待大舅爷汪曾祺夫妇及其亲朋好友。要办高规格的家宴非得找厨师不可，赵怀义儿子赵立平找到做厨师的同学周士明。周士明说他擅长白案，要想做得好，做得漂亮，需请胡士荣。席间两位厨师出来谢酒，宴毕大家都围着汪曾祺写字索画。汪曾祺为胡士荣题写了"同兴楼酒家"五个苍劲古朴的隶书体大字。

闲聊中我问他为什么干起珠宝玉器这行当，因为这与厨师是风马牛不相及的行业。他告诉我，在北京的日子里，他利用休息日游遍了旅游景点，许多博物馆、纪念馆都留下了他的足迹。后来他逛北京的胡同，体验老北京人的生活，最后没地方可逛了，就逛寺庙。庙宇的森严，朗朗的诵经声，非常切合他的性格，他感觉冥冥之中这就是他想要的生活。之后他十分注重阅读佛经书籍，慢慢领悟了佛教的理念。他相信因果报应，力主做善事且不图回报。至于做玉石生意，权当消遣，他并不想在上面谋什么利，仅仅是喜欢而已。有房屋出租的租金作为生活保障，日子倒也逍遥自在。在我俩的交流中,他时不时地会说出几句妙言警句,散发出睿智的气息。他很低调,一点儿都不张扬,似乎把人生看得很通透。

闲聊中,走进一位老年女士。她一进门就说:"维儒,你怎么在这里?"原来此人正是胡先生的岳母。她问我与她女婿什么时候认识的,我说就在今天。我与胡士荣的岳母是老邻居,我的结婚家具就是胡的老丈人帮我做的,想不到他已作古多年。谈到这里,三人感叹不已。

我们聊了很多,聊以前邻居的状况,聊家庭子女的生活。分手时我与胡士荣建立了微信联系。他递给我的名片上写着:"以石会友,雅玩益寿。"这八个字体现了他的人生态度。现在他选择与汪曾祺为邻,不愧是个明智之举,也符合他的人生理念。当我将此文稿转发请他指正时,他回复:"您高抬我了,我觉夸奖比奖项要张扬一点儿,现已淡出烹坛当应低调一点儿,好汉不提当年勇,一代新人换旧人。上善若水者方能厚德载物,唯勤能补拙者天亦酬之。古语云'盗亦有道'。厨界和相声界在辈分和师承上还是很讲规矩的。木秀于林,风必摧之,以我的心境更愿为一株小草。或若袁枚小诗所写:'苔花若米小,也学牡丹开。'"以上寥寥几句,足见其人生智慧也。

文学家的秘境

与汪曾祺笔下人物戴明生聊天

汪曾祺曾两次写《戴车匠》，可以说 1947 年版和 1985 年版完全是两个不同版本，两个不同的故事。1947 年版内容较长，共用了 6884 个字符，1985 年版则浓缩到 1400 多个字符。但他们的共通之处是都运用了大量的笔墨来写民间的习俗技艺，展现了时代发展中民俗技艺的失落，让人惋惜的同时引发对民俗技艺保护和传承的思考。

戴车匠戴桂林的儿子戴明生曾于 2013 年 1 月写了《汪曾祺和我的父亲戴车匠》。2020 年 2 月我写了《最后的车匠》，戴明生见到我的文章后心存感激，一直将我的名字记在心里，并一直关注我的文章和朋友圈。经作家王树兴牵线，我们终于在去年成了微信好友。

戴明生长期居住在南京，近期来高邮小住，于是就有了我们之间的第一次见面，祺菜馆早茶的"一壶三点"成了我们的媒介。我们相见恨晚，谈汪曾祺，谈东大街的旧事。戴先生虽然 83 岁高龄，但思维敏捷，耳聪目明，十分健谈，家乡情结十分浓厚。他与著名文化学者朱延庆是发小。朱延庆告诉我，戴明生小时候的诨名叫"黑点子"（上唇有颗豆大黑痣），戴明生反讥朱延庆叫"小和尚"。

可以肯定地说，戴明生是汪曾祺笔下小说人物中唯一健在者。为了获取东大街陈年旧事的宝贵资料，我试图进一步触动戴先生久远的记忆细胞，

一、人物溯源

勾起他童年的美好记忆，打开他心中东大街的"清明上河图"。为此，我特地给他送去一本汪曾祺专著《梦故乡》。他说他在高邮比南京过得充实，这里的蔬菜新鲜，鱼虾野生，闲暇时候他就在东大街逛逛，澡堂子泡泡，蛮惬意的，时不时会触景生情。读汪曾祺的书成了他近时期的主课。汪曾祺的文字仿佛是一个触发器，的确能触动他的许多灵感，一回忆起来他就迅速记下来，好像学生为了完成老师布置的作业似的，十分认真。

戴明生在他的那篇文章中写道："我是 1940 年出生的。汪曾祺在小说中也写了我 8 岁前后的一些趣事：喜欢玩'洋老鼠'，清明节坐在门槛上吃螺蛳，打弹弓。特别写了父亲对我的宠爱，开始考虑我的前途。父亲后来没有让我学车匠手艺，我由私塾上到小学、中学，1965 年从南京中医学院中药系毕业，成了一名外贸工作者。1969 年父亲去世，车匠工具散失，小作坊板壁拆除，汪曾祺的手迹也不知去向，我感到深深的歉疚。但我按原文自己写了一副对子，挂在书房内，不时和儿孙们谈论。《戴车匠》自然作为家史的一部分传给后代。"

我虽然小戴先生 10 岁，但我们没有明显代沟，不过他对那段历史的记忆更清晰、更真实，我们有聊不完的话题。我与戴先生谈得最多的还是汪曾祺写他家的《戴车匠》，并且就《戴车匠》两个不同版本展开讨论。1947 年版的小说描绘了小而充实的店铺和戴车匠的生活方式。这一版的第一部分，运用大量的笔墨插入了对两个街头卖蔬果老太婆的叙述：她们时而和颜悦色，但更多的是处心积虑，处处为自己谋利。1985 年版的小说，汪曾祺基本上略去了这一方面的描述，删除了许多的场景对话，省去了细节性较强的戴车匠与孩子的互动，去掉富有情节性的戴车匠一家生活方式的叙述，而着重在无完整情节的风土人情描写。这也使 1985 年版小说更"纯"。汪曾祺第一次回乡时，戴车匠店铺已不复存在了。1985 年版小说中的这种省略表达了作者对故乡、童年的追忆与隐忍的惆怅。1985 年版文本更加简洁而温和，显示出其人道主义的关怀。

1947年版的《戴车匠》，有6处写到戴车匠的独子戴明生。1985年版的《戴车匠》浓缩了，写戴车匠的独子的篇幅也少了许多，却不惜笔墨写了戴车匠给儿子养洋老鼠的内容："孩子们愿意上戴车匠家来，还因为他养着一窝洋老鼠——白耗子，装在一个一面有玻璃的长方木箱里，挂在东面的墙上。洋老鼠在里面踩车、推磨、上楼、下楼，整天不闲着——无事忙。戴车匠这么大的人了，对洋老鼠并无多大兴趣，养来是给他的独儿子玩的。"

关于做螺蛳弓和对儿子能否继承他手艺的内容，两个版本有了不同的描述：

  他自己儿子那把弓特别大，有劲，射得远。戴车匠看着他儿子跟别人比射，细了眼睛，半晌，又没有什么意义的摇摇头。

  为什么要摇摇头呢？也许他想到儿子一天天大起来了么？也许。（1947年版）

  用螺蛳做弓把，戴车匠每年照例要给他的儿子做一张特号的大弓，所有的孩子看了都羡慕。

  戴车匠眯缝着眼睛看着他的儿子坐在门槛上吃螺蛳，把螺蛳壳用力地射到对面一家倒闭了的钱庄的屋顶上，若有所思。他在想什么呢？他的儿子已经八岁了。他该不会是想：这孩子将来干什么？是让他也学车匠，还是另学一门手艺？世事变化很快，他隐隐约约觉得，车匠这一行恐怕不能永远延续下去。（1985年版）

《戴车匠》是写实性小说，汪曾祺对戴车匠作坊后面房屋的描述就

一、人物溯源

如同视频一样的真实:"当有一小侧门,通出去是个狭长小天井。看见一点云,一点星光,下雨天雨水流在浅浅的阴沟里。天井中置水缸二口,一吃一用;煮饭烧茶风炉两只。墙阴凤仙花自开自落,砖缝里几丝草,在轻风中摇曳,贴地爬着几片马齿苋,有灰蓝色螟蛾飞息。"我对这个房屋结构很熟悉,因为戴车匠的外孙姜传寿是我的小学同学,我经常去戴车匠门口望呆。我母亲在家看不见我,就估猜我又到戴车匠那儿望呆去了。来望呆的又何止我一个,这里仿佛是东大街的儿童乐园,孩子们心中的"圣殿"。

戴明生说,年轻时的汪曾祺是其父亲小作坊的常客,汪曾祺经常依傍在车床上,父亲在上面一边做活,一边与年轻的汪曾祺聊天。父亲在下面选择木料砍原坯时,年轻的汪曾祺就坐在凹凸不平的粗糙作凳上。凳上常有刨花、木屑,有时沾得他满裤子,他总是微微一笑,手一掸了之。两人都抽烟,相互递送,不分你我,谈得很投机。他俩时而窃窃私语,时而哈哈大笑。父亲喜欢他,也敬重他。小作坊内的生产工具——斧头、锯子、刀锤等,汪曾祺都可以用,就连车床都可以上去踩动。这是很不容易的事,因为他父亲对工具管理特别严,从不允许外人接触,唯独汪曾祺例外。车匠铺拥挤而仄逼,汪曾祺却为这个小屋写了"室雅何须大,花香不在多"的对子,弄得戴车匠欢喜不已。

汪曾祺先生笔下东大街的人和事戴明生历历在目,记忆犹新。繁华的商铺、纵横的街巷、流淌的河流和芸芸万物,像过电影般在他的脑海里浮现;侯家银匠店、陶记炮仗店、杨家香店、保全堂药铺、连万顺酱园店等,都能被他如数家珍般娓娓道来;草巷口的俞家炕房,大淖河边的轮船局和浆坊洁白发光刺眼的小粉浆……恍如昨日的故事印在他的记忆模板里;岁寒三友之一的陶虎臣、侯银匠家的小新娘子(侯菊)、保全堂的卢管事、连万顺的连老大、臭河边的薛大娘、卖鱼的戚长贵……一个个鲜活的面孔在他眼前浮现、跳跃，挥之不去。

戴明生说他家与汪曾祺老宅就相距二十多米，东大街向东拐进竺家巷没几步就到了。竺家巷是他上高邮中学的必经之路，每天来回四趟都打汪家门口经过，汪家人就窝在一间屋子里，生活极度贫困，十分悲凉，几乎看不到有人上汪家的门。真是"贫居闹市无人问，富在深山有远亲"，世态的炎凉让人叹息。

戴明生读汪曾祺的《梦故乡》，收获满满。他说他读汪曾祺的《钓鱼的医生》，一眼就认定这位医生的原型就是汪曾祺的父亲汪淡如，钓鱼的小河边就是他家南边的臭河边。文中的小药铺实际就是保全堂的缩影。他读着读着，七十多年前的保全堂清晰地呈现在眼前。保全堂门面坐南朝北，东西宽十多米，南北进比较深。"保全堂"三个字的金字招牌立在柜台的顶头，在门外一目了然；门口柜台斜放着的招牌上写着"保我黎民，全登寿域"。据说这是汪曾祺祖父汪嘉勋为药店亲撰的对联，不仅精妙贴切，十分符合中药店的特点，还巧妙地把店名暗嵌其中。

药铺西边是排列很长的中药柜，每个药斗上都贴有中药标签。药柜上面放着大小不同的青花小瓷坛，坛口塞着纸卷的塞子，坛肚子贴着浅黄色的标签，写着：××丹、××散、××丸……在药柜的外围是木制半圆形长柜台。台面上放有两三块用来压处方和配方纸的纸镇，还有称药用的大、中、小戥子和大小不等的乳钵及黄铜药臼，这些都是中药店特有的标志。药臼形状像大茶杯，上有盖子，盖子中间有一圆洞，中间插一根十几厘米长的铜棒，铜棒的顶端呈圆球状，专门用来击破敲碎处方中难以煎熬的坚果类药材，如桃仁、杏仁、砂仁等。管事卢润昌用左手稳住药臼，右手握住铜棒上下捣动，发出"当当当"的撞击声，速度越捣越快，十来下就将被击打的硬质药材打碎了。捣铜臼的声音脆刮响亮，节奏感十足，沿街几十米外都能听到。

一、人物溯源

药铺正中堂上挂有好几个晒药材的大笸箩，笸箩上分别写有"功同良相""济世救人""仁心仁术""妙手回春"和"急公好义"等字样，再往后的过道处有数个长三角形的木架子，每个木架有若干层，专门存放晒药材的笸箩和筛子，柜台外还卧放着一个硕大的铁碾子和两架切药刀。在大堂东面墙上挂有横匾，横匾下靠墙放一张长方形桌子，桌子南侧迎街面有张太师椅，这是汪淡如坐堂候诊的位子。桌上有纸墨笔砚和脉枕，靠墙处放置一个长方形医用白瓷盘，瓷盘上有两个棕色的玻璃瓶，分别放消毒过的干棉球和酒精，还有两个长条形铝制长盒：一个装医用有齿镊子，另一个放往耳朵和喉咙里吹药用的铜鼓。桌子西边的两张方凳是专门给候诊的患者坐的。柜台内的几个大抽屉，存放着算盘、包装纸，还有热销的白膏药和黑膏药。戴明生对保全堂的回忆完全是摄影般的复制，太珍贵了。

戴明生说他有一次患中耳炎，耳朵内流脓水，汪老医生先用干棉球把他耳内脓水吸干，接着用酒精消毒吹药用的铜鼓长管口，然后汪老医生用两只手指按压铜鼓两面，嘟嘟几下，药粉便吹到他的耳内去了。吹的什么药戴明生当然不知道，只感觉耳内很清凉，连嘴内都觉清凉。这样连吹三天耳朵内就不流脓了。可见汪淡如不光能看眼科。戴明生说，他大姐戴明霞曾得了急性眼结膜炎，也是汪老医生治好的。因他的医术高明，待人谦和，每天请他诊治的病人很多，他深受当地老百姓的爱戴和敬重。

戴明生小时候很喜欢到保全堂药铺去玩，他特别爱听敲打铜臼的金属声，也喜欢闻这里弥漫的中药味道。药铺里来自淮安的员工他都熟悉，对有点跛脚的管事卢润昌印象最深，汪淡如也喜欢他。附近的店铺很多，唯独保全堂对他的吸引力最大。保全堂外用药很出名，尤其白、黑大小膏药和九一丹等，对疮、疖、阴疽等皮肤疾患有清热解毒、排脓生肌之功效。戴明生告诉我，他曾在保全堂摊过白、黑膏药。每摊十张给一分钱，一天能摊五六十张，收入五分钱，这也算他曾在保全堂"勤工俭学"过吧！

在那个年代孩子有五分零用钱是件很值得开心的事情，五分钱可买五个鸡蛋或一斤花生或二十粒糖果。保全堂是戴明生孩提时代流连忘返的场所，对他的影响很大，甚或改变了他的人生命运。为什么说得如此玄乎，还得从戴明生考大学说起。

因受国民经济调整的影响，1961年是国内高考录取率最低的一年。各高校招生人数大大缩水，每个考生都面临着人生的挑战，绝大多数不能进入大学门。"文革"前高考分三大类：第一类理工，第二类医农，第三类文史外语。考生根据自己的兴趣、爱好特长和学习成绩来挑选适合自己的学校和专业。全国有那么多的院校和专业，又怎样进行选择呢？他对招生简章反复地翻看推敲，突然发现南京中医学院中药系是一个新专业，且是第一次公开向全国招生。大部分考生对中药生疏，知之甚少，可他对此专业却情有独钟，这都源于他对保全堂的丸、散、膏、丹和中草药的感知。他经过反复考虑，决定把南京中医学院中药系列为第二张报考志愿表中的第一志愿。可能因为心中有了对中药的熟悉和对新专业的向往，他在高考中发挥得很好，取得了远超中医学院录取分数线的分数，是东大街唯一收到大学录取通知书的考生。在他们那个年代，除了自身学习成绩外，在政审过关的前提下，还要认清当时形势，填写适合自己的院校专业才能如愿。

戴明生说他们班有两个学习顶尖的同学，分别报考南京大学天文系和清华大学的数学系。南大天文系在江苏仅招一人，清华数学系在江苏的招生人数也很少，所以他们都未能如愿。说到这里戴先生不由得感叹起来："人生道路有时还是要碰运气的，如果我没有填报南京中医学院中药系，恐怕又是另一番人生了，这就是命运。是保全堂影响了我的选择，也改变了我的命运。"

汪曾祺是车匠店的座上客，戴明生是保全堂不请自来的小顽童，两个店铺分别吸引着对方家庭男孩的眼球。汪曾祺两次写《戴车匠》，文中写

一、人物溯源

了戴明生8岁时的生活场景和父亲对他的宠爱,父亲并不希望他继承车匠手艺,而是觉得学个其他手艺也行,或者将来能学做生意从商。但是他用知识改变了自己的命运,这是保全堂影响了他的报考选择,改变了他的人生命运。毕业后他又机缘巧合的走上了中医药的外贸行业,为祖国的中医药事业奋斗了一生。

我问戴明生对孩提时代什么事情印象最深,他说是"小伙伴京剧团"。20世纪40年代后期到50年代初期,东大街竺家巷附近的几个小孩子最爱去的地方,是东大街炼阳观戏院(我后来查证,该戏院叫文林大剧院,于1956年迁到北城门口,即高邮人民剧场)。它是在吕洞宾道观基础上改建的。房屋高大,坐北朝南。戏院对面有一砖墙,又叫照壁,是戏院张贴海报处。海报上介绍来演剧团的情况、名角、经典剧目及开演日期等。给我印象最深的是江苏省京剧团的海报,有青衣花旦新艳秋,老生王琴生,花脸金少臣,短打武生周云霞、周云亮等,他们在高邮的演出场场爆满,生意十分火爆。

在戴车匠家西面斜对门,是陶氏炮仗烟火店。老板陶汝,又名陶虎臣,是汪曾祺笔下《岁寒三友》之一,人称陶二爷,是一位精干慈祥的老人。他虽有四个儿子,但特别喜欢家门口的几个伢子。因为他曾是戏院股东之一,所以这几个伢子一到晚上就紧紧缠着他,目的只有一个,就是要他把他们几个带到戏院里去看戏。陶二爷晚上喜欢小酌,一盘花生米,一盘五香烂蚕豆和中午的剩菜便是他的下酒菜。这几个伢子有时也十分淘气,为早进戏院,抢先把他的花生米、五香烂蚕豆吃完,他见状并不与这些伢子发脾气,只是觉得伢子们有趣。他的大儿子陶铸知道他们的意思,便立即将他们先送进戏院。日子一久,戏院门卫都以为他们是陶老板的伢子,就让他们大摇大摆直接进戏院。那个时代的伢子没有学前班,一二年级小学生也没有家庭作业,活得很轻松,十分惬意,天天到戏院看戏。京剧演的都是传统剧目，也就20多个老剧目。天长日久反复看，耳濡目染，他们对这些剧目里面的人物说、唱、动作、表情、台步等记得一清二楚。演员在台上唱，他们就在台下哼，这戏台无形中成了一所戏剧学校了。到了七八岁时他们就感到看戏不过瘾，于是萌发成立小伙伴京剧团的奇想，成员有丁宏村、马鸿增、王乃钧和戴明生四人。

丁宏村是丁同源百货店老板的三儿子，比戴明生大一岁。他有表演天赋，组织能力也强，就挂头牌，是他们的团长兼导演。他家有一部戏考（剧本）和一架留声机，经常放京剧唱片；他还有一个亲戚是苏州的京剧名票友，直接指导他唱麒派的红生戏，如《萧何月下追韩信》中的萧何和《汉津口》中的关云长。他唱得有板有眼，声情并茂，做工细致，刚劲有力，颇有麒派韵味。

马鸿增挂二牌，他是马家线店老板的儿子，比戴明生（1940年生）大两个月，住在戴车匠家东面斜对门。他和戴明生关系最为密切。在12岁前他俩除吃饭、学习、睡觉外，其他时间几乎形影不离，无话不说。连上厕所都要两人同行，即使一人没便意，也要到厕所共闻其臭。马鸿增从小爱看书，连三餐时都要边吃边看，家里的四大名著看过多遍。10岁时他就会吟诗写小说，戴明生是他的第一位读者，也是最后一位读者。在剧团中他专攻马派，也许跟他姓马有关系。诸葛亮的"借东风"，甘露寺中乔玄，他都唱得津津有味，清脆悦耳，娓娓动听。多年后听说他在省文化厅和江苏京剧名家黄孝慈对唱沙家浜剧中的智斗一段，轰动全场。

戴明生自谦五音不全，唱功不如丁、马，为了争名角，改学武生戏。他在这方面还是有点灵气：双腿劈叉又直又大，蝶形翻转360度能做超过五个，挥舞金箍棒虽达不到出神入化的地步，但也能让你目不转睛。即使到了花甲之年，舞弄棍棒的技艺仍不减当年的风采。双手翻转灵活，棒向空中抛100次仍不会落地，脑和手配合得默契自如。

一、人物溯源

王乃钧是丁宏村的表弟，他是王家祠堂后人王学随家的二儿子，其父在新巷口小学任教。他身材敦实，声音洪亮。他演张飞、曹操等角色栩栩如生，阳刚之气十足。

他们这个剧团真是自说自话，他们从7岁"登台献艺"，一直到12岁"解甲归田"。他们既是演员，又是乐师、化妆师、道具服饰师，也是忠实观众，可算得上一专多能，多才多艺。学戏时他们连同锣鼓打点、板眼、胡琴曲牌、过门一起学。表演时自拉自唱，全靠一张嘴发声表演。剧中道具更是自助，废物利用，不花一分钱。演出服装是把四家父母、哥姐不穿的旧衣服集中起来，按颜色式样配备在剧中不同人物的身上。用废报纸、旧书画、香烟壳子和银色锡薄纸，折叠出皇帝、大臣、武将、文人雅士和平民百姓的不同形状的帽子。用竹篾弯曲成圆形，绑上不同颜色的布条，制成不同官员品级玉带。用硬纸板做成刀、枪、剑等各类兵器。用香烟锡薄纸裹着圆棍子，作为孙悟空的金箍棒等。剧中不少人物头上插翎子（俗称野鸡毛）。但是一般人家不吃野鸡，哪有野鸡毛呢？想来想去就用芦花代替。他们到大淖芦苇荡里把又大又长的芦花摘回来，分别涂上红、黄、绿、蓝等颜色，晒干后再压压平，拴在头盔上倒也五彩斑斓，英勇神武！

京剧脸谱是一门独特艺术。马鸿增似乎从小就有美术天赋，他画的脸谱惟妙惟肖。剧中人物的脸谱都由他一人来画，俨然是个专业化妆师。至于脸谱色材，黑色用黑墨，红色用涂外伤的红药水，白色用那个时代化妆品的白色鹅蛋粉。有一次丁宏村为演关公把店里红印泥涂在脸上，关公脸谱是红润油亮了，但两天都洗不干净，结果被他母亲狠狠地教训了一顿。

小伙伴演出的剧场，就是他们几家的住宅。只要哪家大人不在家，那里就是他们的演出戏院。每天都有海报和节目单，每天只有一名主角戏。如第一天演《萧何月下追韩信》，丁宏村是主角，其他为配角；第二天演《借东风》，那马鸿增就是主角，其他人便为配角……这样轮流当主角演戏。

文学家的秘境

不论谁主演,大家都很认真,卖力地唱好,鼓掌互相勉励;若唱得不好,或失误了,就从头再来,及时纠正,直到其他三人满意为止。即便是炎热夏天该穿长袍还得穿,从不马虎。唱做念打,京剧中有什么动作,他们就尽量做到,毫不含糊。如孙悟空从高山上翻滚下来一场,为演得逼真,戴明生在家里大桌上放把椅子,椅子上再放上凳子,人站上去,头已经到房顶。从2米多高跳下去,对一个八九岁的小孩子来说,还是要有一点儿勇气的。记得第一次跳时他很紧张,双眼紧闭往下跳,正落在丁宏村、马鸿增早就预备好的三床棉被上,未伤到筋骨,可见他们那时的保护意识还不错。每次演出后,他们都是汗流浃背,口干舌燥,饥肠辘辘,但没有一人诉苦。后来回想起来常自嘲,谁也说不清当时为个啥。说是酷爱京剧,追求艺术享受吧,没有那个境界;说是想要以后成为艺术家吧,也没有那个志向。看来只有一个答案,那就是自找乐趣,寻开心,玩得快活!

小伙伴京剧团虽然没有公演,但在东大街还是有一点儿小名气的。一些老人背后议论,这几个孩子在家里都是惯宝宝,但从没有看到他们在外撒野,不打人骂人,除了念书就是学唱戏,真不多见。有些家庭看到自己孩子在外闯祸,就拿他们为例来教育孩子。

小伙伴京剧团存在了5年,孩子们12岁后就各奔东西。在后来的成长道路上,他们都成了国家的高级专业人才:戴明生毕业于南京中医药学院,成为高级国际商务师;丁宏村毕业于苏州医学院,成为外科主任医师;马鸿增毕业于中央美术学院,成为美术史论研究员;王乃钧毕业于上海复旦大学,成为新华社高级记者。

小伙伴京剧团虽然是七十多年前发生在东大街的童年趣事,然而现在回想起来仍让人津津乐道,回味无穷。

戴明生在家中是老小,上面有三个姐姐。大姐戴明霞与汪曾祺同龄,享年101岁,前年无疾而终。戴明生与大姐相差20多岁。戴车匠曾希望独子能接他的班,但戴明生终究没能完成父亲的这个心愿,孙辈们更没有,车匠的手艺从此竟成了绝学。戴车匠过世已经几十年了,但东大街的变化并不大。那间戴车匠铺子还在,只是大门紧闭着,看样子许久没有人动过这铺子门了,就连他家西边原先的侯银匠家及谈家小楼的门也很少被开启。东大街确实萧条了。但随着汪曾祺的文字,"戴车匠"这三个字不时地会被人们提起。戴明生说他最大的遗憾莫过于在汪曾祺生前没有去感谢他把他父子俩写进了小说里。

二、探赜索隐

二、探赜索隐

汪淡如的印章

　　高邮收藏家协会副会长司京平先生，近期收藏了一张 1953 年 5 月 30 日高邮县医务工作者协进会收据。该收据保存得较好，上面有汪曾祺父亲汪淡如（汪菊生）盖的印章，且色泽鲜艳。方爱建先生说，汪淡如此印系小篆用笔，线条匀称，而大篆字形，不对称而自然，此印不错。有专家解读：姓名印，朱文，拟古玺印，其印章法大疏大密，字法婉转流畅，用刀冲切并用，沉着爽利。在这张收据上同时留下汪淡如的 13 个字迹，笔法苍劲有力，秀丽流畅。

　　汪曾祺的父亲汪淡如是个全才，年轻时是运动员，能踢足球、撑竿跳高和吊单杠；他喜欢乐器，笙箫管笛、胡琴、小提琴等样样都会；摒挡丝竹以后，大部分时间用于画画和刻图章。汪曾祺在《我的父亲》中写道："父亲刻图章，初宗浙派，清秀规矩。他年轻时刻过一套《陋室铭》印谱，有几方刻得不错……三十多岁后，渐渐豪放，以治汉印为主。他有一套端方的《匋斋印存》，经常放在案头。有时也刻浙派少印。"

　　刻印的人多喜藏石。汪淡如的石头是相当多的，他最心爱的是三块田黄，汪曾祺在小说《岁寒三友》中写靳彝甫的三块田黄，实际上写的是汪淡如的三块图章。他盖章用的印泥是自己做的，用的是"大劈砂"，这是朱砂里最贵重的。大劈砂深紫色的，片状，制成印泥，鲜红夺目。

1950 年 12 月，高邮县医务工作者协进会成立，县人民医院张廷猷院长任主任委员，副主任委员当中有私立大同医院的张厚铨。1952 年 5 月，高邮县私立第一联合诊所在车逻区闸河乡二村建立，后来全县各乡镇陆续成立了联合诊所，第十六联合诊所就是这个时间段应运而生的。显然，汪淡如与童和斋都是 1952 年加入第十六联合诊所的，汪淡如很可能是"十六联"医务工作者协进会的负责人。1952 年 8 月，高邮县工人诊疗所在城区人民路建立。1952 年，县卫生科对中医师和西医师进行登记、审核。全县共登记审核 466 人，其中中医人员 272 人，西医人员 194 人。

《高邮市卫生志》记载：1958 年 6 月，高邮城区私立禹王镇联合诊所与私立第十六联合诊所合并组建为珠湖医院（今城北医院前身），院址设于城区人民路，有工作人员 13 人，设内科、外科、妇科、儿科、牙科等科室。1958 年 9 月，珠湖医院改建为城镇公社卫生院，下设龙奔、一沟两个中心保健站，在城南新建病房，并分别在城南和城北增设门诊部。

该收据上的缴费人童和斋，是中华人民共和国成立初期当地知名中医，与其同期的有许步仙、朱月桥、蔡敬斋、夏富春、李殿斌、高际春、江韵樵、赵养生等。童和斋老宅位于中市口四德泉斜对面，他虽然过世多年，但"童和斋寓"四个苍劲的正楷大字仍十分醒目地呈现在朝街的风火墙体上。童老是个独臂先生，学养深厚，临床经验丰富，讲话慢条斯理。我曾在医学杂志上见过他学生写的《童和斋运用草果治疗胃脘痛的经验》。

该收据上注明缴费是四至五月份的会费 4000 元人民币。1953 年实行的是百元制，100 元在当时购买力相当于现在的 1 分钱。那 4000 元就相当于现在的 0.4 元，即每月 2 角钱。

二、探赜索隐

热闹的东大街

　　高邮东大街，晚清时期叫孝义东铺，民国时期叫民权路，中华人民共和国成立后改叫人民路，前两年改叫东大街，但我们都习惯叫"东头街上"，这里是通往兴化的主要通道。最开始时这条大街很窄，比竺家巷宽不了多少，虽显得拥挤，但非常繁华，人气很足。日本人占领高邮后，为了通汽车，强令沿街商铺住家往后退，街道南侧拆除一架木梁才形成现在的宽度，现在有些地方还能看到拆除的痕迹。

　　汪曾祺儿时的东大街，曾经是高邮的繁华地段之一，是城乡接合部，是联系城乡的水陆码头，是粮食、柴草和农副产品的集散地。这里的炕房、蛋行、草行、粮行、油坊、八鲜行、陆陈行、鱼行、粪行林立，应运而生的客栈、茶馆、烧饼店、豆腐店、布店、酱园店、杂货铺、南货店、砂炒店、烟店、诊所、药铺、照相馆散落在大街小巷。汪曾祺从小就可以观察这里的店家、小商贩、手艺人、种菜的、卖苦力的、乡下人，对他们有着较深入的了解，因而这些人后来成了他小说、散文里的主角。汪曾祺写的脍炙人口的旧高邮故事大多发生在这里。

　　东大街的行当齐全，生活极为方便。米厂有汪德大、王太记、新丰、万仓和傅大丰；百货店有王金元、刘盛元、丁同源；南货店有茂大、复大和姜恒记；布店有祥源、周记；竹厂有沈家竹厂、王家竹厂、张家竹厂；

理发店有唐家、陈麻子、蔡文华和时家；香店有杨万顺、吴家和姚家华；豆腐店有顾家、王家、龙家、和黄家；油面茶食店有江大升、乾升；花席店有谢祥泰和裕昌祥；浆坊有谈庆麟和苏家；糖坊有方福永、苏家和俞家；鱼行有戚家鱼行、王庆云鱼行；八鲜行有吴四八鲜行、王荣贵八鲜行；旅馆有悦来堂、万福和如意馆；篾匠有徐家、沈家和邵家（他们专为蛋行做蛋篓子外销蛋品，还为炕房做黄篮装苗鸡、苗鸭和苗鹅）。同康泰染坊、居疯子灯笼店、陶汝鞭炮店、戴车匠、侯银匠和马家线店就在草巷口西侧。江大升茶食店、唐家肉案、连万顺酱园、邵家茶炉、源昌烟店等就位于草巷口东侧。草巷口的澡堂子叫东玉堂。东街上只有这么一个澡堂子，这条街上要洗澡的只有上这家来。农民上街也喜欢到这里痛痛快快的洗上一把。汪曾祺说他"在这家澡塘洗过多次澡"，可以说，这是汪曾祺早年曾经使用过的唯一现存建筑。这个澡堂子有100多年了，至今没有多少变化，几乎还是老样子。

百岁老人阎世俊说当时东大街很热闹，各种店铺都有，光茶炉子就有4家。当问及他对东大街什么印象最深，他说泰山庙的戏台和迎会，以及炼阳楼的大舞台（人民剧场前身，1956年拆迁至北城门口）。

著名学者朱延庆在《汪曾祺与东大街》一文中写道："竺家小巷斜对面是王家熏烧店，那条街上的人们都称这家为'南京佬'。他家上代是从南京迁来的，'熏烧'的味道好，五香牛肉、五香兔肉、卤豆腐干、桃花等都很受欢迎，尤其是蒲包肉。汪曾祺在《异秉》中特意介绍了蒲包肉的做法。蒲包肉是高邮特有的熏烧，很有可能是'南京佬'从南京香肚的制作中得到启发，结合本地人的口味改造、创新而成的。扬州、南京、上海等地的朋友来过高邮后都很赞赏味美的蒲包肉。《异秉》中的主人公王二即是'南京佬'后代的原型。'南京佬'的后代改行了，不卖熏烧了，他家的手艺却传开了。说到蒲包肉，当数张四狗子和王二家最好。'生意三

二、探赜索隐

春草，财源雨后花。'这一副春联，用于王二的熏烧铺子，真是再贴切不过了，他的生意真是'三春草''雨后花'一样起来了。'起来'最显眼的标志是他把长罩煤油灯撤掉，挂起一盏呼呼作响的汽灯。这白亮白亮的汽灯，把东大街照的灼亮。"

五更公鸡打鸣，东方露白，东大街就热闹起来，人们在"定定郭，定定郭，定郭定郭定定郭"的打烧饼声中醒来，开始了新的一天的劳作。戴车匠在这条街上起得比较早，在别家店铺才卸下铺板的时候，戴车匠已经吃了早饭，选好了材料，看看图样，坐到车床的坐板上了。这时候各种叫卖声在东大街此起彼伏地喧腾起来，瓜果蔬菜摊位布满街头。外地小船采购水鲜瓜果一般都到八鲜行，因为超过8点就收市。天黑黢黢的，鱼市老板就来到大淖河边，下河渔民天刚拂晓就撑船前来卖鱼，鱼贩子蜂拥而至。天亮了，鱼市已结束，留下一块块的水渍和挥之不去的鱼腥味。

吃早茶是高邮人早上的闲暇享用，当时的扬州下属八县都是如此。汪曾祺在《如意楼和得意楼》《徙》《八千岁》和《文章余事》等作品里都有描写吃早茶。当时东大街的茶馆，有位于炼阳观的洞天楼，位于竺家巷的如意楼、得意楼和赵厨房，位于保全堂对面的朝阳春和位于更楼巷头的刘长松小茶馆。上茶馆并不是专为喝茶，茶当然是要喝的，但主要是吃点心，所以上茶馆又称吃早茶。上茶馆要比请吃烧饼、油条、阳春面"正式"得多，也上得了台面。在点心没有上桌之前，可以一边喝茶，一边吃干丝，既消磨时间，也调动胃口。汪曾祺在《八千岁》里写道："这里的店铺，有'客人'，照例早上要请上茶馆。上茶馆是喝茶，吃包子、蒸饺、烧卖。照例由店里的'先生'或东家作陪。一般都是叫一笼'杂花色'（即各样包点都有），陪客的照例只吃三只，喝茶，其余的都是客人吃。这有个名堂，叫做'一壶三点'。"

文学家的秘境

吃早茶毕竟是有钱的闲暇阶层的享用,而烧饼油条则是老百姓的最爱。东大街当时有12家烧饼店,其中9家就集中在草巷口及其附近。从窑巷口东侧的陈家烧饼店向西,依次有吕家烧饼店、郑大房烧饼店、王家烧饼店、金茂恒烧饼店、吴大和尚烧饼店、毛小才烧饼店、刘德章烧饼店,还有草巷口的张荣贵烧饼店。时过境迁,现在的东大街,仅窑巷口东侧有家烧饼店,由一个叫姓毛的师傅开着,傅珠路上也有一家,其他的都逐渐退出了历史舞台。

高邮烧饼有桶炉和草炉之区别,从品种上分为光烧饼、插酥烧饼和火烧连子,草炉烧饼属光烧饼之列。草炉烧饼就是个实心烧饼而已,在过去是社会底层人物的充饥之物。汪曾祺在《八千岁》里写道:"这种烧饼是一箩到底的粗面做的,做蒂子只涂很少一点油,没什么层,因为是贴在吊炉里用一把稻草烘熟的,故名'草炉烧饼'。以别于在桶状的炭炉中烤出的加料插酥的'桶炉烧饼'。这种烧饼便宜,也实在,乡下人进城,爱买了当饭。几个草炉烧饼,一碗宽汤饺面,有吃有喝,就饱了。"据储元仿回忆:他家东头有一家草炉烧饼店,西头有一家插酥烧饼店,每天储元仿都在打烧饼的噼啪声中醒来。两家的顾客不同,草炉烧饼的买主多数是卖苦力或农村上城的人;吃插酥烧饼的多数是吃早点的老人家、上学堂的学生、沿街店铺子里的老板和那些身份稍高的店员。

汪曾祺在《故里杂记·鱼》中写道:"庞家肉案子生意很好,因为一条东大街上只有这一家肉案子。早起人进人出,剁刀响,铜钱响,票子响。不到晌午几片猪就卖得差不多了。"汪曾祺笔下的庞家肉案子即唐家肉案子。这家肉案子铺坐北朝南,向东隔两家就是连万顺酱园店,斜对面就是保全堂药店。唐家掌作的是老二唐仁和,他身高体壮,棕色皮肤,双眉浓黑。他卖肉很有一套,下刀割肉前,先问顾客买肉回家准备怎么个吃法,是做肉圆、炒肉丝还是红烧⋯⋯然后,他根据顾客的制作需要,在猪的不同部位切割肉。切好后先给顾客看一下,如若切得不满意,他还会重切,直到顾客满意为止。

东大街的酱园店当数连万顺和吉升。开门七件事"柴米油盐酱醋茶",倒有三件和酱园有关:油、酱、醋。连万顺的门面很好认,是个石库门,两边白粉墙上有两个大字。两个大字黑漆漆突出来,字高一丈,顶天立地,笔画很粗:一边是"酱",一边是"醋"。连万顺茶干很出名,车站、码头、茶馆、酒店都有卖的。后来竟有人专门买了它的茶干到外地送人。高邮的双黄鸭蛋、醉蟹、董糖、连万顺的茶干,这四色礼品馈赠亲友,极为体面和受欢迎。一个人监制的一种食品,成了一方具有代表性的土产,真也不容易。当时连万顺茶干比现在的界首茶干名气响。

东大街热闹还在于它与几个码头相连:大淖河边有个轮船局,有开往白马庙、薛北庄、北官垱和三郎庙的帮船,越塘有开往樊川的帮船,张官桥有开往一沟、二沟、三垛的帮船。高邮开帮船开得比较远的是到临泽和兴化,还有老阁。

高邮河沟港汊密布,出细鱼细虾,是个适于养鸭的地方。养鸭遍及湖西和下河的每个村庄,由此也造就了许多养鸭能人,成就了高邮鸭蛋的名声,这就催生了蛋行、炕房、鸭行这些行业。"未识高邮人,先知高邮蛋。"很多人可能不知道高邮,但是几乎没有人不知道高邮的咸鸭蛋。高邮的咸鸭蛋,一直是高邮的美食风物代表之一,已成为高邮的骄傲。

每年下半年,养鸭户会到东大街卖新鸭。中秋节前后渔民会采菱卖菱,每天下午,许多小商贩会在大淖河边等候菱船的到来。八鲜行则是经营家菱、荸荠、慈姑、河藕、茨实、水芹和西瓜等瓜果蔬菜的中介机构,佣金是经营者的主要收入,通常按营业额的 10% 提取。

一到年底,卖草的船要有上百艘停靠在大淖河边,分别到草行销售,养鸭的就到蛋行卖蛋,然后到糠土行买秕糠鸭饲料。

文学家的秘境

高邮是水网地区，没有船就寸步难行，船成了承载运输和代步工具，船多修船的也多，不少船主会上街买修船用的桐油、麻丝、石灰，到铁匠铺买铁件，去竹厂买篙河泥的罱子、撑船篙和竹器农具，至于买生活用品如布、纸张、麻席、酱油、醋、盐、肉等则是顺便的。他们办红白喜事上街买货则是特意去的，有时还专门去看蓝廷芳、蔡敬斋、韩噱子或李鸿章等中医，到保全堂或天寿堂抓药。保全堂中药品种齐全，质量上乘，服务周到，无需再跑别的药铺。

中华人民共和国成立前后的高邮县城，炕房（坊）有10家。其中7家在东大街一带。炕房从清明开始出炕，一共出16趟，4天一趟。头5趟的早鸡苗一般会销售到镇江的句容等江南地区，中间5趟在高邮本地销售，后6趟会销售到里下河的兴化和泰州一带，炕房每到6月份就息炕了。

汪曾祺家位于科甲巷和竺家巷之间，竺家巷的繁华在东大街是绝无仅有的，有茶馆3家，烧饼店1家，豆腐店1家，客栈3家，香店2家，陆陈行1家，中医诊所3家。这条巷子的故事多，汪曾祺为这条巷子曾经写了六七篇文章。

与东大街平行的臭河边，在汪曾祺的作品里被提到若干次，是他早年生活绕不开的一个地方，也是他去五小上学放学的必经之路。《故里杂记》《陈小手》《薛大娘》《晚饭花》等文章里所写到的人和事都发生在臭河边。臭河边的水，源于京杭大运河，流经城北小学处的养丰闸，经承志桥向东流折弯过三元桥，到汪家大巷巷头转直角向东流去，到了这里水面就忽然开阔起来，经螺蛳坝，流向越塘河，最终与北澄子河相通。

汪曾祺在《故里杂记·鱼》里写道："这一年雨水特别大，臭水河的水平了岸，水都漫到后街面上来了。地方上的居民铺户共同商议，决定挖开螺蛳坝，在淤塞的旧河槽挖一道沟，把臭水河的水引到越塘河里去。"

二、探赜索隐

汪曾祺写道:"前几年我回家乡一趟,想看看炼阳观,但早就没有了。吕祖楼、梅花,当然也没有了。马道士早就'羽化'了。"

臭河边也没有了,变成了傅珠路,天王寺早已没有了踪影。

文学家的秘境

寻访庵赵庄

　　日前,著名独立制片人季丹第二次踏上高邮的土地,准备对汪曾祺笔下的人和事做一次实地寻访,为即将逝去的人和事留下一些珍贵的镜头,也为她的申报项目作一点儿前期铺垫。

　　对炕房、熏烧摊、鞭炮店等经营者后代的追寻采访是少不了的,《受戒》里明海和尚和小英子的爱情故事的发生地——庵赵庄也成了这次寻访的重头戏之一。

　　当天下午,季丹在高邮文联原副主席、汪曾祺研究会秘书长陈其昌,汪曾祺妹夫金家渝、弟弟汪海珊(汪曾庆)的陪同下,驱车寻访位于开发区昌农村的庵赵庄,我也有幸同车陪往。我们驱车行驶在开发区宽阔的马路上,中途虽停车问了两次路,但还是比较顺利地找到了庵赵庄的慧园庵。沿途工厂林立,绿树成荫,稻田连片,鱼塘汪汪,虽没有了当年"河荡相连,芦荻丛生,岸柳成行,水鸟鸣啭"的自然景致,却呈现出新时代村镇的欣欣向荣之景。

　　庵赵庄离城足有20里(10千米),而不是"离城10多里"。进了庵赵庄,我们老远就看到高墩子上的土黄色建筑,这颜色除寺庙外别无他用,大家都不约而同地说"到了"。我虽不是佛教徒,但对这次出行的虔诚及期盼似乎比我去九华山、普陀山等佛教圣地还要多些,仿佛我的佛家文化之旅才从这

二、探赜索隐

里开始。

土黄色的建筑虽破旧，颜色倒很协调且十分显眼，大门门楣上赫然写着"慧园庵"，而不是汪曾祺笔下的"菩提庵"，或被大家叫讹了的"荸荠庵"。庵门紧闭，但里面却传出悦耳的诵经声。我们紧敲大门也无人应答，不由好生奇怪。经打听，原来当家和尚外出串门去了。虽当了和尚，但都是乡里乡亲的，串门说闲表明僧俗在和睦相处着。

"来了！"我们顺着村民指的方向望去，一个身材魁伟、面如朗月的老和尚正朝我们走来。他的头顶上明显露着12个豆大疤痕。

此时慧园庵的当家和尚叫赵久海，法名智隆，79岁，但声如钟磬，说起话来四平八稳，记性也特好。他是半途出家，有妻室儿女，18年前专程到甘肃甘谷县大象山永明寺去受戒。当问及慧园庵原来的平面结构，他能说得清清楚楚，与汪曾祺描述的相差无几。"门前是一条河，门外是一片很大的打谷场。三面都是高大的柳树。山门里是一个穿堂。迎门供着弥勒佛……过穿堂，是一个不小的天井，种着两棵白果树。天井两边各有三间厢房。走过天井，便是大殿，供着三世佛。佛像连龛才四尺来高。大殿东边是方丈，西边是库房。"汪海珊问当年逃兵荒汪曾祺家的一大家子人住在何处。智隆说可能住在西边，因为西边是佛堂兼做库房，平时是居士的活动场所。问到当年慧园庵有几个和尚时，智隆说有5个，他们的法名分别是甲照、甲宏、长悟、龙海和永松。龙海即小明子、明海、四师父。

现在的慧园庵面南而处，共十来间房屋，门口一条大河，打谷场已不复存在。进得庙门便是一尊弥勒佛像，过了穿堂就是很大的天井，种着几棵银杏树，过道中央砌了个长方形的香炉，两边地上种着些蔬菜，西北角还圈了一块地养鸡。正北面的几间瓦屋算是大殿，中间供奉着数尊佛像。西边是库房堆放杂物，东边是住持念经礼佛的地方。这像模像样的场景好像与七十多年前的场景一样，只是少了两边的厢房。

赵久海的祖父赵永华与父亲赵长海一辈子都吃斋,他也吃斋,一生信奉佛教的他,现在膝下儿孙满堂,儿子也继承了他的衣钵。赵久海唯一的愿望就是能筹得善款修复这座寺庙,但乡里乡亲都是熟人,他实在不好意思出去化缘。俗话说:"山不在高有仙则灵,庙不在大有名则灵。"

相信慧园庵有了汪曾祺这一张名片,有了季丹纪录片的宣传,有了地方政府的资助,会迎来香火鼎盛的一天。这样,一来是对赵久海信仰的一种圆满,二来让后人在怀念汪曾祺的时候有一个实物的参照。

我们一行人当中,要数汪海珊的心情较为激动,因庵赵庄是他的衣胞之地。汪家及汪曾祺姑父董家在这里有许多田,1938年汪家逃兵荒去的就是庵赵庄,汪海珊的母亲任氏当时就是在这里生下了他。汪曾祺笔下的小英子曾经做过三年汪海珊的保姆。其实,小英子的原型叫大英子,明海和尚的原型叫龙海,慧园庵当年是汪曾祺、大英子、龙海等人的主要活动场所。1980年7月11日,汪曾祺的大姐汪巧纹去北京,姐弟久别重逢引发了许多旧的话题,也引发了埋藏在他心底深处的一个梦:刻骨铭心的初恋。1980年8月12日,汪曾祺的《受戒》问世了。

汪海珊说:"我清楚记得大英子的妈妈经常到我们家,大家都叫她王奶奶,她每次来都不空手,篮子里不是蔬菜就是鸡或蛋,我们家也回点礼给她。现在看来王奶奶每次上高邮也蛮远的。那个时候从高邮到庵赵庄,一脚旱路是走不到的,大都走水路,从大淖乘船可往返。这里是出庄见水,举步等舟的村厍,在一个偏僻闭塞、一脚旱走不到头的地方躲兵荒倒是个不错的选择。"

为了阻止日军乘汽艇下乡扫荡,抗日战争期间慧园庵被拆除填河筑坝了。我们目前所见到的慧园庵,是现在的当家和尚自费在原址上修建的,且没有化缘一分钱,只是南下请菩萨时得到少许的赞助。整个慧园庵的建筑虽朴素简陋,但成了此地方圆几百里小有名气的佛事中心。

二、探赜索隐

大英子与汪曾祺同龄，若活到本书作者此次出行之时则应该93岁了。大英子从汪家回来不久就嫁到界首老人桥张姓人家。我们在庄上还见到大英子的侄子，他家单门独院别墅似的楼房表明生活很富足。

汪曾祺第一次回高邮，曾同巧纹大姐顺道镇江看望堂姐汪璧、汪藻。她们谈《受戒》，也谈小和尚的"爱"，因为汪曾祺小时候有个法名叫海鳌。于是她们问小和尚是不是写他自己，他完全予以否定。大姐也吃不准，说他作怪得早，也许是单相思，至少有他"初恋"的影子。

汪曾祺借自己的小说，向人们展示了未经任何压抑的自然天性。没有任何修饰的自由恣意，没有任何束缚的自然清新，表现了一种过滤掉种种尘埃的至纯至性的生活方式。清香的芦苇荡衬托的那块桃源般的天地，小和尚明海青涩拘谨的少年身影，农家女小英子的水乡里养出来的率性天真，以及那一段纯美的初恋故事，让人们愉快地享受了淳朴清新的童话之美，也多了一份雾里看花的遐想。

在回程的路上，我的思绪仍沉浸在汪曾祺《受戒》的故事中。我虽第一次来庵赵庄，但这绝对不会是最后一次。

话说竺家巷和竺家小巷

高邮，可以说是一座"巷城"。近二百条的老巷子，构成了这座城市的血脉。这里烟火气浓郁，有人情，有故事。

竺家巷与竺家小巷相平行，两巷之间有一条横向的巷子相连，形成一个 H 形构架。两条巷子都与东大街相连。

扬州文化学者朱延庆在《汪曾祺与东大街》一文中写道："人民路上有竺家巷和竺家小巷，可以想见历史上竺氏家族之庞大。现在大概一个姓竺的人家都不在这儿住了。"是的，现在这里确实没有一户姓竺的。

竺家巷原来叫竹家巷（1947 年在高邮地图上标为竹家巷），中华人民共和国成立以后改称竺家巷。对于竹家巷的由来民间有这么一个美丽的传说。原先竹家巷这一带有座竹节寺，因寺庙里长了许多竹子而得名。此寺的方丈曾经游历四方，在各地结交了许多佛教界人士。有一位客居他乡的高邮人要回家乡，受当地的一个和尚之托，捎带一封信给高邮竹节寺的方丈。这个人回到高邮后，找到竹节寺，将此信交给了方丈。方丈接到友人的信件很是激动，也感谢此人忠实地完成了别人所托之事。为了酬谢这位捎信者，方丈随即拽了些寺里的竹叶给此人。此人不以为然，心想区区几根竹叶算什么呢？拿到手后随手就扔掉了，不过还有几片竹叶粘在他的衣服上。他回到家后，发现那几片竹叶在灯光下变得金灿灿的，被拿在手里沉甸甸的，是货真价实的黄金！太不可思议了。此人既郁闷又兴奋，后悔当时不屑一顾将竹叶扔了，于是他当即原路返回到竹节寺。哪里还有什么竹叶？竹林没有了，竹节寺也空空如也，方丈早已消失得无影无踪。后世的人们非常相信这一美好的传说，遂将此巷改名为竹家巷。

巷子的功能是居住，而竺家巷却被赋予街的功能。这在高邮绝无仅有。

竺家巷曾经是高邮的繁华地段，与东大街相连，是联系城乡的水陆码头，是粮食、柴草、农副产品的集散地，这里的炕房、蛋行、草行、粮行、八鲜行、陆陈行林立，应运而生的客栈、茶馆也散落在大街小巷。这造就了竺家巷的繁荣，且这种繁荣在众多巷子中绝无仅有：茶馆3家，烧饼店1家，豆腐店1家，客栈3家，香店2家，陆陈行1家，中医诊所3所……

汪曾祺在《我的家》中写道："十年前我回了一次家乡，一天闲走，去看了看老家的旧址，发现我们那个家原来是不算小的。我家的大门开在科甲巷……而在西边的竺家巷有一个后门。我的家即在这两条巷子之间。临街是铺面。从科甲巷口到竺家巷口，计有这么几家店铺：一家豆腐店，一家南货店，一家烧饼店，一家棉席店，一家药店，一家烟店，一家糕店，一家剃头店，一家布店。我们家在这些店铺的后面，占地多少平米我不知道，但总是不小的，住起来是相当宽敞的。"

汪家是竺家巷第一大户。汪曾祺的曾祖父中过举人，祖父汪嘉勋曾中过清末的拔贡，而拔贡是做不了官的。废除了科举制后，汪嘉勋就在家乡精心经营自己的产业。他是汪家的创业人。那时的创业不外两个途径：置田地、开店铺。汪嘉勋历尽艰辛，慢慢地使汪家的家业兴旺了起来。

汪曾祺在小说《如意楼与得意楼》《八千岁》中提及赵厨房。汪曾祺写赵厨房："专门包办酒席，不设客座。客家先期预订，说明规格，或鸭翅席，或海参席，要几桌。只须点明'头菜'，其余冷盘热菜都有定规，不须吩咐。除了热炒，其他都是先在家做成半成品，用圆盒挑到，开席前再加汤回锅煮沸。"

赵厨房的手艺很好，能做满汉全席。这满汉全席清朝时也只有接官送官时才用，入了民国再也没有人来订。赵厨房接的最多的业务还是红白喜事和生日寿宴。赵厨房原先租借竺家巷杨家香店的房子，在汪家院宅后门斜对面，后来租了位于草巷口东首江大升茶食店的门面房，江大升老板与《岁寒三友》中的靳彝甫是儿女亲家。公私合营后的赵厨房仍沿用"赵厨房"这个老字号招牌。

汪曾祺笔下的"如意楼""得意楼"就位于竺家巷北首。"竺家巷是一条不很长，也不宽的巷子，巷口就有两家茶馆：一家叫如意楼，一家叫得意楼。两家茶馆斜对门。如意楼坐西朝东，得意楼坐东朝西。两家离得很近。下雨天，从这家到那家，三步就能跳过去。两家的楼上的茶客可以凭窗说话，不用大声，便能听得清清楚楚。如要隔楼敬烟，把烟盒轻轻一丢，对面便能接住。"得意楼老板叫马太昌，而非《如意楼和得意楼》中的胡老二；如意楼当时是茶馆兼客栈，后来由于茶馆业务下滑就单做客栈了。

竺家巷另外两个客栈分别是汪家南隔壁的悦来堂和与之相对的天福客栈。在我印象中天福客栈一直开到被公私合营。随着城市的发展，这一带失去原有的地域优势，渐显萧条。"天福"关闭了，但"天福"原先的王姓主家则在竺家小巷继续开客栈，虽地处偏僻，却仍有老主户光临。8年前，独立制片人季丹来高邮寻访汪曾祺足迹，经汪曾祺妹婿金家渝介绍，就曾经住这里。

竺家巷中段天福客栈北隔壁是李家香店，悦来堂的南隔壁即顾家豆腐店。汪曾祺在1947年写的《冬天》——小说《豆腐店》中的一个片断——说的就是顾家豆腐店的事。1994年汪曾祺又写了小说《辜家豆腐店的女儿》，只是将"顾"改成了"辜"，邻居的女儿成了小说的主角。这篇小说写一个社会底层的女人，几乎沦为暗娼：她不喜欢的人在帮她，玩弄她，她的街坊邻居虽同情她却又在背后议论她，她喜欢的人却不喜欢她，她的生活没有希望却还得继续下去。民国小城的一个巷子里，演绎着一个酸楚悲催的故事。

二、探赜索隐

汪曾祺于 1988 年写了《吴大和尚与七拳半》。开烧饼店的吴大和尚确有其人，与汪家宅院后门仅一墙之隔。汪曾祺为我们描绘了一个旧社会的普通平民，一个活生生的街坊邻居的故事。吴大和尚的举动无须指责，小媳妇的勤劳、朴实、坚强和顾家的表现也值得称赞。在汪曾祺看来，吴大和尚老婆的世俗身份，并未能限制她作为一个健康女人的追求。

顾家豆腐店南隔壁是杨家香店的住宅与作坊，两家有亲戚关系，所以他们的后院是连在一起的。杨家香店开在东大街上，汪曾祺在《戴车匠》里写道："车匠店离草巷口不远，左邻是侯家银匠店，右邻是杨家香店。"汪曾祺虽然没有专篇小说写杨家香店，却在《榆树》《黄开榜的一家》《熟藕》等小说中多次提及杨家香店。杨家是汪家早晚相见的近邻，想绕都绕不开的好邻居，况且杨家是竺家巷除汪家之外又一大户人家。

本书前文提到过戴车匠。戴车匠是东大街上一景，更是伢子们心中的殿堂。戴车匠的女儿戴明霞一家就住在竺家小巷，她于去年去世，享年 101 岁。

小小的竺家巷竟有 3 家中医诊所，若再算上汪淡如看眼疾，就 4 家了。最有名的中医当数蔡敬斋。蔡敬斋系兴化人氏，善金石、书画。他 13 岁随姨父、兴化名医魏荫堂习医，19 岁独立应诊，1915 年在三垛镇行医，一举成名，求医者的船只常挤满三垛前河。1938 年日军飞机轰炸三垛，于是他迁至高邮县城东大街的竺家巷行医，租赁的房子是绅士吴昌初的。为什么会迁到竺家巷呢？因为这里是旧高邮繁华地段，联系城乡的水陆码头，交通繁忙，人口稠密，行医问药的人流量大。1952 年蔡敬斋与汪淡如都加入第十六联合诊所，原本是邻居和同行的他们，又多了一层关系：同事。1956 年秋，蔡敬斋被调至县人民医院开设中医科，当时他的工资是每月 105 元，仅次于院长张廷猷。随即蔡家就搬迁到中市口。

中医蓝廷芳位于竺家巷的南首，汪曾祺在《道士二题》里写到蓝廷芳。

另外一个医生就是租赁杨家香店下堂屋的韩氏诊所，人称"韩噱子"，擅长中医针灸。后来我才知道他是我好友陈力的外公。

现在大家看到的汪曾祺故居只是汪曾祺故宅之一隅，汪曾祺的弟弟和妹妹两家还一直居于此。2016年因建汪曾祺纪念馆，该处做了翻建，但建筑面积和风格未变。门口的对联多年一直没有变，是汪曾祺喜欢的一副对联："万物静观皆自得，四时佳兴与人同。"

汪曾祺认为："一个人成为作家，跟小时候所受的语文教育、跟所师承的语文教师很有关系。"从小学到中学，教汪曾祺语文的有好几位老师，其中高北溟先生是对汪曾祺影响最大的语文老师。汪曾祺自小学五年级至初中二年级，都是由高先生教语文。在高先生教课的那几年，汪曾祺的作文几乎每次都是"甲上"。高北溟先生对汪曾祺的影响，除了学业上的，更有人格上的。高北溟先生为人正直，待人以诚，高雅脱俗，不与世俗合污，敬业且终生勤奋。汪曾祺后来把他对高先生的敬重一一写进《徙》这篇小说中。竺家小巷北首第一家的小四合院就是高北溟的家，现在高北溟的后人都不住在这里了。

竺家巷和竺家小巷之间那个横着的巷子，有一个坐南朝北的门楼，显得很古朴，原来是竺家巷首丁同源广货店的老宅。丁家后代中有的是从事医学工作的名家。

竺家巷与竺家小巷的历史文化氛围厚重，这里因汪曾祺而名声远扬。汪曾祺纪念馆及文化街区的建立，让这里成了众多游客的向往之地。

二、探赜索隐

保全堂与万全堂

　　在过去的高邮城，汪家虽然算不上顶尖的名门望族，但在东大街草巷口一带可算得上首屈一指。汪家祖籍徽州，迁居高邮，从汪曾祺往上数才九代。汪家后来的产业是由第七代当家人汪曾祺的祖父汪嘉勋一手创办的。

　　汪嘉勋，字铭甫，曾中过前清末科的拔贡，而拔贡是做不了官的，后来废除了科举制，他就在家精心经营自己的产业。他是汪家创业的人。历经艰辛的汪嘉勋，使汪家的家业逐渐兴旺了起来。

　　那时的创业不外两个途径：置田地和开店铺。汪嘉勋先后置有田产2000多亩。他的店铺主要是两个药店、一个布店。布店经营一般般，两个药店规模较大，在高邮甚有影响。保全堂在东大街，万全堂位于北门大街，这两个药店是汪家主要经济收入来源。汪嘉勋在开店之初即把信誉作为店铺的立业之本。

　　北门大街上的万全堂位于大东茶馆（原五柳园饭店的前身）斜对面，坐东朝西，就一大间门面，但房子很高且深，给人以幽深的感觉。往里还有个向南的钥匙弯子，门面上方的阁楼辟为店员的卧室。长长的柜台靠北放置，柜台顶头的黑底金色的"万全堂"店招极为醒目，门口柜台靠墙斜放着的招牌上写着"万花仙掌露，全树上林春"十个大字。东大街"保全堂"两间门面，坐南朝北，柜台放在西边，几乎占据了一间门面，东边通往南边汪宅有几扇屏风相隔。与万全堂一样,"保全堂"三个大字的金字招牌立挂在柜台的顶头,在门外看一目了然;门口柜台斜着放的招牌上写着"保我黎民,全登寿域"。汪嘉勋为这两个药店亲撰的两副对联不仅精妙贴切,而且十分符合中药店的特点,还巧妙地把店名暗嵌其中。

为树药店信誉,汪嘉勋一直坚持必须卖"地道药材"。药店不卖假药,但是常常所卖药材不是很地道,尤其是丸散。常言道:"神仙难识丸散。"连开药店的内行都不能分辨麝香、珍珠、冰片之类贵重药材,更难判定其进货渠道是不是正宗,药品是不是上色足量。万全堂制药的过道上挂着一副金字对联:"修合虽无人见,存心自有天知。"这并非虚语,这是汪嘉勋时刻在告诫自己的员工,切不可掺杂劣药和弄虚作假,因为民众心中有把尺,治疗效果才是正道,他们说到也做到了。当时高邮城里有几个门面比万全堂大的药店,可是这些药店里的店员的家人生了病,配方抓药,都不在本店,反而叫家人到万全堂抓。仅此一端,即可见汪嘉勋所开的药店在人们心目中信誉极好,在同行中的标尺也是很高的。

汪嘉勋如此把信誉作为立业之本,几年下来,经济效益与声誉都明显高于同行。事业发展了,业务上路了,汪嘉勋就稍稍放手,他找田禾先生管田事,找管事(经理)管药店。他平时并不多过问店里的事,只有到每年腊月二十四,由管事带着总账到家里来,向他报告一年的营业情况。由于信誉好,盈利是有保证的。汪嘉勋颇为悠然自得。

汪曾祺说:"祖父是有名的眼科医生,汪家世代都是看眼科的……据说很灵。祖父为人看眼病是不收钱也不受礼的。"后来汪曾祺的父亲汪淡如继承了汪家的家业,也始终奉行这个规矩。

理发师傅从富友说汪淡如曾经为他治过眼疾。他的眼睛被治好后,一生再也没有犯过眼病。汪曾祺在《我的父亲》一文中还提及此事:"这个'孩子'现在还在,已经五十几岁的,是个理发师傅。去年我回家乡,从他的

二、探赜索隐

理发店门前经过,那天,他又把我父亲给他治眼的经过,向我的妹婿详细地叙述了一次。"我在东大街多次采访中,许多老人都向我讲起汪淡如为他们治疗眼疾的事。

汪家家道渐富,但汪嘉勋生活俭朴,自奉甚薄,有时"一个咸鸭蛋吃两顿,上顿吃一半,把蛋壳上掏蛋黄蛋白的小口用一块小纸封起来,下顿再吃"。汪嘉勋的俭省在我们县城是有名的,但是他曾在一个时期很舍得花钱买古董字画,并在所不惜。

关于保全堂的日常场景,汪曾祺在小说《异秉》中做了较为详细的描述。药店除煮饭挑水的人之外,实有四等人:管事、刀上、同事和相公。

管事,即经理。管事可是个终身职务,很少有东家把管事辞了,当了管事,就有了"身股",到了年底可以按股分红。因此,他对药店生意是兢兢业业,忠心耿耿。东家不到店,管事负责一切。贵重的药材如犀牛角、虎骨、羚羊角、麝香等,都由管事保管。

刀上是技术人员,薪资待遇最高,在店中的地位也最高。吃饭时他照例坐在上首的二席(除了来客人,头席总是虚空)着。逢年过节、药王生日时,有酒,管事的举杯,必须刀上先喝一口,大家才喝。保全堂的刀上是全县头一把刀,他姓樊(而不是汪曾祺笔下姓许),其余的都叫"同事"。学生意的却有一个奇怪的称呼,叫"相公"。万全堂的刀上是用重金从淮安请过来的,他的手艺应该在樊先生之上。他胖胖的,姓邓,大家都叫他"邓大胖子"。邓大胖子刚来时无所事事,整天闲着,同事背后就议论开了:花大价钱把他请来整天不做事,还不知道他的本事如何呢……有一天,邓大胖子吩咐相公泡两盆白芍,待晾干后他动手了。只见他下刀有力,动作飞快,饮片如雪花般飘落在药匾上。切出的饮片薄如蝉翼,薄厚一致,顿时同事们服了,纷纷竖起了大拇指。时间一长,邓大胖子炮制饮片的绝招逐渐显露,真正做到了"天麻似蝉翼,半夏鱼鳞片,槟榔不见边,附子、白芍飞上天",为万全堂的声誉增色不少。

不知道出于什么原因,保全堂和万全堂不用当地人,用的都是淮安人。"他们每年有一个月的假,轮流回家,去干传宗接代的事。其余十一个月,都住在店里,他们的老婆就守十一个月的寡。"万全堂管事叫蒋逸汝,保全堂的管事叫卢润昌。小说《薛大娘》中的吕三(散文《薛大娘》中的蒲三)的原型人物就是卢润昌。

汪家的两个药店除了门市,主要做中药材的批发。汪家在镇江小码头有专门的栈房(仓库),主要用于浙江、安徽等地药材的囤积和转运。药店的事由管事管着,汪淡如就不多加过问,他的工作重点放在贵重药材的采购上。万全堂当时有两个专门从事采购药材的师傅。晚清时期汪家就与杭州红领子商人胡雪岩的胡庆余堂建立了合作关系,后来与胡雪岩的后人胡天虎、胡天豹的兄弟公司继续保持着良好的商贸关系,成了虎豹牌万金油、十滴水、八卦丹、头痛粉、清凉水、止痛粉等便利药品在高邮地区的总代理。汪淡如曾经告诉女婿金家渝,那时候他与苏州雷允上等大公司做生意都是用黄金结算的。

每年年底,汪淡如就开始筹划给穷人散"米菲子"的事。《异秉》里的王二熏烧生意做大了,也学着汪家给穷人散"米菲子",不过,在数量上是无法与汪家比拟的。每年商会要在五坛办粥厂接济穷人,资金不够时都是汪家来兜底;遇到来看眼疾付不起药费的,汪家药店总是先记个账到年底再说。年底了,看到账本上仍有许多空账,汪淡如对药铺管事挥挥手:把这些账划掉吧!

2020年3月5日的《五一集邮》刊登了蒋康林的《一张加盖"高邮保全"戳的老药方》,而且是加盖了两次"高邮保全"店戳的老药方。根据曾经在保全堂工作过的老药师指认,这就是当年保全堂药店的药方和店戳,药方右下角加盖的私章应该是配药师的私章。加盖店戳和私章,就是为了防止出差错和事故,是对所配药材的负责。这其中包括不卖过期、失效、霉变、伪劣、淘汰的药品,还包括计量准确、价格合理和药物的十八反十九畏,若出现问题可以追责。一张看似简单的中药方,彰显出汪家药店的操作严谨和规范。

文友陈玉华近日喜得保全堂的两枚木质印章,印章的印首写有"保全堂"三个字,印底分别刻有"丹丸冰麝出门不退"和"货真价实不折不扣",这两枚印章虽然属于经营类的,也有年代了,可能没有书画印章的艺术价值高,但不同年代不同人刻用的,各有其文化历史和艺术的不同价值。这两枚印章为研究汪曾祺及其家族史提供了极为宝贵的实物资料。

1949 年,保全堂和万全堂仍然平稳经营着。1956 年公私合营,万全堂与大德昌、大生堂等 8 家私营中药店组建成城镇国药商店。根据《高邮市卫生志》的 1956 年高邮县私营药店公私合营情况表,当时高邮县城共有 16 家中西药店,从业人员 48 人,万全堂从业人员达 10 人,占从业人员的 21%;16 家药店清产核资的资金共 19480 元,而万全堂的 4250 元占总金额的 22%。不知什么原因,保全堂的资料没有在这份情况表中显示。1958 年,高邮县城药店调整为仁德生、保全堂两个中西药综合门市部,大德昌、万全堂两个中药门市部和同兴祥、大陆两个西药门市部。保全堂和万全堂老字号店名重新被启用。官方统计数字表明,无论用工人数还是资产结累,汪家都是遥遥领先其同行。保全堂和万全堂在高邮近代医药史上占有重要的位置。

经营靠信誉,持家靠勤俭,家教靠礼教,文脉靠传承。

篷顶桥·隔河照壁·有名分的厕所

汪曾祺说："我小时候,从早到晚,一天没有看见河水的日子,几乎没有。"高邮是典型的"人家尽枕河"的水城。过去城里河流纵横,终日涓涓细流,人家依河而居,街市傍河而建,街上人来人往,河里行船如梭。河多桥梁自然就多,从明清到民国时期,高邮城区桥梁能叫出名字的至少有30多座。

高邮老城区河多桥多,且大部分河都能行船。河是县城的血脉,船则是运输的载体,有河有码头的地方则是县城的繁华地段。其中有几座桥很特别,上面建有篷盖。汪曾祺在《王四海的黄昏》里写道:"北门外有一条承志河。承志河上有一道承志桥,是南北的通道,每天往来行人很多。这是座木桥,相当的宽。这桥的特别处是上面有个顶子,不方不圆,较长,形状有点像一个船篷。桥两边有栏杆,栏杆下有宽可一尺的长板,就形成两排靠背椅。夏天,常有人坐在上面歇脚、吃瓜;下雨天,躲雨。人们很喜欢这座桥。"

谈到承志桥,还有个故事。承志河承接通湖桥下涵洞来水,但河道因年久淤积水流不通,居住在北门外杨家巷的杨蒂的父亲杨福臻一直有个心愿,就是疏通这段河道建一座新桥。清光绪十五年(1889年)杨蒂考中进士,先后在京城、山东等地为官15年。荣归故里后,杨蒂为了完成父亲的心愿,牵头募资疏浚河道，建造了一座石质的亭桥。完工后这座桥被名为承志桥。据《三续高邮州志》记载，当年承志桥边立有疏浚承志河碑，碑文为进士杨苎所作。桥亭四柱上刻有二副楹联："举锸同申，才引来几湾流水；凭栏远眺，好栽成一路垂杨。""竿首永悬灯，只希明白无差，表出臣心原似水；抬头聊勒石，敢谓嫌劳独我，欢腾众口更成碑。"

位于东大街与北门大街相交处的新巷口，原先有座税务桥。该桥是砖石结构的拱形桥，加上桥亭，显得很高很显眼。不过这个桥亭不是用于观风景，而是供税务人员在桥上收税用的。据说他们向过往船只收税方式也特别，收税人员根本不用下桥，只将一端系有小布兜的长竹竿从亭中伸下，纳税人将税款装入布兜即可。

高邮东大街有个炼阳观，炼阳观北边有一条小河，往北就是阴城。河水潺潺，连着外河，西边与元沟子相连，东边可通大淖。河上建有一座桥，名叫东升桥，桥上面有一亭，翼然盖护着小桥。彼时，高邮城区不见天的桥除炼阳观的东升桥，还有北门承志桥、新巷口的税务桥和城隍庙的吊魂桥，每座桥都有亭阁遮护。城隍庙的吊魂桥，我这个年龄段的人肯定没有见过，至今也没见人写过它，仅扬州文化学者朱延庆在《炼阳楼·臭河边·三茅宫》一文中一笔带过。

过了桥，行一段路，便是一座四合院式的二层楼房，这便是炼阳楼，楼上下各有十多间房，楼上有八座塑像，楼下是戏台，戏台坐南朝北，观众席有对号入座的椅子，两边是站票，天井上面搭的大棚可遮挡风雨。20世纪30年代至50年代初，高邮的大剧院（文化大戏院）就在这里，该剧院曾经接待过不少戏剧名角，主要是京剧——当时京剧也称大戏。扬剧被称为小戏，一般在现在新巷口小学西边的土地庙内唱。炼阳楼上有八座塑像，即八仙：铁拐李、汉钟离、张果老、何仙姑、蓝采和、吕洞宾、韩湘子、曹国舅。八仙手上各持一物，极具个性特征，譬如铁拐李拿拐杖，汉钟离摇扇子，张果老倒骑毛驴，等等。八仙中的核心人物是吕洞宾。1956年左右，炼阳观唱戏的炼阳楼统统被拆，拆下的建筑材料被运到北城门口建了后来的人民剧场。对于东升桥，长我几岁的涂嘉林见过，并给我画了示意图。民国初年，为了追求道路平坦，高邮许多位于交通要道的桥梁都被改建为平桥，这几座桥上的篷或亭的结构都被拆掉了。

照壁在古代被称为"萧墙"，南方人称为照壁，北方人称为影壁，也称照墙、屏风墙等，是中国传统建筑特有的部分。照壁可位于大门内，亦可位于大门外，前者称为内照壁，后者称为外照壁。照壁的作用从风水学上来说，既使房屋"气畅"，又使气不能直冲厅堂或卧室，否则不吉，因此便在房屋大门前或厅堂前面置一堵墙，形成了照壁这种中国传统建筑设计。曹雪芹在《红楼梦》中就描写了"北边立着一个粉油大影壁"。

照壁的实际功用是作为建筑组群前面的屏障，以别内外，并增加威严和肃静的气氛，有装饰的意义。照壁往往把宫殿、王府或寺庙大门前围成一个广场或庭院，给人们个回旋的余地，因此成为人们进大门之前的停歇和活动场所，也是停放车轿上下回转之地。照壁作为中国传统建筑中重要的部分，与房屋、院落等建筑相辅相成，组合成一个不可分割的整体。雕刻精美的照壁具有建筑学和人文学的重要意义，有很高的建筑与审美价值。高邮许多大户人家一进门，过道尽头就是嵌有"福"字的墙体，也有四合院隔个天井，堂屋对面的墙上嵌个"福"字砖雕，这些都算作内照壁——我家位于姚家井的祖屋就是如此。高邮王氏故居古朴的照壁上刻的是"戬谷"（福禄之意）的砖雕。南京总统府遗址和高邮县衙门遗址对面的大照壁属于外照壁。

据阎世俊老人说，高邮还有三座隔河照壁：一是善因寺的照壁建在隔河的城墙上，二是圣宫的照壁建在南边察院桥，三是南门外华严寺的照壁建在小河西。所谓隔河照壁，依我愚见无非是地域局限的权宜之计。善因

二、探赜索隐

寺的照壁建在隔河的城墙上，是因善因寺前边就是护城河，没有多大空间的无奈之举。圣宫即坐北朝南气象雄伟的古圣贤孔子圣宫（夫子庙），前后七进，有大成殿、明伦堂、圣贤祠、天王殿等。全部都是蓝底金字牌位，设有泥塑像。圣宫为什么将照壁建在百米开外的察院桥，这与圣宫的格局有关。圣宫位于县府街的大门其实是第二道门，在东西两头立有"文官下轿，武官下马"的下马碑（我在高邮中学上学时下马碑还在）。隔街砌了个偌大的砚池，在砚池的南边栽了许多松树和柏树。第一道大门建在察院桥，照壁则建在玉带河南岸。整座建筑群都建在南北中轴线上。中华人民共和国成立后，此处改为江苏第九监狱，后又改为造纸厂，再后是现在的龙祥商业街。砚池的地身即现在社保局偏东一点儿的位置。华严寺的照壁为什么建到那么远的小河西，到底是个什么讲究就不得而知了。华严寺曾经是高邮八大寺之一。1956年大运河拓宽工程时彻底拆除了华严寺，留下了华严街这个地名。乡贤秦观曾写过《踏莎行·上巳日遇华严寺》，可见其历史悠久。

隔河照壁当然不是高邮独有，如无锡太湖荡口镇华氏义庄的照壁就是隔河照壁。苏南义庄的照壁主要分为门外照壁和门旁照壁，具有遮风挡雨、屏障视线的作用。门外照壁正对大门，与大门相隔一定的距离，形成门前小广场，使得建筑整体较为完整，彰显了家族气势。门旁照壁与门厅相连，呈八字形，不仅可以凸显门厅，还统一了整体外立面，与门外照壁遥相呼应，增强了义庄建筑的凝聚力。

厕所无所不在，但给厕所起名号的则闻所未闻，但在旧高邮就有两座。一座位于东大街草巷口中段，在东玉堂澡堂斜对面，汪甫臣老宅的北面。该厕所坐西朝东，叫集乐亭，厕所对面是个碾坊。该厕所设施在当时是一流的存在，据说系该巷大地主汪乃生所建。北门大街承志桥旁有座百年鞋

文学家的秘境

店复泰祥，沿着该店拐向西，有个厕所叫桥乐亭。该厕所建造讲究，面积也大，墙上曾嵌有春夏秋冬四幅条，还布置了若干盆栽植物。据说当时特请了高邮名匠闵学义父子经手建造它。目前，集乐亭和桥乐亭这两座百年厕所仍在原址发挥着作用。

二、探赜索隐

高邮的炕房

高邮是个水乡，水域面积约为788平方千米，占其总面积的40.1%。其中高邮湖的水域面积占了很大的比例。湖西和下河的河沟港汊密布，出细鱼细虾，是个适于养鸭的地方。养鸭遍及湖西和下河的每个村庄，由此也造就了许多养鸭能人，成就了高邮鸭蛋的名声，这就催生了蛋行、炕房、鸭行这些行业。当然，炕房除了炕小鸭，还炕小鸡、小鹅。

清代雍正期间《高邮州志》记载："鸭蛋亦腌成桶，色甚红，与他方异。"清代诗人袁枚在《随园食单》中称赞道："腌蛋以高邮为佳，颜色红而油多，高文端公最喜食之。"汪曾祺先生在《故乡食物》中写道："曾经沧海难为水，他乡咸鸭蛋，我实在瞧不上。"足以证明高邮咸鸭蛋的魅力。汪曾祺《端午的鸭蛋》客观上又为家乡的鸭蛋做了代言。"未识高邮人，先知高邮蛋。"很多人可能不知道高邮，但是几乎没有人不知道高邮的咸鸭蛋。高邮的咸鸭蛋，一直是高邮的美食风物代表之一，已成为高邮的骄傲。

中华人民共和国成立前后的高邮县城，炕房（坊）有10家。其中7家在东大街一带，分别是：草巷口的刘万泰炕房，老板是刘元涛和刘元海兄弟；草巷口的蒋同顺炕房，老板是蒋兆顺；草巷口的余元泰炕房，老板是余松林；大淖河边的叫永和炕房，老板是戴礼；北窑庄的叫茂盛炕房，老板是李桃山；人民桥的叫元和，三个老板分别是俞松海、朱龙顺和孙有福；窑巷口靠滑石巷的叫顺和，老板叫俞松才。此外，御码头北边有绪元泰炕房，老板是绪开甲；搭狗桥附近有两家，一个是杨裕泰，老板是杨开山，另一个是同和，由四个人合的股。这10家炕房论资格和规模当数余元泰、同和、永和和元和这3家起步相对较迟。当时四乡八镇也都有炕房。

　　炕房从清明开始出炕，一共出16趟，4天一趟。头5趟的早鸡苗一般会销售到镇江的句容等江南地区，中间5趟在高邮本地销售，后6趟会销售到里下河的兴化和泰州一带，炕房每到6月份就息炕了。

　　余元泰每年炕小鸡20万只，鸭子12万只，鹅子万把只。其他炕房的产量明显低于余元泰，绪元泰和蒋同顺只炕小鸡，炕小鹅的主要在湖西。高邮县城的炕房一年要出炕家禽250万只以上。

　　我家虽说在城里，受邻居饲养它们的影响，也养过鸡鸭鹅，曾买了十几只回来当宠物养，放在家前屋后散养着。它们曾经给我的童年带来许多乐趣。我小时候东大街上的炕房已经不叫余元泰，属于食品公司的下属单位，至今大淖巷尚存一堵专门用来照蛋、开有8个小窗户的山墙。靠近炕房居住的人家，可以买到低价的哑蛋和"鸡喜子"。我下放的生产队，每年都会放养一大群鸭子，家家户户都是鸡鸭成群，它们是农民的"钱袋子"。

　　炕房是催化生命的产床，让小孩子常常觉得很神秘。我曾有幸去炕房参观过正在孵的蛋。炕房师傅拿一只手电筒照一只鹅蛋，我看到了小雏鹅，蜷缩在蛋壳里，透明的毛细血管纤细若丝。我把一只橙黄的小鹅托在手心，像个小玩偶。这个小家伙刚从蛋壳里出来，绒毛湿漉漉的，两只小腿站也站不稳。

　　《鸡鸭名家》是现代作家汪曾祺早期创作的一篇小说。小说主要写了余老五和陆长庚两个风俗人物，表现了作者对大千世界万物的欣赏，以及对普通人的关心与尊重之情。小说不是写能人的嚣张，而是写能人的闲适和惬意，将能人的那种归属感进行了一番美妙的描述。

　　余大房炕房的余老五悠闲得很，每天擎着他的"其大无比，细润发光的紫砂茶壶"到处闲逛，为什么呢？因为余老五有本事呗。他是一个炕房师傅,每年清明前后炕小鸡时他就该大显身手了。余老五炕小鸡的场面是极其庄严隆重的。余老五自掌炕以来,从未误过一回事,同行中无不赞叹佩服,也使余大房的声誉得以充分的提升。

小说《鸡鸭名家》里面的人物都是有生活原型的。"高高大大,广额方颡,一腮帮白胡茬"的余老五是谁?文中写他"是余大房炕房的师傅,他虽然也姓余,炕房可不是他开的,虽然他是这个炕房里顶重要的一个人"。其实,余大炕房就是余元泰,老板是余松林,他的父亲余登仁是炕房大师傅——也就是《鸡鸭名家》里余老五的原型,现实中大师傅和老板是父子关系,而非小说中所说的"老板和他同宗,但已经出了五服,他们之间只有东伙缘分,不讲亲戚面情"。

余登仁还有个弟弟叫余登义,也是炕房的师傅。余登仁的炕房手艺堪称一绝,余元泰炕房的规模在东大街也首屈一指。为什么汪曾祺在文中称余登仁为余老五呢?原来余登仁在家虽排行老大,但与人拜把兄弟则排行老五,余老五就这么喊出名了。

据百岁老人阎世俊回忆,余登仁块头大,嗓门大,好喝酒,爱管闲事,不论是哪两家闹纠纷,吃"讲茶"评理,都有他一份。凭他的魁梧长相和他做炕房的一绝手艺,他就足以威慑得住人。余登仁善交朋友,光把弟兄就有 11 个。

汪曾祺《大淖记事》中曾描写炕房:"绿柳丛中,露出雪白的粉墙,黑漆大书四个字'鸡鸭炕房',非常显眼……不时有人从门里挑出一副很大的扁圆的竹笼,笼口络着绳网,里面是松花黄的,毛茸茸,挨挨挤挤,啾啾乱叫的小鸡小鸭。"汪曾祺笔下写着"鸡鸭炕房"的山墙正是永和炕房戴礼家的东山头。我下放农村来来去去在大淖乘船时,还能认出"鸡鸭炕房"这四个斑驳大字,现在我仍然能指认出这个写过黑漆大字的山墙。那逝去岁月留下的痕迹,时不时地总会撩起人们的回忆。

三、汪文赏析

三、汪文赏析

《珠子灯》写的是谁

　　我阅读过多次汪曾祺先生的《珠子灯》。现在的年轻人对珠子灯是何物肯定一点儿印象都没有。我是见过珠子灯的,且过去家里老爷柜抽屉里就有许多成串的玻璃流苏和散落的珠子。开抽屉找东西,稍不注意就会将珠子撒一地。有时我会一颗颗捡起,有时干脆用扫帚将之扫掉。这些散落的珠子确实没有什么用,甚至有点令人讨厌。有些女孩子将绿色的玻璃珠子用线穿起来当手镯和项链玩。我印象中高邮县城卖珠子灯的店铺就一家,坐落在中山路老电影院的斜对面,坐西朝东,就一间门面,还留有一个走路口通往深深的院落——我小学的班主任宋老师就住在这里。我从高邮中学放学后,有时会绕道从城里走,路过珠子灯店,总会停下脚步多看几眼。珠子灯除了八角形的,还有圆形和方形的,玻璃上面的图案有麒麟送子,也有八仙过海、福禄寿喜,都是些吉祥如意的图案。

　　珠子灯很美,正如汪曾祺所述:"一堂灯一般是六盏……还有一盏是珠子灯:绿色的玻璃珠穿扎成的很大的宫灯。灯体是八扇玻璃,漆着红色的各体寿字,其余部分都是珠子,顶盖上伸出八个珠子的凤头,凤嘴里衔着珠子的小幡,下缀珠子的流苏。这盏灯分量相当的重。"

　　元宵的灯光是"柔和"的,"尤其是那盏珠子灯,洒下一片淡绿的光,绿光中珠幡的影子轻轻地摇曳,如梦如水,显得异常安静。元宵的灯光扩散着吉祥、幸福和朦胧暧昧的希望"。如此美妙的环境,给人以暖融融的祥和之感,然而它却没能给孙淑芸带来吉祥、幸福和希望。

孙淑芸嫁给了王常生,"她屋里就挂了这样的六盏灯",遗憾的是"这六盏灯只点过一次"。

王常生是位有新思想的进步青年,他请孙小姐放脚,而孙小姐也读他带回来的进步书籍,并受到了他的新思想影响。然而老天不佑善人,王常生突染重病,一病不起,英年早逝。他在临死前很开明地留下遗言,让孙小姐"不要守节"。

汪曾祺的小说《珠子灯》,描写了孙淑芸这个"未亡人"的形象。孙淑芸是一个有知识、有文化的中国传统女性,她曾接受过较为开明的传统教育,也接触过新思想,然而迂腐的家庭教育使之背负了沉重的封建贞节观念,让她难以摆脱封建礼教的桎梏。

"孙王二家都是书香门第,从无再婚之女。改嫁,这种念头就不曾在孙小姐的思想里出现过。这是绝不可能的事。""女子从一而终"的封建贞操观念在孙淑芸头脑里根深蒂固。她在丈夫王常生去世之后,顿感阴风飒飒,黑雾迷蒙,周天寒彻,砭人骨髓。为了挚爱的丈夫,也为了家庭"荣誉",她孤影对四壁,斩断尘缘,桎梏性灵,压抑情感,从一而终,誓无二志。她在"新房"里僵卧长愁,做了十年活死人。

"孙小姐就一个人过日子。"然而守寡的生活是冷酷无情的,痛入骨髓也违反人性,于是孙小姐"变得有点古怪了"。"她屋里的东西都不许人动。王常生活着的时候是什么样子,永远是什么样子,不许挪动一点。王常生用过的手表、座钟、文具,还有他养的一盆雨花石,都放在原来的位置。"孙小姐原是个爱洁成癖的人,屋里的桌子椅子、茶壶茶杯,每天都要用清水洗三遍,可是自从王常生死后,除了过年之前大洗一天之外,平常不许擦拭。大清扫那天,她亲自监督一个从娘家陪嫁过来的女佣人来干。

三、汪文赏析

  孙小姐"病了，说不清是什么病。除了逢年过节起来几天，其余的时间都在床上躺着，整天地躺着"。"就这么躺着，也不看书，也很少说话，屋里一点声音没有。""听着天上的风筝响"，还有"斑鸠在远远的树上叫着双声，'鹁鸪鸪——咕，鹁鸪鸪——咕'"，还有"麻雀在檐前打闹，听着一个大蜻蜓振动着透明的翅膀，听着老鼠咬啮着木器"。这些声音都反衬了孙小姐屋里的死气沉沉。那麻雀、斑鸠等动物充满生机的生命活动，无不与屋中死寂的氛围形成鲜明的反差。

  正所谓"短叹长吁对锁窗，舞鸾孤影寸心伤""夙世已违连理愿，此生难觅返魂香"。灵魂已经死了，肉体还能久活吗？

  有时会有珠子落地"滴滴答答"的声音，那是珠子灯的某一处流苏散了线，珠子落在地上了。女佣人在扫地时，常常扫到一二十颗散落的珠子。孙小姐就"这样躺了十年"后，终于死了。

  小说最后描写道："从锁着的房间里，时常还听见散线的玻璃珠子滴滴答答落在地板上的声音。"这哀景衬托出的哀情，给人以挥之不去的凄冷之感和伤痛之感。

  因为《珠子灯》的文字优美，这篇小说被选入高中的阅读教材。汪曾祺笔下的这篇小说的故事主人公的生活原型是谁？一次同学聚会，孙坚同学的一句话道出了事实真相。她说："汪曾祺的《珠子灯》写的就是我家姑老太。姑老太原名孙淑华。她姊妹四人：孙淑华是长女，二女孙春华，三女孙秀华，四女孙芳华。兄弟两人：孙玉成，孙言谊。"

  汪曾祺的祖父汪嘉勋，字铭甫，是清朝末科的拔贡。这是略高于秀才的功名。汪曾祺的祖母为本县著名诗人谈人格之女。汪曾祺的父辈兄弟三人：大伯父汪广生，二伯父汪长生，父亲汪菊生（字淡如）。二伯父早亡，无子，应立嗣长房次子汪曾炜；但因二伯母孙淑华喜欢汪曾祺，经协商，两人都过继给二伯母，一个是"派继"，一个是"爱继"。我翻阅汪氏族谱，

文学家的秘境

上面明确记载:"长生字常森,中学毕业,娶孙氏。名下过继曾祺和曾炜。"承继,仅是名分上的事,汪曾祺的日常生活还是在科甲巷与竺家巷之间的汪家大院。

汪曾祺对二伯母去世后的情景有着特殊的记忆,并且当过一回孝子。二伯母死后,娘家提了一些条件,其中一条是指定用祖父汪嘉勋的寿材盛殓。这个寿材打了好多年,逐年加漆,漆皮已经很厚了。因为二伯母是年轻守节,娘家提出的条件不能不同意。还有一条是要在正堂屋停灵,汪家也只好同意了,因为本来上有老人,是不该在正堂屋停灵的。曾祺和曾炜于是履行孝子的职责,亲视含殓,披麻戴孝,一切如制。最有意思的是逢七的时候得陪张牌李牌吃饭。逢七,鬼魂要回来接受烧纸,由两个鬼役送回来。这两个鬼役即张牌李牌。一个较大的方杌凳,两副筷子,一碟白肉,一碟豆腐,两杯淡酒。曾祺和曾炜各用一个小板凳陪着坐一会儿,陪鬼役吃饭。六七开吊,汪曾祺作为孝子一直在场,参与了奠祀的全部过程(我祖父去世,在二七回避这一天,我也有陪张牌李牌吃饭的经历)。

因为《珠子灯》是小说体裁,汪曾祺就将汪长生改名为王常生,孙淑华写成孙淑芸。汪家分给汪长生的房子就坐落在汪家大巷拐弯处的臭河边。但汪长生去世后孙淑华仍居住在竺家巷汪家老宅内。坐落在臭河边的房子是一座独门独户的旧式房屋,比较坚实古朴。门口有一对石鼓,由南门进去是个过道,迎面是个照壁,正中镶了块阳体正楷的"福"字,过西侧门即是个窄长的天井,南北各四间正屋,西边是厢房和过道;整座房屋的结构很好。堂屋的排门,外表是木制的花格,里面镶加了一层玻璃,地面是琉璃砖铺设的。房间都有顶地板,西房是个里套房。过道向西是个很大的院落,汪家祠堂就在该院落西边的汪家大巷内。东侧门内的房屋主要是些附属用房。东边曾开有东门,与俞家巷相通。该处房产20世纪60年代以来一直被城镇造纸厂占用。我家就住在附近,所以对这一带房子的情况了如指掌。

三、汪文赏析

李小龙的黄昏

"鲁迅小说有'我',汪曾祺小说有'李小龙',都是引领读者进入作品的一个视角切入点。这个'我',有作者的影子,又不能完全等同作者。汪老的'我',个人印记太强烈,几乎就是少年汪!比如看晚饭花王玉英,就是李小龙的视角,我们很容易就感觉到那就是少年汪曾祺的眼光。汪老笔下的'我',比起鲁迅的'我',更贴近自己。"这是任俊梅老师对我写的《〈昙花·鹤和鬼火〉中李小龙是汪曾祺也》一文入骨三分的评论。

汪曾祺《昙花·鹤和鬼火》里的主人公是李小龙,《晚饭花》里的主人公又是李小龙。

《晚饭花》开门见山地介绍:"李小龙的家住在李家巷。这是一条南北向的巷子,相当宽,可以并排走两辆黄包车,但是不长,巷子里只有几户人家。"我是东大街上的人,一看就知道,汪曾祺笔下的李家巷即科甲巷,李小龙即汪曾祺。是的,科甲巷在人民路上算是比较宽的一条巷子,北端与人民路相接,巷子南首就是螺蛳坝,拐角第一家就是《鱼》中的庞(唐)家肉案,螺蛳坝西边的河叫臭河边,坝的东边则叫越塘。

巷首陈家"有好几棵大石榴,比房檐还高,开花的时候,一院子都是红通通的。结的石榴很大,垂在树枝上,一直到过年下雪时才剪下来。陈家往南,直到巷子的南口,都是李家的房子"。这段文字说明李家的地盘大,房子多,几乎占了巷子的半边。东大街一带像汪宅这样的大户不多。

文学家的秘境

汪曾祺在《我的家》的描述也印证了这一点:"我们那个家原来是不算小的。我家的大门开在科甲巷……而在西边的竺家巷有一个后门。我的家即在这两条巷子之间。临街是铺面……我们家在这些店铺的后面,占地多少平米我不知道,但总是不小的,住起来是相当宽敞的。"

晚饭花就是野茉莉。因为是在黄昏时开花,晚饭前后开得最为热闹,故又名晚饭花。晚饭花,一个富有诗意的花名,做了汪曾祺这篇微型小说的题目,于是这篇散文化的小说也就有了诗意,有了别样的情致,令人回味无穷。

这篇散文化的微型小说,仅一千多字,没有复杂曲折的故事情节,没有激烈的矛盾冲突,没有花前月下的缠绵与情爱,没有信誓旦旦的海誓山盟,也没有那种皆大欢喜的大团圆的结局。它的语言带有散文诗的味道,平淡之中有情致,耐人咀嚼。

小说的情节很简单,只写了两个人物:李小龙和王玉英。他们住在同一个巷子里。李小龙暗恋着王玉英。每天放学,他都要经过王玉英家的大门外。"他都看见王玉英",看看傍晚开得很旺盛的晚饭花,看看"坐在晚饭花前做针线"的王玉英。"这是李小龙的黄昏,要是没有王玉英,黄昏就不成为黄昏了。""李小龙很喜欢王玉英,因为王玉英好看。王玉英长得很黑,但是两只眼睛很亮,牙很白。玉英有一个很好看的身子。红花、绿叶、黑黑的脸、明亮的眼睛、白的牙,这是李小龙天天看的一张画。"可见,李小龙对男女的情爱已经有了朦胧的下意识的感觉,他喜欢玉英,暗恋玉英,遗憾的是他的这种单恋并不执着,并不热烈,既没有语言上的表白或者暗示,也没有付诸任何的行动。他只是每天放学路过时看看那静坐在天井里他喜欢的女孩子,若无其事地默默地度过一个又一个黄昏。他们门不当,户不对。李小龙身为李家的大少爷,而王玉英出生卑微,自然是走不到一起的,这一点李小龙也十分清楚。但爱美之心,人皆有之。李小龙只是喜欢玉英的"好看"而已,注定不会碰擦出火花来。

被暗恋的王玉英呢,她丝毫也未察觉日日从她门前经过的男孩的心事,

三、汪文赏析

也只是日复一日地做着针线，在晚饭花前打发着平静的一成不变的生活。她知道自己"已经许了人家，她的未婚夫是钱老五"。她明明知道钱老五名声不好，人家的议论也传到了她的耳朵里，"连李小龙也都听说了嘛"，可她没有表示反抗，而是默许了这门亲事。"她相信她嫁过去，他就会改好的。""有一天，一顶花轿把王玉英抬走了。"结婚后，钱老五并没有变好，她只得自食其果。她似乎平静地接受了命运的安排。

"晚饭花还在开着。李小龙放学回家，路过臭河边，看见王玉英在钱老五家门前的河边淘米，只看见一个背影，她头上戴着红花。"

"李小龙觉得王玉英不该出嫁，不该嫁给钱老五。"

"这世界上再也没有原来的王玉英了。"

这个结尾写出了李小龙的行动和心理感受，也写了王玉英的默默承受；李小龙"很气愤"，为王玉英惋惜。

这篇微型小说，言近旨远，辞约意丰，其意蕴往往是难以一言以蔽之的。汪曾祺虽然淡化了情节，但其主题却具有深厚的底蕴。

《晚饭花》的王玉英让我联想到《受戒》，小英子和明海的初恋情愫的描写让人为之动容。小英子眉眼的明秀，性格的开放爽朗，身体姿态的优美和健康，给汪曾祺留下了难忘的印象。汪曾祺说，明海小和尚在现实中是没有的，"小和尚那种朦朦胧胧的爱，是我自己初恋的感情"。

《大淖记事》里巧云失身后的描写让人感伤不已："巧云破了身子，她没有淌眼泪，更没有想到跳到淖里淹死……她怔怔地坐在床上，心里乱糟糟的。她想起该起来烧早饭了。她还得结网，织席，还得上街。她想起小时候上人家看新娘子，新娘子穿了一双粉红的缎子花鞋……"

汪曾祺笔下的少女一个比一个漂亮，一个比一个健康，一个比一个让人难忘。

《晚饭花》很短，很美，很真实。它是一篇短小说，一首长诗，一首意味深长的歌。

文学家的秘境

最后的车匠

戴车匠是东大街上一景,更是伢子们心中的殿堂,也给汪曾祺留下了难以磨灭的印记,难怪他竟先后两次写《戴车匠》(1947 年 7 月和 1985 年 7 月)。车匠是一种很古老的行业,我印象中当时的县城北门外就此一家。所谓车匠,就是在木制的车床上用旋刀车旋小件圆形木器的那种人。

"'戴车匠'在我们看来不但是一个人,一间小店,还是一个地名。他住在东街与草巷相交地方。东街与草巷相交处大家称为草巷口。"汪曾祺笔下的戴车匠不光是一个人,的确也成了一个地名。我妈妈见我好长时间才疯了回来,劈头就问:"又到戴车匠那儿望呆去哪?你长大干脆也做车匠得了。"

我那时见到的可不是汪曾祺眼中"年纪不顶大"的戴车匠,至少是壮年,有点向老年迈进的年龄,因我与汪曾祺相差三十岁,自然戴车匠在我们的眼里也相差三十岁。他是我小学同学姜传寿的外公,我经常去戴车匠门口望呆,一是好奇心的驱使,二也有他是我同学外公的缘故。

戴车匠的本名戴桂林,但在东大街上人前背后都称他戴车匠,很少有人叫其本名的。戴车匠店的地势特别高,有两个台阶,"有点像个小戏台",我们在外望总是微仰着,至少说有那么一点儿感觉。戴车匠的店铺就一间门面,就那么一点儿大,不知是出于喜欢还是自我安慰,面

三、汪文赏析

对大街的板壁上竟常年贴着一副"室雅何须大，花香不在多"的红春联。因不沐风雨，春联的颜色总是那么的鲜艳。房屋虽小，但摆布得当，并不显得局促。小而充实。堆着、架着、钉着、挂着各种各样的东西。留出来的每一个空间都是必需的。当门是一具横放的榉木车床，又大又重，坚硬得无从想象可以用到什么时候。它本身即代表了永远。据说这个车床是有点历史的，岁数比戴车匠还要大，是他父亲传留下来的。这个车床几乎占据了店堂的一半，其余的都附属于它。大车床里头是个小车床，做小件玩意儿就操作小的。车床后面有仅容一个人的走道，有个门通往后天井。狭长形的小天井，南面是个门朝北的堂屋，两边分别是房间，姜传寿一家就住在这里。姜传寿弟兄三个，他排行老二，一直在中医院负责后勤工作，他还有个姐姐。一家人个头都不高，用高邮人的话"三条个子"。姜传寿的父亲从事商业工作，印象中七十大几去世了，据说姜传寿的老母亲戴明霞101岁了仍住在竺家小巷的老宅里。

戴车匠平时起得很早。在别家店铺才卸下铺板的时候，戴车匠已经吃过早饭，然后慢条斯理地将他那把短嘴南瓜形老紫砂壶泡好茶，再选好材料，看看图样，坐到车床的坐板上，就准备工作了。这时候，戴车匠隔壁的侯银匠的门也打开了，那顶出租的花轿安静地立在店堂后面。这顶花轿不知抬过多少新娘子了，附近几条街巷的人家，大家小户都用过这顶花轿。竺家巷吴大和尚烧饼店的烧饼槌子声不时地传出巷口，隔壁侯银匠敲银子的槌子声也响了起来，连同戴车匠开工的车床声连成了一片，仿佛是一首响彻街头巷口的交响晨乐。

去吴大和尚及金茂恒烧饼店买烧饼油条的人已经出现了两波，丁家棉线店的大布招在风中飘来卷去，街上的行人行色匆匆。戴车匠已经开始工作了，"先试试，踏两下踏板，看牛皮带活不活；迎亮看一看旋刀，装上去，敲两下……"木花吐出来了，旋成圆球，旋成瓶颈状，旋成苗条的腰身，狭狭长长轻轻松松薄薄木花吐出来了，如兰叶，如书带草，如新韭，如番瓜瓢……我们伢子会看得如醉如痴，随着旋刀悦耳的吟唱，我们的思绪也越飘越远。

不要以为我们伢子总是看，其实有时也会成为戴车匠的顾客。我们玩的木陀螺就在他家买。独此一家，别无二店啊！此外，过灯节糊兔儿灯的轱辘，打鸟的螺蛳弓，吃饭的木碗木勺，还有木鱼、空竹什么的，都会在他这里买。

东大街上的店铺都是铺闼子门，只有连万顺酱园是石库门，杨家香店后来也改成了卖南货的石库门——小学同年级三班龚九如家就住在店后面。时过境迁，这个石库门不知道什么时候拆掉了，但紧挨着的戴车匠店铺依然在，铺闼门上的一凸一凹的木质年轮在诉说着它的沧桑岁月。

戴车匠的儿子没有继承父亲的这一行业，孙辈们更没有，车匠的手艺从此竟成了绝技。戴车匠过世已经几十年了，但那儿的变化并不大。昨天我去了东大街，那间车匠铺子还在，只是大门紧闭着，看样子许久没有人动过这铺闼子门了，就连他家西边原先的侯银匠家及谈家小楼的门也很少被开启。东大街确实萧条了。但随着汪曾祺的作品流传，"戴车匠"这三个字不时会被人们提起。

三、汪文赏析

从汪曾祺的《职业》说起

汪曾祺笔下对故乡的描述早已熟烂于我心,但我对他的昆明叙事显然是生疏的。汪曾祺在《职业》中写道:"文林街一年四季,从早到晚,有各种吆喝叫卖的声音。街上居民铺户、大人小孩、大学生、中学生、小学生、小教堂的牧师,和这些叫卖的人自己,都听得很熟了。"对昆明文林街上的叫卖声我们都会有种似曾相识的感觉,因为每个城市都有吆喝叫卖声。张爱玲记住了上海窗外小贩"马——炒炉饼!"清脆的叫卖声,我记住了小县城"磨剪子来——铲菜刀""卖——烧饼油条麻团来""卖——豆腐花来"等叫卖声,汪曾祺则记住了昆明文林街上的叫卖声。其实,在城市里生活的人们都是在各种各样的叫卖声中长大的。

由于我堂姐早年插队云南楚雄的缘故,我对云南多了一份牵挂和了解。后来我的南京医学院的同学竟有4位来自云南。前几年我去云南旅游,特地去了趟文林街,去寻找汪曾祺笔下的吆喝叫卖声。

这里曾经是清代各州县应考生云集的地方,大有文人如林的景象,故称"文林街"。因西南联大距离这里很近,这里就成了当时师生们的逗留地,让文林街更名副其实了。汪曾祺在《泡茶馆》中回忆道:"大学二年级那一年,我和两个外文系的同学经常一早就坐在这家茶馆靠窗的一张桌边,各自看自己的书,有时整整坐一上午,彼此不交语。我这时才开始写作,我的最初几篇小说，即是在这家茶馆里写的。茶馆离翠湖很近，从翠湖吹来的风里，时时带有水浮莲的气味。"

如今，文林街上遍布咖啡店、西餐厅、洋酒吧……文林街延续着旧时茶馆文化的余脉。逗留于此的，半是本地青年，半是远方游客。如今的文林街也许褪去了几分文化气息，但路面拓宽了，小汽车来来往往，银行和现代教育机构分散在街两旁。不过，这里终究为喧嚣的都市留下了一片净土，虽然那些吆喝声已随着城市发展失去了踪影，然而文林街上走街串巷摆地摊做生意的风俗还存在着。窄窄的街巷人挤着人，这里仍然是休闲人士和年轻人喜欢去的地方。

汪曾祺的《职业》描写了一位"卖椒盐饼子西洋糕"孩子的日常生活。故事情节简单无奇，但文章精妙的结构安排、叫卖声的切入角度以及幽默朴实的语言风格，处处体现出小说的艺术魅力，展示了作者高超的驾驭语言的能力。汪曾祺用以面带点的方式，先横后纵，让几种格调不同、角度不同的叫卖声，不同的人物形象来铺垫故事发生的语境和环境，如"收旧衣烂衫"的中年女人、"卖贵州遵义板桥化风丹"的男人等，最后才引出卖椒盐饼子西洋糕的叫卖声。这些叫卖声有的脆亮，有的苍老，有的娇嫩，展现了他们各具风俗特色的叫卖声音，呈现出一幅男女老少此起彼伏的吆喝景象，横向展开了故事的背景，营造出一种生活气息非常浓厚的氛围。在此基础上，作者对"卖椒盐饼子西洋糕"的孩子进行单独的纵向描述。首先，作者交代了这个孩子的身世状况，十一二岁，没有上学，与母亲、外婆相依为命，家庭经济窘迫，因而这个孩子不得不小小年纪出来赚钱。其次，描写了孩子卖东西时的样子，"他非常尽职，毫不贪玩"。他站在路边看马时，没有忘记吆喝"椒盐饼子西洋糕"。最后，描写了孩子请假去给外婆过生日。他换了衣服，高高兴兴，大摇大摆地走着，发现四处无人时还吆喝了一声"捏着鼻子……吹洋号"，孩子天真可爱的性格顿时展现出来。这样，小说的主题就比原来拓宽了，也深化了，以此为中心展示了生活在社会底层人们的生活状态。

汪曾祺喜欢用温和的笔调描写一些平淡自然、情节简单又贴近现实的故事。成年人的世界往往纷繁复杂，不再纯粹，而孩子的世界就相对简单一些。汪曾祺对孩子叫卖声的详细描写，使得小说充满了童趣，表达出孩子纯真可爱的同时，又让人心生悲怜。孩子尚且要承担生活的压力，更何况大人们呢？小说幽默质朴又贴近生活，读来趣味横生又让人笑后深思，流露出汪曾祺悠然平和又关怀社会的性情。

《职业》中的语言幽默质朴，使用的一些口语话词句更是让小说的乡土气息扑面而来。让我印象深刻的莫过于作者在形容中年妇女的嗓子时说："我一辈子也没有听见过这么脆的嗓子，就像一个牙口极好的人咬着一个脆萝卜似的。"仿佛汪曾祺小时候在故乡吃洋花萝卜的记忆顷刻之间被打开了。

从古至今，诗文中有很多描写"叫卖声"的，如陆游的"小楼一夜听春雨，深巷明朝卖杏花"，张恨水《市声拾趣》里的北平小贩的吆唤声，苏州姑娘串街卖花娇声叫卖"栀子花来，白兰花"，等等。《职业》是小说体裁，却有诗的韵味，正如汪曾祺在《晚饭花集》自序里提到《职业》，说它"还有点散文诗的味道"，读起来朗朗上口，趣味盎然。

汪曾祺的小说《职业》是汪曾祺于昆明创作的一篇小说，先后经过四次改稿，历经三十多年才发表，其语言风格、风俗韵味、美学品味、主题思想都达到了很高水平。《职业》已被收录到人教版高中语文的选修课本《中国民俗文化》中。汪曾祺在《〈职业〉自赏》里写道："一般都以为《受戒》《大淖记事》是我的'代表作'，似乎已有定评，但我的回答出乎一些人的意外：《职业》。"这说明汪曾祺在创作小说《职业》时感受到前所未有的艺术满足感。

文学家的秘境

  那孩子沿街叫卖"椒盐饼子西洋糕"的小故事，为什么要取"职业"这么大的名字？《职业》里面的几个叫卖声反映了几个不同职业，职业是对人的一种限制，一种拘束，一种生活模式化的固化，而将这种固化体现在一个小孩身上，非常令人叹息和同情。卖"椒盐饼子西洋糕"就是这个男孩赖以生存的一切。以"职业"为题，小说的内涵更为深远。这篇小说第四稿交给《人民文学》后，刘心武说："为什么这样短的小说用这样大的题目？"他读了原稿，说："是得用这样大的题目。"以"职业"为题，小说的内涵更为深远，是"人间多苦难，生活更艰辛"的最佳范本。

三、汪文赏析

话说《名士与狐仙》

今年正月十四,"汪迷部落"推出汪曾祺的《名士与狐仙》。读罢读者自然联想到他的《聊斋新义》。他在《聊斋新义》前言里写道:"我想做一点试验,改写《聊斋》故事,使它具有现代意识……改写原有的传说故事,参以己意,使成新篇。"读者没想到的是,汪曾祺竟将现代故事掺以狐仙,而且写的是外婆杨家的事。

《名士与狐仙》中,汪曾祺以故乡高邮为背景,写一位隐逸名士杨渔隐的晚年生活。杨渔隐是个怪人。怪处之一是不爱应酬。杨家在县里是数一数二的名门望族,功名奕世,很是显赫。杨家曾经一门三进士,实属难得。杨家人口多,共八房。杨渔隐是杨大房。杨家子弟彼此住得很近,都是深宅大院。门外有石鼓,后园有紫藤、木香(杨家巷的木香现在还茂盛地长着)。他们常来常往,遇有年节寿庆,都要相互宴请。上一顿的肴馔才撤去,下顿的席面即又铺开。照例要给杨渔隐送一回"知单",请大爷过来坐坐,杨渔隐抓起笔来画了一个字"谢",意思是不去。他的堂兄堂弟知道他的脾气,也不再派人催请。杨渔隐住的地方比较偏僻,住在草巷口东玉堂澡堂斜对面的巷子里,西边就是阴城。"一个小小的红漆独扇板扉,不像是大户人家的住处。"这是个侧门,这扇侧门也整天关着,好像里面没有住人。只有厨子老王到大淖挑水,老花匠出来挖河泥(用以栽花),女佣人小莲子（我们这里在过去将年轻的女佣人都叫小莲子，这种叫法现在偶尔还会有人提起）上街买鱼虾菜蔬，这个侧门才打开会儿。据曾经向门里窥探过的人说，这座房子外面看起来很朴素，里面的结构装修却是很讲究的，而且种了很多花木。杨渔隐怎么会住到这么个地方来？也许这是他家祖上传下来的一所别业，也许是杨渔隐自己挑中的，为了清静，可以远离官衙闹市。杨家祖宅在复兴街杨家巷，各房大都散居在城里，到了二房杨敬之掌控时杨家房产最多，遍及城里城外。而草巷口在当时就是城镇的边缘，西边临近荒芜的阴城，杨大房为何选择这么个偏僻地方，让人费解。

　　根据杨家世氏简谱记载，杨福臻系进士，他的六个儿子都有功名。旧高邮人常提到"杨八房"，就是指杨福臻的六子一女和他的胞弟杨福申的一子的合称，分别是：大房杨莘（秀才），二房杨藜（廪贡生），三房杨苤（进士），四房杨菖（贡生），五房杨蔚（进士），六房女儿（嫁给《忧郁症》龚星北的原型高星北，早殁，按旧制算是绝后），七房杨芗（举人），八房杨蕃（杨福申的儿子）。大房杨莘人丁不兴旺，只有一个女儿，取名彩鸾；后过继了一个侄儿。根据杨汝栩《杨家巷与杨氏家族》介绍："大房杨莘，字亦孙，十几岁就中了秀才，善诗文，著有《悲秋阁文集》。但他体弱多病，二十八岁时匆匆辞世，无子，遗一女名彩鸾。"汪曾祺的《名士与狐仙》以大房杨莘为原型，但在其年龄上进行了虚构，并糅进了其他杨氏弟兄的故事。

　　杨渔隐不爱理人，有时和一个邻居面对面碰见了，连招呼都不打一个。因此一街人都说杨渔隐架子大，高傲。这实在也有点冤枉了杨渔隐，他根本不认识你是谁！

　　杨渔隐交游不广，除了几个作诗的朋友，偶然应渔隐折简相邀，到他的书斋里吟哦唱和半天，平日是没有人敲那扇红漆板扉的。

　　日长无事，杨渔隐就教小莲子写字，教她读唐诗，还教她作诗。小莲子非常聪明，一学就会。杨渔隐把小莲子的窗课拿给他的作诗的朋友看，他们都大为惊异，连说："诗很像那么回事，小楷也很娟秀，真是有夙慧！夙慧！"

杨渔隐在夫人去世后，做了一件极大的怪事：和女佣人小莲子结了婚。"不是扶正，更不是纳妾，是明媒正娶的续弦。"杨渔隐娶了小莲子，在他们亲戚本家、街坊邻居间掀起了轩然大波。他们认为这简直是岂有此理！杨渔隐对这些议论全不理睬。有人说："这哪里是杨渔隐，这是《儒林外史》里的杜少卿！"这句话挺画龙点睛。杨渔隐身上的确有杜少卿的影子和思想特质，是一个活脱脱的杜少卿再现。

杜少卿是《儒林外史》第一号人物，也是吴敬梓着力刻画、个性最丰满、给人印象最深刻的人物。杜少卿实际上是吴敬梓以他自己为原型，自个儿的情况、个人的切肤之痛置放在理性的体验和历史的嘲讽之下，写出了复杂而多厄的文化生命现象。杜少卿较之传统的贤儒有着狂放不羁的性格，少了些迂腐古板，也少了些颓唐放荡。他是一个既有传统品德又有名士风度的人物，既体现了传统的儒家思想，又闪耀着时代精神，带有个性解放的色彩。杜少卿淡泊名利，傲视权贵；他尊重妇女，讲究地位平等；他崇尚美德，弘扬正义；他尊重个性，回归自然。

有一天，杨渔隐忽然得了急病：一只筷子掉到地上，他低头去捡，一头栽下去就没有起来。杨渔隐得的是什么病？怎么低头捡物会致命？这在当时是无法解释的。

后来我成了医生，知道这病叫主动脉壁剥离。在这里顺便提醒老人们，在拾落地上的东西时千万要注意，避免习惯性地弯腰，改用下蹲的姿势更为安全。

杨渔隐突然走了，小莲子痛不欲生，但是方寸不乱，她把杨渔隐的继子请来，商量了大爷的后事。根据杨渔隐的遗愿，桐棺薄殓，送入杨氏祖茔安葬，不在家里停灵。

送走了大爷，小莲子觉得心里空得很。她整天坐在杨渔隐的书房里整理大爷的遗物：藏书法帖、古玩字画、蕉叶白端砚、田黄鸡血图章……特别是杨渔隐的诗稿，全部被她装订得整整齐齐，一首不缺。

有一天小莲子不见了！不知道她是什么时候走的。厨子老王等了她几天，也不见她回来。老花匠也不见了。老王禀告了杨渔隐的继子。杨家来人到处看了看，一切井井有条，一样不缺。书桌上留下一把泥金折扇，字是小莲子手写的。厨子老王把泥金扇偷偷掖了起来，无人之时拿出扇子，倒了杯酒，反复看这把扇子，说："奇怪！"

老王常在晚上到保全堂药铺找人聊天。杨家出了这样的事，他一到保全堂，大家就围上他问长问短。老王把他所知道的一五一十都说了，还将那把折扇拿出来给大家看。

座客当中有一个喜欢白话的张汉轩（此人在汪曾祺的《异秉》中出现过，叫张汉）。他走南闯北，无所不知，是个万事通。他把小莲子写的泥金折扇靠在手里翻来覆去地看，摇头晃脑地说："好诗！好字！"

大家问他："张老，你对杨家的事是怎么看的？"张汉轩慢条斯理地说："他们不是人。""不是人？"众人惊讶地反问。

"小莲子不是人。小莲子学作诗，学写字，时间都不长，怎么能得如此境界？诗有点女郎诗的味道，她读过不少秦少游的诗，本也无足怪。字是玉版十三行，我们县能写这种小楷字体的没人！老花匠也不是人。他种的花别人种不出来。牡丹都起楼子，荷花是'大红十八瓣'，还都勾金边，谁见过？"

"他们都不是人，那，是什么？"

"是狐仙。谁也不知道他们是从哪里来的，又向何处去了。飘然而来，飘然而去，不是狐仙是什么？"

"狐仙？"大家对张汉轩的高见将信将疑。汪曾祺是借张汉轩之口，将故事狐仙化了。

《聊斋新义》是汪曾祺对蒲松龄《聊斋志异》的改写，汪曾祺在改写时，保留了古代笔记小说的叙事特点，削弱原著中传奇性的情节，以他独有的清新质朴的语言魅力及其一贯的小说创作风格，将古本《聊斋志异》的故事和人物注入现代意识，融合传统与现代的视角，从一个新的高度对原著中男女之间、人狐之间的故事进行颠覆、重构与提升。汪曾祺给1996年写就的《名士与狐仙》赋予了狐仙的色彩，也可看成是《聊斋新义》的继续。汪曾祺是士大夫文化熏陶出来的最后一位作家，其"士大夫文化"主要来自家庭，来自祖父和父亲。汪曾祺的作品非常贴近生活，其笔下人物大多有原型。他写出了人间烟火，写出了人生百态，也写出了士大夫的神韵。《名士和狐仙》的主人公杨渔隐的原型是杨大房的杨莘，但这个故事人物却有着杜少卿淡名利、真儒雅的名士风度，更有着汪曾祺晚年生活的心灵投影和精神慰藉。

文学家的秘境

也谈"对口"

汪曾祺在《旧病杂忆》系列之一《对口》里回忆他小时候患"对口"的事。他父亲汪淡如带他去看了西医外科张冶青。

"对口"是长在第三节颈椎处的恶疮，因为正对着嘴，故名"对口"，又叫"砍头疮"。汪曾祺调侃道："过去刑人，下刀处正在这个地方——杀头不是乱砍的，用刀在第三颈节处使巧劲一推，脑袋就下来了，'身首异处'。"

"这位张先生，连麻药都没有！我父亲在我嘴里塞了一颗蜜枣，我还没有一点准备，只听得'呼'的一声，张先生已经把我的对口豁开了。他怎么挤脓挤血，我都没看见，因为我趴着。他拿出一卷绷带，搓成条，蘸上药——好像主要就是凡士林，用一个镊子一截一截塞进我的刀口，好长一段！这是我看见的。我没有觉得疼，因为这个对口已经熟透了，只觉得往里塞绷带时怪痒痒的。都塞进去了，发胀。"汪曾祺去换了三四次药，塞进去的绷带越来越短了。不几天，就收口了。

张先生当着汪淡如的面夸了汪曾祺："令郎真行，哼都不哼一声！"汪曾祺说："干吗要哼呢？我没觉得怎么疼。""以后，我这一辈子在遇到生理上或心理上的病痛时我很少哼哼。难免要哼，但不是死去活来，弄得别人手足无措、惶惶不安。"汪曾祺对待疾病的态度确实让人佩服。

· 100 ·

三、汪文赏析

汪曾祺的牙不好，经常牙疼。汪曾祺在《旧病杂忆》系列之三《牙疼》中写道："'牙疼不是病，疼起来要人命'，不见得，我对牙疼泰然置之，而且有点幸灾乐祸地想：我倒看你疼出一朵什么花来！我不会疼得'五心烦躁'，该咋着还咋着。照样活动。腮帮子肿得老高，还能谈笑风生，语惊一座。牙疼于我何有哉！"

想不到汪曾祺小小年纪对待疾病竟能坦然地接受。他这种面对生老病死的超脱豁达是与他面对不如意泰然处之、随遇而安的人生态度一脉相承的。

我小时候每遇夏天，也容易生"暑疖子"：头上"长角"，屁股"冒疱"。10岁左右吧，我脑后也生了个"对口"，但不在脑后项背正中，偏左，名为"偏口"，又称"偏口疽""偏脑疽"。那次我没有受汪先生那种罪，被豁开疖子，塞油纱条，而只是被强迫挤去血腥的脓液，但那种疼痛感仍是一辈子也忘不掉的。

还是那个年龄段，说不准是哪一年了，我受暑气比较重，前胸偏右处长有一个比较大的疖。我害怕被父母亲发现，害怕被挤得疼痛，因此走路都弓着腰，头也被动地斜着，有意无意地想避开父母的视线。我的异样引起了他们的注意。有一天终被他们逮个正着，原来碗口大的疖已经成熟。我被架到街上老中医王先生那里，接受了"油纱条"式的治疗，但印象中好像又不是"油纱条"，而是涂满黑乎乎鱼食子的"纸捻子"。我没有享受到蜜枣待遇，换了两次药就好了，胸前却留下了终身"勋章"——疤痕。其实，我身上因害疖子留下的疤痕何止胸前一处，左额、右臀都有。这些都是孩提时代顽皮的结果，整天在太阳底下踢这玩那，不生"暑疖子"才怪呢。

我做医生后，对疖及疖病有了全面的了解。中医认为疖系感受温热交蒸之气，积热，温热上壅所致。疖子，夏天尤其多见，俗称"暑疖"，又称"热疖"。西医则认为它是一种急性、化脓性毛囊炎和毛囊周围的感染，多发或反复发者称为疖病。该病的病原微生物主要为金黄色葡萄球菌，其次为白色葡萄球菌。皮肤擦伤、糜烂等均易使细菌侵入及繁殖，皮脂溢出也可成为其诱因。

初起为毛囊性、炎症性丘疹，后渐增大，成红色硬性结节，有疼痛及压痛。经2~3天后，结节化脓坏死而形成脓肿，中心有坏死的脓栓；破溃后，排出脓液、脓栓和坏死组织，肿胀减退，在1~2周内结疤而愈。患者常有发热、头痛、不适等全身症状，附近的淋巴结肿大。

痈则是比疖更严重的一种皮肤病，患部浸润明显，表面有多个脓头，形成蜂巢状，疼痛较剧烈，全身症状明显。我父亲曾经患过痈，民间也称"达背"。在当时没有什么好的治疗方法，他就用新鲜的蒲公英捣成泥状外敷。那段时间家里始终弥漫着浓浓的蒲公英的气味。蒲公英外敷具有非常好的解毒功效，还可以清热，对感染和损伤有很好的修复功效。蒲公英外敷还可以治疗急性乳腺炎、腮腺炎、皮疹、皮炎等皮肤病，跌打损伤也可以外用蒲公英。蒲公英是天然的抗生素，对细菌、病毒的抑制都非常有效。

若是现在的人患上疖，口服抗生素，外涂环丙沙星软膏或鱼食子即可，必要时静脉滴注几天抗生素。若症状较重，可用生理盐水棉球擦净溃疡坏死空腔后，将油纱条塞入死腔内，紧贴坏死腔壁，外贴敷药。每二日换药一次，直至空腔内坏死组织脱净，长满新鲜肉芽为止。

油纱条塞入脓腔或瘘管内，紧贴坏死腔壁，主要起到化腐生肌作用，并能将腐化溶解物引流排出，促使新生肉芽加速生长，同时达到生肌愈合的作用。此纱条塞入褥疮坏死空腔后，腐肉及坏死组织会逐日溶解脱落并排出，在脱腐的同时，新生肉芽也会同时生长。待新肉长满空腔后，就可停用油纱条，仅外涂消炎药膏即可，直至长皮愈合。

随着人们生活质量、卫生意识及卫生医疗水平的提高，现在患"对口"这一类疾病的人越来越少了。

三、汪文赏析

汪曾祺与牙医的一段佳话

我看到《泰州晚报》文学副刊的《坡子街·十日谈》上有王存玉先生写的《汪曾祺的牙医》，非常兴奋，因其内容竟与我两年前写的《汪曾祺与牙科医生的一段佳话》完全对应。汪曾祺因为治牙病与王欢及其一家人结下了友情，因此王欢医生拥有汪曾祺的画作多是精品。王欢夫妇为汪曾祺看病是在行医，而汪曾祺是个"滴水之恩当涌泉相报"的人，于是双方之间有来有往，构成了一段美丽动人的佳话。

我与汪曾祺是街坊邻居，所以对汪曾祺及其文学作品有着与常人不一样的感受。我从20世纪80年代开始阅读汪曾祺的作品，同时开启了我搜寻汪曾祺的足迹之路。汪曾祺写家乡的作品是他众多作品中最出彩、最动人的部分。这些作品中的人物、事件大多是有原型的，其故事仿佛就发生在我身边，令我有种亲切的熟悉感。我知道原型人物的过去和现在，能指出沿街商铺的具体位置和变迁。

从汪曾祺作品中知道他有过牙疼的痛苦经历。他在1947年9月写下了《牙疼》，事隔45年重写了《牙疼》。他在后来的《旧病杂忆》系列之三《牙疼》中写道："我对牙疼泰然置之，而且有点幸灾乐祸地想：我倒看你疼出一朵什么花来。"

汪曾祺大学时期牙就不好。一是营养不良，饥一顿，饱一顿；二是不

文学家的秘境

讲口腔卫生，有时买不起牙膏，就用食盐、烟灰胡乱地刷牙；三是又抽烟，又喝酒。于是他的牙齿龋蚀，时常发炎——牙疼。牙疼起来不好受，俗话说："牙疼不是病，疼起来要人命。"但汪先生却不以为然，他说："不见得。我对牙疼泰然置之，而且有点幸灾乐祸地想：我倒看你疼出一朵什么花来！我不会疼得'五心烦躁'，该咋着还咋着。照样活动。腮帮子肿得老高，还能谈笑风生，语惊一座。牙疼于我何有哉！"许多人都有牙疼的经历，都知道牙疼的感觉简直就是一种煎熬，而他能"泰然置之"，实属不易。

他把牙疼当成一起玩躲猫猫的对手，不亦乐乎。"初初几次，沉不住气，颇严重了一下。因为看样子，一点把握都没有，不知道一疼要疼多少时候，疼到一个甚么程度。慢慢经过阵仗，觉得也不过如此。"

不过也有实在躲不过的时候，汪曾祺便欣欣然接受治疗。但凡躲过，或主观或客观原因，他又幸灾乐祸地尽显吃货本色，大吃大喝来庆祝。瞧，当他凑了点儿钱去看牙，却发现修女牙医休诊时的开心劲儿："王子猷雪夜访戴，乘兴而去，兴尽而归，何必见戴！我拿了这笔钱，到了小西门马家牛肉馆，要了一盘冷拼，四两酒，美美地吃了一顿。"

汪曾祺说他的牙齿全都"表演"过，其实他也是戏精一枚。西南联大读书期间，因为牙疼影响了他交一位先生的作业，"到了交卷限期，没有办法，我就很惭愧的把一堆断稿和一个肿得不低的腮拿给他看。他一句话不说，出去为我买了四个大黄果，令我感动得像个小姑娘，想哭。"这位让他感动的先生就是沈从文。

还好，又陆陆续续疼了半年，但牙疼的程度没有超过他的记录。在汪曾祺与施松卿准备离开云南前，施松卿先回福建省亲，后汪曾祺只身来到上海。施松卿临别时，满目含泪从船上扔下一本书来，书里夹一纸条，写的是："这一去，可该好好照顾自己了。找到事，借点薪水，第一是把牙治一治去。"

三、汪文赏析

施松卿的话，他有时也当"耳边风"。在昆明的七年里，汪曾祺没有正儿八经地治过一次牙。在上海教书的时候，他只去了趟同学母亲推荐的私人牙医处看了一次牙。

汪曾祺不太和生活较真儿，因此在"文化大革命"期间，他的四颗门牙被一个冒冒失失的剧团武戏演员踢门撞掉时，他只说了："没事儿！没事儿！你走吧！"因为他觉得那个人又不是有心的。只是从此他不能再吃他最喜爱的萝卜和吹笛子了。这样对付了好几年。直到1986年他要随作家代表团访问香港前，才下决心另装一套假牙。因为当时有人跟他说："瞧你那嘴牙，七零八落，太有伤体面！"

"我找到一个小医院，建筑工人医院。医院的一个牙医师小宋是我的读者。"他装的这套假牙一直在用着。并不是说他的假牙做得有多好，与他的牙床多么适应，而是他的豁达。"假牙嘛，哪能一下就合适，开头总会格格不入的。慢慢地，等牙床和假牙已经严丝合缝，浑然一体，就好了。凡事都是这样，要能适应、习惯、凑合。"

"牙医师小宋"是谁？又为何选择小医院治疗？这些从《汪曾祺全集》中的书信集可以找到答案。

书信集共收入297封书信，大都是与朱奎元、朱德熙、黄裳、沈从文、陆建华等同学、老师以及施松卿、金家渝和汪丽纹等家人的信件。然而其中竟有10多封是写给牙科医生王欢、宋爱萍夫妇的，时间是在1984—1990年，可见他们之间的交往较密切。

1984年9月28日，汪曾祺在给王欢的信中写道："你是个牙科医生，却对文学产生这样诚挚的兴趣，我真是很为之感动。希望什么时候我们能见面谈谈。说不定我有一天会来麻烦你，因为我的牙很不好。"在同年11月11日的信中又向王欢发出了邀请："我的家在蒲黄榆路九号楼十二层一号，欢迎你来玩。"王欢系北京大学口腔医院儿童口腔科医生，"牙医

文学家的秘境

师小宋"是王欢的爱人宋爱萍。宋爱萍在建筑工人医院工作,王欢推荐汪曾祺去这家医院看牙就顺理成章了。他们之间的一来一往也酿出一段感人的故事。1986年王欢与宋爱萍的胖儿子出生了,名字也是汪曾祺起的。"现在正是萱草开花的时候。萱就是黄花菜。古人以为萱草可以忘忧。"事隔3天,为祝贺他们的"弄璋之喜",汪曾祺特为他们画了一张画,画的就是萱。"我家里人说这张画画得不错,我自己也比较满意。"汪朗说"萱"像个女人名字。其实不一定,唐朝的大画家张萱就是男的。

1990年6月,汪曾祺为他们画了一套册页(12张)。"这12开是用你们送来的'特级净皮'画的,笔、墨、色的效果较好。"汪曾祺在信中写道,"这一套册页,可以代表我七十岁的画风和功力(也考虑到你们正在青春,笔墨都较华艳),如果衰年变法,或当给你们再画一套。"

汪曾祺这一辈子到底给别人写过多少字,做过多少画,恐怕连他自己都说不清楚,反正很多很多。但给人画一套册页,肯定是绝无仅有的。王欢既是牙医,也是文学青年,也是"汪粉";汪曾祺在文学上是王欢的老师,同时又是他们夫妇的患者。他们亦老亦少,亦师亦友,亦医亦患,共同的爱好让他们走得很近。之所以会这样,也可能与汪曾祺对医生职业的崇敬有关。他曾经写道:"我总觉得牙医不像别的医生。我很愿意我父亲或儿子是个医士,我喜欢医生的职业风度。"汪曾祺的父亲汪淡如也是一位医生,家里祖传都是看眼科的。

王欢夫妇为汪曾祺看病是在行医。我也是个医生,知道医生为患者服务是不图回报的。而汪曾祺是个"滴水之恩当涌泉相报"的人,他们之间的交往,彰显了汪曾祺的高尚人格。

三、汪文赏析

汪曾祺的疟疾

汪曾祺在《旧病杂忆》系列之二《疟疾》中写道:"我每年要发一次疟疾,从小学到高中,一年不落,而且有准季节。每年桃子一上市的时候,就快来了,等着吧。"我青少年时候也经历过数次疟疾的折磨,那种生不如死的感觉刻骨铭心。在那个年代,我们这里几乎没有什么人能够逃脱疟疾的折磨。

疟疾是由疟原虫经按蚊叮咬人体而传播的寄生虫病。疟原虫侵入人体后经血液侵入肝细胞内寄生、繁殖,成熟后又侵入红细胞内繁殖,使红细胞定时、成批地破裂而发病。这就是疟疾为什么会反复间歇性、定时性、发作性的寒战、高热的原因。一场大汗淋漓后症状缓解,但可继发贫血和肝脾肿大(当时我的肝脾肿大为肋下两指)。间日疟、三日疟常有复发。恶性疟发热不规则,常侵犯内脏,引起凶险发作。疟疾流行在热带和亚热带地区最严重,温带次之。也就是蚊虫滋生蔓延较严重的地方发病率最高,北方的疟疾发病率往往很低。

汪曾祺写他对疟疾的感觉:"起先是发冷,来了!大老爷升堂了!——我们那里把疟疾开始发作叫'大老爷升堂',不知是何道理。赶紧钻被窝,冷!盖了两床厚棉被还是冷,冷得牙齿得得地响。冷过了,发热,浑身发烫,而且,剧烈地头疼。有一首散曲咏疟疾:'冷时节似冰凌上坐,热时节似蒸笼里卧,疼时节疼得天灵破,天呀天,似这等寒来暑往人难过！'反正,这滋味不大好受。好了！出汗了！大汗淋漓,内衣湿透,遍体轻松,疟疾过去了,'大老爷退堂'。擦擦额头上的汗,饿了！坐起来,粥已经煮好了,就一碟甜酱小黄瓜,喝粥,香啊。"

疟疾是个古老的疾病,古代人们对它几乎没有什么好的治疗办法。杜牧诗云:"忍过事堪喜。"对疟疾也只有忍之一法。挺挺,就过来了。唐代皮日休创作的《祝疟疠文》非常形象地描述了疟疾的发病过程:"被之者始若处冰槛,复若落炎井,眩督荧惑视之累形,听者重声,骨节殆亶,如山已倾。始或醒时,夺人之情,丧人之精,兀若木偶,昏如宿醒。"

汪曾祺在1939年生了一场恶性疟疾,是在越南感染上的。他从上海坐船经香港到河内,再乘火车到昆明去考大学。到昆明后他寄居在同济中学的学生宿舍里。住了没几天,他病倒了。同济中学的那个学生把他弄到他们的校医务室,验了他血,校医说他血里有好几种病菌,包括伤寒病菌什么的,叫赶快送医院。经过606等药物的治疗,病退了。

他要求出院,医生不准。他急了,说:"我到昆明是来考大学的,明天就是考期,不让我出院,那怎么行！"

医生同意了他的要求。他喝了一肚子蛋花汤,晕晕乎乎地进了考场。天可怜见,居然考取了！

汪曾祺写道:"自打生了一次恶性疟疾,我的疟疾就除了根,半个多世纪以来,没有复发过。也怪。我身体内部的'古老又古老的疟原虫'才跟我彻底告别。"

我小时候得过几次疟疾,得病的印象虽然模糊了,但濒死的感觉仍记忆犹新。得一次疟疾,人瘦得脱相。那时候家庭条件差,没有什么营养补充,能买点水果就是最高的犒赏。

下放农村的第三年夏天,我又得了一次疟疾。那是正午收工的路上,火辣辣的太阳把树叶烤得冒油,把蝉儿蒸得"热死啦,热死啦"一声声地哀鸣。奇怪!我怎么一点儿不觉得热,身上也出不来汗?我觉得不太对劲儿,两腿好像踩在松软的棉絮上,回村里的路显得异常漫长。

一走进我们的知青屋,只觉屋里的凉气钻入我的一个个毛孔,渗入骨髓。我倒在床上,拉起被单,把全身盖上。丝丝寒意从骨子里渗出来,如同来自冰川深谷,寒气逼人,牙齿禁不住咯咯地直打战。身为赤脚医生的同室知青赵兄为我加盖了棉被,他知道我"打摆子"了。

虽然我盖着被单和厚棉被,我还是感觉像坠入了冰窟,浸泡在寒心刺骨的冰水里,浑身控制不住地抖起来,身下的木板床也吱吱嘎嘎地抖起来。不错,我一定是"打摆子"了。这种情形同我小时候"打摆子"是一个样,我患病的痛苦记忆一下子被调动了起来。不知从什么时候开始,身体里的寒意消失了,我一下子感到热了起来。我掀掉被子,最后连薄薄的被单也盖不住了,我把它丢到一边。火烧似的我感到越来越热。这热的感觉像刚才的冷一样,不是来自外界,而是从骨子里迸发出来的。赵兄为我打了盆凉水,用毛巾为我物理降温,并嘱咐我服药片。我学医后知道那药片可能是氯喹、伯氨喹,还有安乃近。不知何时,体内的火势退了下去,我感觉好受多了,迷迷糊糊很快地睡着了。

我醒过来,既感觉不到冷,也感觉不到热,刚才那阵子折腾好像是做了场噩梦。我起了床,在屋里走动起来,但感到两腿发软,身体乏乏的,如同打了场恶仗。

疟疾在我国古代也被称为"少瘴气""打摆子"和"寒热病"。中医称"正疟""温疟"。1949年以前,中国每年至少有3000万以上疟疾病人,病死率约为1%。中华人民共和国成立后,在1954年、1960年和1970年还曾发生了三次较大范围的疟疾暴发流行,对工农业生产和人民身体健康造成巨大危害。经过多年的积极防治,目前中国已不存在疟疾流行的危险性，许多比较年轻的中国人甚至都没有听说过疟疾。

我们国家屠呦呦团队发明的青蒿素是继乙胺嘧啶、氯喹、伯氨喹之后，最有效的抗疟特效药，尤其对脑型疟疾和抗氯喹疟疾具有速效和低毒的特点，被世界卫生组织称作是"世界上唯一有效的疟疾治疗药物"。青蒿素的发明挽救了千百万人的生命，屠呦呦荣获诺贝尔生理学或医学奖当之无愧。

"呦呦鹿鸣，食野之蒿。"《诗经》中描述的野鹿，呦呦地呼唤同伴一起到野外寻找和分享蒿草。"青蒿素——中医药给世界的一份礼物"，随着屠呦呦获得诺贝尔奖，这句话迅速为全世界所知。

屠呦呦团队的成功，离不开我们高邮等地区民间采用青蒿治疟的经验，这些治疗经验为青蒿素研究、发现提供了灵感和依据。高邮等地区全力组织开展青蒿简易剂型治疗疟疾临床研究，在青蒿和青蒿素研究中发挥了重要作用。1978年11月在江苏省扬州市召开的青蒿素（黄蒿素）治疗疟疾科研成果鉴定会上，江苏省高邮县卫生局被认定为6个主要研究单位之一，1981年3月又被评为疟疾防治研究工作重大贡献先进集体，进一步肯定了高邮在青蒿素研究中的重要贡献。

三、汪文赏析

《我的家乡》阅读感言

我是在东大街上长大的，对汪曾祺所写故乡的人和事倍感亲切，书中的故事仿佛就发生在我身边，且文章中大部分的人和事也很熟悉，并知道原型人物的过去和现在，能指出沿街商铺的具体位置和变迁。

东大街曾经是旧高邮主要的繁华地段，联系城乡的水陆码头，粮食、柴草、农副产品的集散地。汪曾祺先生以故乡高邮为背景的小说和散文，大多是记述这里独特的市井百态和风土人情，烟火气十足；故事的内容以草巷口为圆心，是以他所能涉足的距离为半径，方圆并不大；时间也限于他19岁离家前的青少年时期。他作品中的人物、事件大多都是有原型的。敏锐的观察力，非凡的记忆力，深厚的文学功底，淡泊的平常心，浓烈的思乡情结，都是构成汪曾祺的淡雅文字的基本元素。他的作品裹挟着高邮的泥土气息，携带着故乡的历史沧桑，浸透着浓浓乡情。他的家乡情结，是他小说中最出彩、最动人的部分。

从20世纪80年代《异秉》《受戒》《大淖记事》的发表，到1997年5月去世的十几年里，汪曾祺以故乡高邮旧时代生活为背景的小说、散文总共60多篇。从数量上看不算多，而且写的多为旧时代生活，但令人称奇的是，这60多篇作品为人们打开了一个清丽淡雅的新世界。他总是以深深的敬意、挚诚的感情，把故乡那些名不见经传的普通市民、基层百姓作为自己作品中的主人公，鲜活地呈现在读者面前。作为当时的汪家大少爷，这就显得

文学家的秘境

难能可贵了。良好的家教、深厚的学养和地位的悬殊，并没有影响他的平民视角和普善之心，耳目所及的人间烟火也成就了他笔下的故事。

在汪曾祺的这些作品中，没有权势显赫的达官贵人，没有叱咤风云的英雄豪杰，大都是一些贩夫走卒、引车卖浆者。他们中间有《岁寒三友》中做生意的王瘦吾、陶虎臣、靳彝甫，有《三姊妹出嫁》中卖馄饨的秦老吉以及他的分别为皮匠、剃头的、卖糖的三个女婿，有《受戒》中的一群和尚，有《大淖记事》中的锡匠和挑夫，有《异秉》中卖熏烧的王二，连唱戏的、卖鱼的、打烧饼的、瓦匠、地保、屠夫，也成了汪曾祺作品中的主角，他家的许多邻居都成了他笔下的鲜活人物。他的作品中文化水平最高的也不过是《徙》中的中学教师高北溟和《鉴赏家》中的被称为"全县第一大画家"的季陶民，最大的官也就是个保安团长。汪曾祺把这些普通的市民百姓作为自己作品中的主体进行描写时，没有曲折离奇的情节，不为求新，也不为猎奇，而是真正觉得这些家乡父老朴实、勤劳、善良、辛苦，可敬可亲。因此，他绝不以高人一等和怜悯的态度看待这些自食其力的劳苦大众，而总是怀着深深的挚爱和温柔的亲切感去发掘蕴藏在这些父老乡亲身上的人性美、人情美。"小温大爱，人间烟火"这八个字正是汪曾祺文字的精髓和精神所在。

汪曾祺的文字可谓"文章秋水芙蓉，处世和蔼可亲，无意雕言琢句，有益世道人心"。汪曾祺在散文《两栖杂述》中写道："我追随沈先生多年，受到教益很多，印象最深的是两句话，一句是'要贴到人物来写'，一句是'千万不要冷嘲'。"《我的家乡》一文很好地体现了沈从文的文风传承。汪曾祺从沈从文先生那里获得的教益也让我们这些热爱写作的"汪迷"收获满满。

正如陆建华老师向我所言："汪曾祺这个题目，可做的事很多，这是个富矿，只要有决心，有毅力，耐得住寂寞，肯下硬功夫，可以源源不断地写出好文章……作为汪老的老乡，不能像外地专家学者们'纸上谈汪'，他们也只能这样。高邮文化人不能把工夫花在所谓理论深度上……要用事实说话，写出一个鲜活真实的汪曾祺。把这个工作做好了，就是对研究汪曾祺的最大贡献。"

汪曾祺写文章非常注重语言的锤炼，他认为"作品的语言反映出写作者的全部文化修养，语言的美不在于一个一个句子，而在句与句之间的关系"。读了他的文章后自然就感觉到他语言修养的高明，因此他的作品受到学院派专家学者们的一致推崇。

《我的家乡》是汪曾祺写家乡系列散文中最唯美的一篇，他用质朴的感情、思乡的情结和抒情的笔调，系统地介绍了高邮的地理位置、运河风情、湖、渔民生活、传说、水灾、特产、名胜及地名的由来。我读过《我的家乡》若干次，每读一次都会有新的感触，并有感而发陆续写出《水做的高邮——读汪曾祺的〈我的家乡〉有感》和《运河风物——慈姑》两篇文章。我的其他作品对汪曾祺的此篇文章也多有引用。

近几年对汪曾祺笔下小说人物的溯源，我做了一点儿工作，也取得了一些成果，也得到"汪研"专家们的肯定。正如杨早教授所说："姚维儒先生与汪曾祺相隔一代，但两人知道的人或事，交集甚多，近年姚先生致力挖掘汪曾祺笔下的人物、地理、事件、物品的源头流变……对于'汪研''汪迷'来说，这都是很有功德的事。也只有姚维儒先生，才有能力去做这件事。通晓言语，厘清关系，辨别地形，访谈人物，高邮之外的研究专家再自称第一，也是做不到的。"著名"汪迷"苏北评论我的"汪研"文章是汪曾祺写故乡的"文学地理图谱"。

汪曾祺笔下的人物几乎都不在了，其第二代也寥寥无几，第三代对其上代的事情了解更少，所以抓紧时间对东大街的健在者进行紧急性的采访、了解、挖掘是当务之急，也是我们本土文化人和"汪迷"义不容辞的社会责任。

文学家的秘境

近期，汪曾祺笔下戴车匠的儿子戴明生来高邮小住，汪曾祺在两个不同的版本中都写了戴车匠的儿子8岁时的情景。通过与戴明生的交流我的收获满满。

读汪曾祺的《我的家乡》，仿佛满眼都是水："我的家乡是一个水乡，我是在水边长大的，耳目之所接，无非是水。水影响了我的性格，也影响了我的作品的风格。"我与他是街坊邻居，虽说在年龄上相差30岁，但这些河还在流淌着。对水的感受应该是一样的。

运河里打鱼的鱼鹰，行船者用身体顶着竹篙子在船上行走，负重拉纤的纤夫……汪曾祺笔下的这些场景我记忆犹新。"我们那时候经常到西堤去玩，坐小船两篙子就到了。西堤外就是高邮湖，我们那里的人都叫它西湖。湖很大，一眼望不到边。"是的，那时的运河没有现在宽，"坐小船两篙子就到了"。我小时候随大伢子去运河游泳，会攀爬行走中的船，有时船主会驱赶我们，我们纵身跳下，又荡起了泳姿。有时我们会爬上西堤，看那一望无际的湖水在阳光下泛起鱼鳞般的金光。现在有了二桥，去河西成了寻常事，那里曾经是我晨跑的最佳选择，过了镇国寺，灯塔是个折返点，来回8千米。

"湖通常是平静的，透明的。这样一片大水，浩浩渺渺（湖上常常没有一只船），让人觉得有些荒凉，有些寂寞，有些神秘。"如今的高邮湖与汪曾祺笔下的高邮湖还是有些变化。高邮湖是个会变脸的姑娘，不同季节会以不同的面孔展现在人们的面前。冬春，湖面浩瀚，天水一色，船帆点点，一览无遗。夏秋，湖面被分割成若干块绿洲，湖边蒿草茂盛，湖中荷花、菱角、芡实、浮萍依次排开，构成另一幅美丽的图画。沿湖大道翠绿成荫，成了大运河马拉松赛和环高邮湖自行车赛的赛道，沿途可领略马棚湾铁牛、御马头、杨家坞、耿庙石柱、万家塘、镇国寺和平津堰等名胜古迹。高邮明清运河故道的两河三岸遗迹已成了世界文化遗产。

三、汪文赏析

汪曾祺在《我的家乡》中提到了民国二十年的那场大水灾，他在《钓鱼的医生》一文中对那场水灾有更详细的描述。几十年过去了，湖还是那个湖，河还是那些河。近年来，高邮人在"水"上做足了文章。围绕打造"水韵邮城"的目标，大力实施河道综合整治和污水治理等"清水活水、不淹不涝"重点工程。不仅增强了城市防洪排涝能力，而且大大改善了邮城水生态环境，提升了城市品位。从去年开始，高邮以开展植绿行动、环境整治、景观打造、堤防巡查等工作为抓手，不断强化运河堤防生态环境建设，打造了大运河的生态长廊和绿色屏障，为广大市民群众提供源源不断的"生态福利"。

  黄昏了。湖上的蓝天渐渐变成浅黄、橘黄，又渐渐变成紫色，很深很深的紫色。这种紫色使人深深感动，我永远忘不了这样的紫色的长天。

  闻到一阵阵炊烟的香味，停泊在御码头一带的船上正在烧饭。一个女人高亮而悠长的声音："二丫头——回家吃晚饭来——"

  像我的老师沈从文先生常爱说的那样，这一切真是一个圣境。

汪曾祺赞美的家乡，也正是我的家乡，是我们共同的"圣境"。"圣境"者，人间仙境也。

多少年来，人们每提起高邮，总是将其与咸鸭蛋联系在一起。高邮咸鸭蛋确实好，但是正如汪曾祺所说："不过敝处并不只是出咸鸭蛋，我们家乡还出过秦少游，出过研究训诂学的王氏父子，还有一位写散曲的王西楼。文风不可谓不盛。"当然还出了一个当代读者所熟知的文学家汪曾祺。

"我的家乡在高邮，风吹湖水浪悠悠，岸上栽的是垂杨柳，树下卧的是黑水牛……"汪曾祺对家乡无限深情的诗，被谱成了歌曲。这首非常动听悦耳的歌曲在大江南北传唱着，唱在高邮人的心坎上。

文学家的秘境

闲言碎语话《冬天》

汪曾祺的《冬天》给我们描绘了一幅唯美的冬天画卷，也引起了我们对冬天的许多回忆。满眼都是升腾的烟火气，都是我们小时候经历过的事情，有些生活习俗现在还在沿用着。什么上槅子，拆帐子，铺稻草，点上铜炉子；还有吃乌青菜、冻豆腐，腌大菜，舂糯米粉做年烧饼、搓大圆子。特别难以忘记的是冬天时玩的游戏，如踢毽子、抓子儿、下逍遥。下雪了，家人闲坐，灯火可亲。明晃晃的雪、明黄色的腊梅（现多写作"蜡梅"）、鲜红的天竺果，让屋里生意盎然。

汪曾祺的《冬天》，从"天冷了，堂屋里上了槅子"说起，马上使得这篇散文烟火气息十足，氤氲着一层汪曾祺味道。一旦"上了槅子"，室内就"显得严紧，安适，好像生活中多了一层保护"，随之就是，暖意融融，情意绵绵，那温馨醉人的家庭气氛升腾起来了。

我家祖屋的堂屋就有六扇槅子，是玻璃格子门，不需要糊裱白纸，一进入冬天就安装上，天气暖了就卸下堆放在一边。

不仅"堂屋里上了槅子"，而且"床上拆了帐子，铺了稻草"。特别是，"稻草装在一个布套里，粗布的，和床一般大"，"铺了稻草，喧腾腾的，暖和，而且有稻草的香味，使人有幸福感"，让人陶醉的浓郁的家庭气息扑面而来。冬天床上铺稻草是必须的，考究板扎的人家才会将稻草装在一个布套里。布套子和稻草可以整体搬到外面晒，晒过太阳的布套子喧喧腾腾，稻草的香味弥久犹新，睡在上面会发出沙沙的摩擦声。普通人家也就将稻草均匀铺垫上了事，等到天气转暖，稻草就进锅堂烧了。

"南方的冬天比北方难受"，特别是"屋里不升火"，于是"晚上脱了棉衣，钻进冰凉的被窝里，早起，穿上冰凉的棉袄棉裤，真冷"。我与汪曾祺年龄相差30岁，我们对旧生活的体验几乎是一样的。几十年前的冬天要比现在冷得多，河面封冻与冰凌悬挂的现象很常见，而百姓的穿着却很简陋：人们通常穿个空心套子的棉衣或袭一身长衫，穿高帮兔脸棉鞋、毛窝子或钉鞋，双手往袖口里一操，女人头上戴个黑金丝帽子抑或扎个方巾，男人则戴个蒙头蔽面的锅腔帽子，蜷缩着身体，低着头，行色匆匆。

说到天气寒冷，汪曾祺就顺理成章地导出了铜炉子。放了寒假，就可以睡懒觉了，而早上起床时，"棉衣在铜炉子上烘过了，起来就不是很困难了"，特别是"棉鞋烘得热热的，穿进去真是舒服"。铜炉子是冬天里的一个温暖记忆，里面放点锯屑或者粗糠，焐手烘脚都是不错的，有时我还会在里面埋一些蚕豆之类的炸着吃。大的铜炉叫脚炉，小一点儿的叫手炉，手炉制作精细，不少是紫铜或白铜的。几个老太太"闲来无事，抹抹纸牌"时，各自"脚下都有一个脚炉"。由于"脚炉里粗糠太实了"，所以"空气不够，火力渐微"，此时此刻，"就要用'拨火板'沿炉边挖两下，把粗糠拨松"，于是"火就旺了"。汪曾祺笔下的生活场景我真的太熟悉了。

铜炉子是城镇居民的享受，是小康人家的标配，贫穷人家没有铜炉子，寒冬腊月怎么办？用陶土做的头盆来充当铜炉子，这在高邮农村相当普遍。有些人家将引了火种的头盆置于草窝子下面，人下田干农活了，导致小伢子被烧死烧伤的事时有发生。

冬天里另一个温暖记忆是汤焐子，汤焐子又叫汤婆子、汤壶，是寒冷冬天里必备的御寒物品。在条件艰难的年代，寻常百姓家连烧个热水也不容易，茶炉子无疑是雪中送炭的好去处。每逢寒夜来临，家家户户都要到街头巷尾的茶炉子去提点滚烫的开水回来,用来洗脸,烫脚,再灌满汤焐子,然后将汤焐子塞进被窝,寒冷的冬夜里也就有了温暖的保证。这种温暖甚至可延续到第二天清早,起床时,汤焐子里的水还是温热的,正好漱口洗脸。

以前的汤焐子多为铜质或锡质,以后逐渐出现了陶瓷或其他材质的,橡胶热水袋也有不少年头了,二三十年前有些人家用输液的盐水瓶取而代之。但这些保暖性能都不如铜质的汤焐子。汤焐子是一种扁扁的圆壶,一般为南瓜形状,上方开有一个带螺帽的口子,热水就从这个口子灌进去,盖子内有屑子,防止漏水。灌足水的汤焐子旋好螺帽,再塞到一个相似大小的布袋中放在被窝里,这样晚上睡觉便十分暖和且不容易被烫伤。

三年自然灾害期间,有些人家为了填饱肚皮,不惜将铜汤焐子当废铜卖掉或变换成粮食充饥,铜汤焐子越来越少,也越发珍贵。我岳母家有一只铜汤焐子和一只锡汤焐子:一个像扁扁的南瓜,一个呈椭圆形,由于年代久远,都被使用得溜光锃亮,几乎能当镜子。

宋代就有用"脚婆"取暖的记载。这个"脚婆"其实就是用来暖脚的汤焐子。这种小小的取暖用品曾经被许多大诗人歌颂过。黄庭坚《戏咏暖足瓶》诗:"千钱买脚婆,夜夜睡到明。"宋代顾逢《汤婆子》:"皤然一器微,有用在冬时。永夜寒如许,孤衾暖不知。少年皆见弃,老者最相宜。却恨无情处,春来便别离。"《红楼梦》里提及汤婆子:"晴雯笑道:'终久暖和不成,我又想起来,汤婆子还没拿来呢。'麝月道:'这难为你想着!他素日又不要汤壶,咱们那熏笼上又暖和,比不得那屋里炕凉,今儿可以不用。'"民间还有关于汤焐子的谜语:大叶子,小叶子,叶子包叶子,像个汤婆子。谜语提示:打一植物。谜底:包心菜。

说完取暖,汪曾祺又介绍起冬天吃的菜:"冬天吃的菜,有乌青菜、冻豆腐、咸菜汤。乌青菜塌棵,平贴地面,江南谓之'塌苦菜',此菜味微苦。我的祖母在后园辟小片地,种乌青菜,经霜,菜叶边缘作紫红色,味道苦中泛甜。乌青菜与'蟹油'同煮，滋味难比。'蟹油'是以大螃蟹煮熟剔肉，加猪油"炼"成的，放在大海碗里，凝成蟹冻，久贮不坏，可吃一冬。豆腐冻后，不知道为什么是蜂窝状。化开，切小块，与鲜肉、咸肉、牛肉、海米或咸菜同煮，无不佳。冻豆腐宜放辣椒、青蒜。我们那里过去没有北方的大白菜，只有'青菜'。大白菜是从山东运来的，美其名曰'黄芽菜'，很贵。'青菜'似油菜而大，高二尺，是一年四季都有的，家家都吃的菜。咸菜即是用青菜腌的。阴天下雪，喝咸菜汤。"这一段描述显露出汪曾祺对家乡美食的熟悉和欣赏。

汪曾祺在《故乡的食物》中说："砗螯烧乌青菜（江南人叫塌苦菜），风味绝佳。"砗螯即文蛤，乌青菜配它岂能不鲜。

介绍了家乡的冬日美食后，汪曾祺不吝笔墨地介绍了"冬天的游戏：踢毽子，抓子儿，下'逍遥'"。然后，他对不厌其烦地介绍了"逍遥"这一游戏，同时也写了"踢毽子，抓子儿"。下雪天，除了做游戏，还可以"折腊梅花、天竺果"。冬日清晨，"早起一睁眼，窗户纸上亮晃晃的"，就知道下雪了。这让我想起了白居易的《夜雪》："已讶衾枕冷，复见窗户明。夜深知雪重，时闻折竹声。"夜深而"见窗户明"，正说明雪下得大，积得深，是积雪的反光，给暗夜带来了亮光。由此可见，汪曾祺描述"窗户纸上亮晃晃的"与白居易的诗意是相通的。

汪曾祺在散文《冬天》的最后部分介绍了"舂粉子"。他描述了"有一家邻居，有一架碓"，"这架碓平常不大有人用，只在冬天由附近的一二十家轮流借用"。我家附近的闵家也有一个碓，平时闲着，一到过年就忙个不停。粉子舂好了，可以蒸糕，做"年烧饼"，"搓圆子"了。汪老之所以让"舂粉子"作压轴，乃是因为"舂粉子，就快过年了"，这会给处于贫困生活之中的孩子们以无限的憧憬与希望。

四、岁月留痕

五小溯源趣谈

前年（2019年5月）初夏，经高邮籍作家王树兴策划，《北京青年报》的"青睐"人文寻访团在汪曾祺儿子汪朗的引领下来到了高邮。随团前来高邮的有著名作家苏北、中国社会科学院研究员杨早、著名编辑李建新、著名作家陈徒手、王道及《北京青年报》副刊编辑王勉等。他们都是全国顶级的"汪迷""汪研"。为了能进一步深入体验汪曾祺笔下的文学地理，他们特邀请我做向导，沿着汪曾祺去五小上学的路线走一趟。我一路介绍东大街上的风土人情和汪曾祺笔下的沿街店铺的具体位置和人物。为了让他们对汪曾祺在旧高邮的活动范围有个完整的清晰概念，我还特地画了一张《汪曾祺在故乡旧时足迹示意图》供他们参考。

后来杨早发微信消息给我，对五小旧址的位置提出了质疑。他说："汪曾祺去五小不一定要经过杨家巷，因五小现在的地址是1948年才搬迁过去的。"杨早的一句话给了我一个提醒，我竟不知道现在的城北小学并不是五小的原址。

那五小的原址在什么地方呢？汪曾祺《我的小学》里有以下叙述：

1."我读的小学是县立第五小学，简称五小，在城北承天寺的旁边。"

2."'西挹神山爽气，东来邻寺疏钟'……邻寺，即承天寺，这倒是每天必须经过的。"

3."学校门外的地势比较高，进大门，要下一个慢坡，慢坡是'站砖'

铺的。"

以上三点基本上确定了五小旧址在承天寺附近。

知道了五小的基本方位，其具体位置我就从他的文章中寻找答案。

"要下一个慢坡。"承天寺及天地坛是个制高点，坛的四面都有很大的坡度，去五小的慢坡在哪个方向呢？为了弄清五小的具体位置，我特请教了城北小学的濮颖老师。她为此也走访了学校老教师和一些老者，还是没有得到明确的答案，说只知道原址在天地坛附近。汪曾祺在《我的小学》里说："学校的对面，也就是承天寺的对面，是天地坛。"这句话显然告诉我们：五小紧挨着承天寺，都坐北朝南，它们前面就是天地坛。

汪曾祺在《徙》里有这么一句："一个在寺庙的废基上改建的普通的六年制小学。"这一句既明确了五小的位置，还点明了是在承天寺废墟基础上改建的，至少是部分利用了承天寺的旧屋。他在《我的家乡》里写道："我读的小学的西边是一片菜园，穿过菜园就是河堤。我的大姑妈的家，出门西望，就看见爬上河堤的石级。这段河堤有石级，因为地名'御码头'，康熙或乾隆曾经在此泊舟登岸。"

复兴街标牌上清清楚楚地写着："承天寺位于古城北门外，今酱醋厂以北，原肉联厂范围内，元朝至元年间（1264—1294年）建。至正十四年（1354年）正月，张士诚于承天寺称王，定国号大周，建元天祐，自称诚王。日伪统治时期拆去大殿、正房；1958年建县肉联厂时拆配房，承天寺消失。承天寺原四大金刚、大雄宝殿、西配殿、东配殿齐全，如来佛像、观音佛像、地藏王菩萨像、十八罗汉像一应俱全。院内一对雌雄银杏树，树干粗大几人合抱。"

关于天地坛，标牌上是这样写的："天地坛即社稷坛，始建于宋代，社稷坛围墙长一百二十丈，中间有方形坛基一座，坛高三尺五寸，坛围二丈五尺，坛面覆盖五色土。明末战乱坛毁，社稷坛清末后逐渐废止。后陆续出现民居住家，至变成寻常巷里。"

四、岁月留痕

汪曾祺写道："我十九岁离乡，六十六岁回故乡住了几天。我去看看我的母校：什么也没有了。承天寺、天地坛，都没有了。五小当然没有了。"汪曾祺的一席话，也间接证明现在的城北小学非过去的五小原址。

由上面的分析可知，承天寺位于北面，即肉联厂地块，寺前天地坛即酱醋厂地块，而五小位于坛坡下面。根据"西挹神山""东来邻寺"的字面分析，五小无疑就位于承天寺西边，并紧挨着承天寺，部分利用了承天寺的旧屋。承天寺向西不远就是大运河。"慢坡的东端是门房，同时也是斋夫（校工）詹大胖子的宿舍。"也就是说进学校门房后要走一段砖铺的慢坡，"东端"即由东向西而言。

下面的描述写出了学校的大致分布："詹大胖子的房子的对面，隔着慢坡，是大礼堂……大礼堂的北面是校园……校园之北，是教务处……教务处的北面是幼稚园……教务处和幼稚园的东面，是一、二、三、四年级教室。两排。两排教室之前是一片空地……往后走，是五年级、六年级教室，这是另外一个区域……五年级教室在西边的平地上，教室外面是一口塘，塘里有鱼……六年级教室在一座楼上。这楼是承天寺的旧物，年久失修，真是一座'危楼'，在楼上用力蹦跳，楼板都会震动。然而它竟不倒。"显然，六年级教室紧挨着承天寺，它过去是该寺的一个组成部分。

根据高邮县志和杨汝栩的《景家桥小学》记载，我们大致可了解到以下情况。五小，始建于民国七年（1918年），毁于1939年日军的一次轰炸。五小遭日军轰炸后，学校已无法上课。根据杨汝栩回忆：那时日本人在城里已经站稳了，中市口的县政府也开始挂牌营业，小学校也陆续重新开学了。承天寺西边的五小早已被日本飞机炸成了瓦堆，只好利用寺东边的粥厂进行改建，因陋就简办了个景家桥小学。他插班进了这个学校的三年级。学校坐北朝南，校门与承天寺的山门相邻，东边直对着通往半边桥的路，校门里边由南往北排列着三排教室。共六间。西墙下是男女厕所，院子里终年飘浮着氨水的气味。

　　离厕所不远有一间又矮又黑的小屋，那是"麻斋夫"一家三口的住处。斋夫就是校工。这位校工因幼年出天花，脸上留下些疤痕，人家背后就管他叫"麻斋夫"，不过当面都称他"干全"（此校工姓陈，名淦全，据悉是高邮县原县长陈立增的父亲）。他是学校里唯一的一位校工，打铃、扫地、跑腿、给老师打洗脸水、给校长买早茶等，都是他一人包办。学校并不给他发工资，但准他在校内卖红枣汤、薄荷糖、凉粉、水果等吃食给学生，觅些蝇头小利以维持生活。他老婆是个白白净净的女人，我们叫她"斋夫奶奶"。她说话轻声细语，对待学生就跟对待她自己孩子一样。校工"麻斋夫"在中华人民共和国成立后有了编制，一直在城北小学拿工资。

　　景家桥小学于1942年迁至北城门内的关帝庙（老文化馆地块），1947年的高邮县城镇地籍图就显示城北小学在现在的地址。这说明，景家桥小学迁至此处最迟也应在1947年之前。据悉，当时是将景家桥小学和滨湖小学合并后迁至民生路现在的校址。

　　近期我又去实地考察了一圈。原承天寺拆除后所建的肉联厂又易主了，北边是御码头路，直抵运河大堤。老肉联厂西边就是左家巷，由左家巷向南就回到复兴街，向东上一个坛坡就是老商业局，这里及其后面的老酱醋厂就是天地坛地块，由此向南下一个陡坡就是杨家巷，再往南就到现在的城北小学（五小）。若由坛坡向东，下一个长长的慢坡就到北门大街了。

　　北门大街向北第一个闹市区是北市口，即北门大街与复兴街、东台巷的交汇处。过去的北市口十分繁华，南边有座石牌坊，两旁有对石狮子。向东是东台巷，巷子不算太宽却很热闹，有茶馆、当典、鱼市、肉案、酱园，还有斗鸡场、牛集市、斗坛、太平庵、大雄庵、海潮庵、小关帝庙；东台巷北边与之平行的就是臭河边（后街），有观音庵、天王寺、螺蛳坝、越塘。人们习惯叫坛坡子的地方，就是天地坛；半边桥在其东边，杨家巷在其南面，左家巷、梨木巷、桑园、骡马巷、夏家花园等都在其西边。北门大街上第二个闹市区叫税务桥，也叫新巷口。新巷口呈丁字街，向东是东大街。第五小学第一任校长是孙石君。汪曾祺为什么舍近求远，就读于五小，而不是选择离家更近的新巷口小学（鬼神坛小学）？我分析原因有二：一是孙石君是他的姑父，二是五小的教学质量相对较好。

半边桥这个巷名比较别致，很早就引起了我的兴趣。我有个朋友曾经住过此巷，所以对此巷我比较熟悉。这条巷子光姓赵的就有好几户，相互间都有亲戚关系。这里的住户以商贾大户居多，多半是生意人，汪曾祺的"双料"妹婿赵孟兆（赵怀义）就住在此巷与菜市街交叉口的西北角。

赵怀义先后娶汪曾祺的妹妹晓纹、锦纹为妻，共生有三子两女。赵家在东大街保全堂药店的斜对面开了一个正和布店。1991年汪曾祺第三次返回故土，10月2日下午，妹婿赵怀义及其子女请汪曾祺、施松卿夫妇到半边桥赵家老宅与亲戚团聚。那天来的亲友相当多，像过节一样。宴毕，在汪曾祺大外甥赵京育的现场指挥下，汪曾祺手不释笔地为诸多亲朋题字，一直写到夜深人静还是有部分人没有拿到题字。

话又扯到汪曾祺1981年10月10日第一次返回故土的事。在官方宴请、座谈、讲座等各种活动暂告一段落后，赵怀义执意要举办一次正式的家宴，为大舅爷接风。时间定在10月18日。

那天下午，当汪曾祺由税务桥拐弯进入半边桥巷子，正准备抬脚进入大门时，他突然问外甥赵京育："你们家西边是不是有一家姓李的？"这一问竟把京育问愣住了。"是啊，就在坛坡子下坎，老夫妇去世后，房屋早已易主，后人也不知道搬到何处了。比我年龄小一点儿的，大概都不会晓得这么一家子，大舅是怎么知道的呢？"汪曾祺说："李家大门上有一副对联：'登龙门第高东汉，射虎人家继北平。'你可见过？"赵京育摇摇头，更不知其意。事后赵京育查了资料，才知道这对联的含义，原来还用了典故。上联说的是东汉李膺，以声名自高，倘若有士被其接纳，则为登龙门。下联说的西汉李广，曾任北平太守，有射虎的故事。赵京育为此十分佩服舅舅自小聪颖、记忆超群、学养丰富。一个上小学的少年每天从此门前过，几十年后还依然记忆犹新这副对联。这门前的问话便成了酒席桌上把盏说文的序曲。

话说汪曾祺那时去五小上学的路线应该有两条：一条是沿东大街向西到新巷口，然后向南拐弯进入半边桥，上一个坛坡，经过天地坛，再下一个慢坡就到五小；另外一条路也是汪曾祺走的最多的一条路线，即出竺家巷，沿臭河边（后街）向西，出鬼门关进入半边桥，上坡直抵天地坛，然后向西下个慢坡就到五小。都说幼学如漆，对于喜欢文学又善于观察的汪曾祺来说，几十年后仍然清晰记得半边桥李家大门上的对联也就不奇怪了。

感谢杨早博士，他的一句质疑，引起我对五小原址的寻根追源，也纠正了我的错误印象。承天寺旁边的五小是城北小学的前身，现在的城北小学是在杨家花园及孙家院宅（是我国古生物学奠基人、中国科学院学部委员孙云铸祖宅地）基础上改建的（先建在杨家花园地身上，后扩建到孙家院宅）。

城北小学是一所百年老校。学校文化底蕴深厚，办学成果卓著，享有很高的知名度和社会美誉度。迄今为止，它已培育出了一批又一批的优秀人才。除了著名作家汪曾祺、中国行政管理学之父夏书章、地质学家孙云铸，还有电影表演艺术家黄素影，中国第一代女飞行员汪云，世界冠军朱俊、毛武扬，奥运选手董吉敏，等等。

这次重走汪曾祺上五小的路，也让我们有机会走了趟杨家巷。杨早向大家介绍了杨家在杨家巷购房发迹的故事。杨家的祖籍不在高邮，是从江南迁徙到本城的。初来时，在东大街上经营一个叫作"东升泰"的小米店为生。后来，生意越做越兴旺，渐渐成了小康人家。有了钱，自然想买一处宽绰些的房子住。真是无巧不成书，天地坛南坡下有一家李姓的大户，家道中落，子孙们坐吃山空，典卖完了田产、市房，又拿祖遗的住宅贱价求售。来看房的倒是不少，但买主们站在坛坡上往南一望，见这宅子北高南低，步步向下，都说是个不吉利的地势，难怪李家一代不如一代，落到今天这步田地呢。李家急得把房价一压再压，还是无人问津。听到风声，杨家的人也来了。不过米店老板碰巧是打南边走来的。抬头一望，几十间房屋依坡而建，一进比一进高，最北的一进高踞在坛坡顶上，简直就是一座楼房。他想，这分明是步步高升的兆头，再一问价钱，又三文不值二文，当时高兴得不行，连忙请人做中，当天做成了这笔交易。

杨家在高邮是名门望族。清朝光绪六年（1880年）至光绪二十年（1894年），杨福臻及其三子杨苐、五子杨蔚相继考中进士，一门父子三进士。巷里杨家八房，满门才俊。巷中段一座坐西朝东的门楼已改为现代风格，门旁原先的雕花石鼓已经不见，但院内的百年老屋仍俱古典风韵，多年生的木香花枝繁叶茂，与月季、枇杷树争香斗艳。杨早与杨家的留守老人亲切地拉起家常。

汪曾祺写道："我对五小很有感情。每天上学，暑假、寒假还会想起到五小看看。夏天，到处长了很高的草。有一年寒假，大雪之后，我到学校去，大门没有锁，轻轻一推，开了。没有一个人，连詹大胖子也不在。一片白雪，万籁俱静。我一个人踏雪走了一会，心里很感伤。"

文脉流传新苗吐绿
水润百年岁月如歌

汪曾祺的母校五小——高邮市城北实验小学，为了引导学生多多阅读《汪曾祺读本》，了解汪曾祺笔下的人和事，写心目中的汪曾祺，在童年播下一颗文学的种子，设立了汪曾祺少儿文学院。

大溏、大脑还是大淖

作家王树兴发微信消息给我："汪老在《鸡鸭名家》篇里写到大溏，高邮有过这个地名吗？"我回答："印象中高邮没有大溏这个地名，待我查一下再回复您。"

《汪曾祺全集》小说卷一的《鸡鸭名家》里写道："说是老街坊，余大房离我们家很有一截子路，地名大溏，已经是附郭的最外一圈，是这条街的尾闾了……大溏是一片大水，由此可至东北各乡及下河县域水道，而水边有人家处亦称大溏。这是个很动人的地方，风景人物皆极有佳胜处，产生故事很多。在这里出入的，多是那种戴瓦块毡帽系鱼裙朋友。"这段文字显然写的是大淖。再翻阅陆建华1995年主编的《汪曾祺文集》小说卷（上）的《鸡鸭名家》，里面是大淖而非大溏："说是老街坊，余大房离我们家还有一段路。地名大淖……"两篇不同版本的同名小说都注明写于1947年初，但后来发表的那篇确实有了较大改动。《汪曾祺全集》该文篇尾注释是这样写的："本篇原载《文艺春秋》1948年第六卷。初收入《邂逅集》，文化生活出版社1949年4月，文字略有改动；又收入《汪曾祺小说选》，北京出版社1982年2月，文字有较大改动。"显然，陆建华主编的《汪曾祺文集》里面的《鸡鸭名家》采用的是改编过的版本。

大淖，是我小时候经常去玩的地方，几分钟的路程，跳跳蹦蹦就到了。

四、岁月留痕

但当时的大淖叫"大脑",这里不但有"大脑巷",还有"小脑巷"。为什么这个地名叫"脑",这在我头脑里曾经产生过疑问,而且是极大的疑问,但无法深究,连县志都这么写了。中华人民共和国成立前,这里曾经有个小轮船公司。汪曾祺在《大淖记事》里写道:"靠外手是候船的休息室,往里去,临水,就是码头。"这家小轮船公司主要往来于高邮与兴化,隔日一班。轮船公司的建立,也打破了这里的宁静,装货、卸货、上客、下客,做小生意买卖的也闻风而来,什么五香牛肉、高粱酒、花生瓜子、芝麻糖、糖葫芦、豆腐脑……吆吆喝喝,这里也确实热闹过一阵子。后来轮船公司因亏本停业了,中华人民共和国成立后一直没有恢复营业。但去四乡八镇的小帮船一直没有停息过。当年汪曾祺一家躲兵荒到庵赵庄乘的就是小帮船,他随家人去东乡也乘过小帮船。1968年我到司徒公社插队落户,去大淖的机会就更多了。为了方便下放到司徒、横泾、张轩等公社的知青以及五七干校干部的往返,客运小轮船应运而生。这里已成了客运船的始发地,每天都有好几班的小轮船往返。后来公路交通发达了,热闹了几年的小轮船又停业了,但那一段来来去去的乡村生活却可以写成一段段的故事。这里面有欢乐,更多的是苦涩。

汪曾祺为什么要将"溏"改为"淖",是什么原因促使他这样改?汪曾祺的《〈大淖记事〉是怎样写出来的》里面有明确的答案。"大淖是有那么一个地方的。不过我敢说,这个地方是由我给它正了名的。"

1991年10月,汪曾祺回到了阔别四十多年的故乡。他的初中老师张道仁曾经问他:"你这个淖字是怎么考证出来的?"汪曾祺小时候写作文、日记,常常会提到这个地方,一般都写作"大脑",但他对此怀疑久矣。这地方跟人的大脑有什么关系呢?后来,汪曾祺到了张家口坝上,才恍然大悟:那里将大大小小的水都叫"淖儿"。这是蒙古话,那里蒙古人多。后来汪曾祺到内蒙古的其他地方,也有不少叫"淖儿"的地方,越发证明了"淖"即我们这里的"脑"。至于"大",那是定语。"大淖"是汉语和蒙古语的结合。汪曾祺说:"为什么在知道'淖'字应该怎么写的时候,心里觉得很高兴呢?是因为我很久以前就想写写大淖这地方的事,如果写成'大脑',感情上是很不舒服的。三十多年前我写的一篇小说里提到大淖这个地方,为了躲开这个'脑'字,只好另外改变了一个说法。"这就是汪曾祺在1947年写的《鸡鸭名家》里将"大淖"写成"大溏"的缘故,后来再版时,他如释重负地将"溏"改成了"淖",全文的文字也做了较大的改动。

可以设想,如果有关"淖"字的考证迟了几年,那《大淖记事》的问世也许会相应被推迟几年。没有汪曾祺到张家口下放劳动的经历,也许高邮人还在使用这个"脑"字作地名。对字的纠结常常会影响一个人的思想情绪,尤其对于一个作家来说更是如此。

关于东大街的这个"脑",也许与"涝"有关,这两个字同音。高邮是个"锅底洼",一旦发大水,就容易造成涝情,大淖地段是洼中之洼,发生涝灾是常态。所谓"大涝"即"大脑","小涝"即"小脑"也。老百姓以讹传讹地叫久了,这里就叫成了"大脑"。

汪曾祺说的"举目之所接全是水",就是评价家乡高邮的水多,水美。确实,高邮是水做的城市,有着数不清的浪漫多情的河流。

汪曾祺说他小时候三天两天就要到大淖,有时是随挑水的老朱去大淖。老朱挑水,他则是去玩。对大淖的地理位置及风土人情他了如指掌,对大淖他有着与众不同的特殊情感。

汪曾祺的《大淖记事》里美丽的大淖河水总让人午夜梦回,魂牵梦萦,但又感慨万千。

高邮在一天天变化着。大淖河成了观光地,汪曾祺笔下的大淖河又溢满了多情浪漫的河水,每年都有很多外地的游客慕名而来。2019年夏天我曾与《北京青年报》"青睐"人文寻访团在大淖朗诵《大淖记事》，随后作为深圳卫视的特邀嘉宾我参与了纪录片《汪曾祺》的拍摄。在欣赏历史古城的同时，游览汪曾祺笔下的大淖，真是一件令人开心的事。现在的大淖，从外观上来看是美好的，却没有了汪曾祺笔下当年的那般味道，已被改造得面目全非。据说，为配合汪曾祺纪念馆和文化街区的建设，政府正在吸纳民意，准备对大淖第二次改造。我相信，未来的大淖定将是个充满原生态的充满历史人文感之地，汪先生的文学地理和景观即将形成。

文学家的秘境

师恩母爱伴一生

高邮历史上的第五小学，简称五小，是汪曾祺的母校，也是现城北实验小学的前身。前几年新巷口小学与城北实验小学合并，在新巷口小学原址上兴建了高邮城北幼儿园。走进幼儿园，看着活泼可爱的小朋友、温柔可亲的老师、环境优美的校园，再次拜读汪曾祺的《师恩母爱》，别有感触。

汪曾祺3岁的时候，母亲因肺病去世。他对亲生母亲没多少印象，只记得母亲生病单独隔离在一个小房子里，不让人抱他去看她，哪知一别即成永别。在小曾祺的记忆里，母亲窗外有一株秋海棠，花色很红，但瘦骨伶仃的。此生，无论到哪里，他只要看到海棠，就会不由自主地想到他的母亲。但是终究那时年龄太小，他对母亲没有多少印象。听人说姐姐巧纹和母亲长得很像。他后来发现母亲生前写的大楷，说"字写得很清秀，说明我的母亲是读过书的"。汪曾祺的母亲杨韵华的祖父杨福臻是1880年清朝进士，入翰林院，曾任多省的监察御史；父亲杨菁，贡生，湖北省知县；三伯杨蒂是1889年进士；五叔杨蔚是1894年进士。一门三进士的书香门第之家的大小姐岂能没有文化。

汪曾祺的母亲去世后，父亲续弦，继母张氏并不可怕，而且很喜欢小曾祺。可这位心地善良的继母后来也死于肺病，与继母一起的日子虽短暂但很温馨。汪曾祺17岁的时候，父亲又娶了第三任妻子任氏，并且结婚

134

的时候写信给正在读高二的曾祺和他的姐姐,让他们回家喝他的喜酒。继母任氏对17岁的继子很客气,称呼他"大少爷"。自从汪曾祺19岁离开家乡到昆明读大学,在外漂泊大半生直到66岁才回乡,任氏娘才改口叫他"曾祺"。汪曾祺对任氏娘很尊敬,"因为她陪伴我的父亲度过漫长的很艰苦的沧桑岁月"。

汪曾祺5岁那年,该上学堂了。适逢姑父孙石君任校长的县第五小学新办了幼稚园,于是小曾祺成为县里五小的第一届幼稚园学生。幼稚园什么都是新的,新的瓦顶,新的砖墙,新的大窗户,新的地板。毕业于南京第一女子幼稚师范的王文英老师教他们唱歌,教他们跳舞。她踩风琴的样子让他记了一辈子。王老师在他们幼小的心灵上刷满了爱的底色。汪曾祺上学时还戴着孝,生母新丧,踽踽幼儿,不期遇上心细爱浓的王文英老师。王老师对他的怜爱,很大程度上暂时弥补了他缺失的母爱。幼儿教育往往决定一个人的未来,尽管这段时间不长,但汪曾祺对"小羊儿乖乖,把门儿开开"却念念不忘。的确,这不只是歌谣,他后来坚持作品要给人温暖和安慰的理念,也许正是从此滥觞。他19岁离开故乡,56年后回故乡,已经鬓角花白的他,特地拜望王老师夫妇。在这次回乡15年后,他情不自禁,以《师恩母爱》为题写了一篇怀念文章,情真意切,由此可见。

汪曾祺的这篇《师恩母爱》渗透着浓浓的师生情谊。我们从《拉锯,送锯》《小兔子乖乖》《麻雀与孩子》等儿歌里头感受到王老师对小朋友们深深的爱,善良仁爱的种子在孩子们的心坎里也很快地扎下了根。五小是汪曾祺的童年乐园,他在这里得到了师恩和母爱,感受到了人与人之间的温情。虽然汪曾祺生长在一个和睦温馨、充满爱意的大家庭中,但是生母的爱毕竟不是其他什么都能够轻易代替的。十分幸运的是,幼稚园在童年汪曾祺面前展开了一个新的世界。他清楚地记得:幼稚园的"房子有点特别,是六角形的。进门,是一个宽敞明亮的大厅。铺着漆成枣红色的地板,用白漆画出一个很大的圆圈。这圆圈是为了让小朋友沿着唱歌跳舞而画出的"。他和小朋友们"每天除了吃点心,大部分时间是唱歌跳舞"。幼稚园门外的游戏场有许多游戏器械,有沙坑、秋千、跷跷板和各种动物造型的玩具,还有一种大约是从国外引进的叫"巨人步"的大型器械,可以让小朋友攥住一根麻绳,蜷起腿来悠圈。这样的环境设施和教学理念是私塾先生那里不可能具备的,汪家为汪曾祺的培养真的是动了一番脑筋。

一般来说,孩子们长大以后很少能想起幼儿园的老师,因为年代太过久远,很多孩子记事晚就慢慢忘记了。但汪曾祺一直记得幼儿园时的王文英老师,记得王老师对他的好,这说明王老师确实待他很好,也可以看得出汪曾祺是个很念旧、很感恩的人。汪曾祺曾幸福地回忆并写道:"在全班小朋友中我是最受王老师宠爱的。"5岁的汪曾祺正开始人生记事,王老师的这份"师恩母爱"深深镌刻在了他幼小的心田,难以磨灭。

1981年,汪曾祺重回故乡的时候,带着北京果脯专程登门看望王文英和张道仁(汪曾祺的初中国文老师)夫妇。汪曾祺特地为王文英老师写了一首小诗:"'小羊儿乖乖,把门儿开开',歌声犹在,耳边徘徊。我今亦老矣,白髭盈腮。念一生美育,从此培栽。师恩母爱,岂能忘怀。愿吾师康健,长寿无灾。"汪曾祺为张道仁先生写了一首《敬呈道仁夫子》:"我爱张夫子,辛勤育后生。汲源来大夏,播火到小城。新文开道路,博学不求名。白头甘淡泊,灼灼老人星。"王文英老师收到汪曾祺的诗哭了一个晚上,她对张先生说:"我教了这么多学生,还没有一个来看看我的。"1991年汪曾祺第三次回乡时,不幸的是王老师已经辞世,他特地到王老师家中对其遗像三鞠躬。我对张道仁先生是有印象的,他曾是高邮中学副校长,学校在大礼堂开会时他总在主席台就座,在我初中二年级的时候他退休了。

读《我的小学》和其他涉及五小的回忆文章,我们能够强烈感受到,汪曾祺心中的"小温"来自他早年在五小得到的师恩母爱。几十年来它就像一眼蕴含不竭热量的温泉,始终蕴藏在他的心中。爱的种子播在他幼小的心田里,渐渐生根、发芽、长大,他那颗浸满爱意之心渐渐长成。美文《师恩母爱》是对王老师夫妇的回报,"人间送小温"的情愫则是他对社会的回报。汪曾祺涉及五小的文章,着墨最多的无疑是他的老师们,而王文英那慈母般的爱是最美的、最富有诗意的。《师恩母爱》文末最后写道:"我觉得幼儿园的老师对小朋友都应该有这样的师恩母爱。"这语重心长的话语让人深思,让人再次感受到幼儿教师的责任担当!

汪曾祺对母亲的记忆既模糊又清晰,因为继母及他身边的许多女性对他的关爱多少弥补了他缺失的母爱,而其中王文英老师对他的影响显然是至关重要的。这样的好老师对他无微不至的关爱竟温暖了他一辈子。

《师恩母爱》这则小文有着汪曾祺的幸福记忆,汪曾祺的真情实感也深深地打动了读者和高邮的教育工作者们。愿坐落在东大街汪曾祺纪念馆西边的这座现代化幼儿园,能秉承汪曾祺的文风,愿所有的幼儿老师都能成为王文英!

> 文学家的秘境

汪曾祺笔下的臭河边

臭河边，是汪曾祺始终绕不开的一个重要话题，臭河边给他留下了太多太多的记忆，他曾在许多文章里近百次提到臭河边。臭河边实则是一条与东大街相平行的河及其沿河北岸的统称。《黄开榜的一家》《故里杂记·鱼》《故里杂记·榆树》《一辈古人·靳德斋》《异秉》《晚饭花》《薛大娘》《陈小手》《观音庵》《道士二题》《卖眼镜的宝应人》等作品都与臭河边息息相关。

臭河边的水，源于京杭大运河，流经城北小学处的养丰闸，经承志桥向东流折弯过三元桥，到汪家巷（汪家祠堂及几个叔辈就住在此巷）巷头转直角向东流去，到了这里的水面就忽然开阔起来，经螺蛳坝流向越塘河，最终与北澄子河相通。而汪曾祺儿时的臭河边是由螺蛳坝径直向西与税务桥下的河流相连，后因上游经常阻塞，影响沿河居民的用水，才改道形成30年前的那个模样。20年前城市改造，臭河边被填，形成了今日的傅珠路。

臭河边曾经是城北一带居民的主要生活水源，吃水、洗菜、洗衣服全靠它。明明是清澈的活水，为什么叫臭河边呢？无处考证，据传是"八仙"之一的铁拐李到炼阳观造访吕洞宾时曾在此洗过烂脚，把河水洗臭了，臭河边因此得名。

汪曾祺那时去五小上学的路线应该有两条：一条是沿东大街向西到新

巷口（税务桥），然后向南拐弯进入半边桥，上一个坛坡，经过天地坛，再下一个慢坡就到五小；另外一条也是汪曾祺走得最多的一条路线，即出竺家巷，沿臭河边（后街）向西，出鬼门关进入半边桥，上坡直抵天地坛，然后向西下个慢坡就到五小。

汪曾祺在小说《故里杂记·鱼》里写了邻居唐家，但在小说里他用唐的谐音"庞"代替了"唐"。这篇小说向读者描述了越塘河边的风土人情，也讲了唐家的故事。出科甲巷到螺蛳坝转弯向东一带有几个桶匠。汪曾祺说："桶匠有本钱，有手艺，在越塘一带，比起那些完全靠力气吃饭的挑夫、轿夫要富足一些，和杀猪的庞家就不能相比了。"科甲巷向南，唐家就住在巷西南端的拐角处，大门朝南，正对臭河边。他家的地势很高，从街面到屋基，要上好几层台阶。房屋在这一片算是最高大的。

汪曾祺在《一辈古人·靳德斋》一文中写道："天王寺附近住过一个传奇性的人物，叫靳德斋。这人是个练武的。江湖上流传两句话：'打遍天下无敌手，谨防高邮靳德斋。'"我小时候也听大人们说过靳德斋，只是左耳进右耳出，没什么深刻印象，而汪曾祺却把他写成了文字："有一个外地练武的，不服，远道来找靳德斋较量。靳德斋不在家，邻居说他打酱油醋去了。这人就在竺家巷（出竺家巷不远即是天王寺，我的继母和异母弟妹现在还住在竺家巷）一家茶馆里等他。有人指给他：这就是靳德斋。这人一看，靳德斋一手端着满满一碗酱油，一手端着满满一碗醋，快走如飞，但是碗里的酱油、醋却纹丝不动。这人当时就离开高邮，搭船走了。"正所谓"不战而屈人之兵"。

汪曾祺的《故里杂记·榆树》写了孤独伶仃的侉奶奶："住在一个巷子的外面。这巷口有一座门，大概就是所谓里门。出里门，有一条砖铺的街，伸向越塘，转过螺蛳坝，奔臭河边，是所谓后街。"侉奶奶种的8棵榆树一年一年地长，侉奶奶一年一年地活着，一年一年地纳鞋底糊口度日。

文学家的秘境

"倪奶奶吃得真是苦。她一年到头喝粥。三顿都是粥……她的'菜'是她自己腌的红胡萝卜。"倪奶奶的生活实在是辛苦而平淡,一天到晚坐在门口纳鞋底,除了看驴打滚,看孩子捉蚂蚱、捉油葫芦,也和孩子们搭搭话。这些捉蚂蚱的孩子一年比一年大,倪奶奶纳他们穿的鞋底,尺码一年比一年放出来了。这打滚的驴子是顾家豆腐店的,捉蚂蚱、捉油葫芦的孩子们中自然少不了汪曾祺。

汪曾祺在《金大力》里写道:"金大力想必是有个大名的,但大家都叫他金大力,当面也这样叫。为什么叫他金大力,已经无从查考。这个金大力只是一个块头很大的家伙,是个瓦匠头儿,是个老实人……金家茶炉子生意很好。一早、晌午、傍黑,来打开水的人很多……烧火的是金大力的老婆。这是个很结实也很利索的女人。"金大力茶炉先开在草巷口的巷首(朱家茶炉前身),后开在螺蛳坝唐家的西边、汪曾祺家的南边。茶炉子用水都很多,金家茶炉的一半地方是三口大水缸。因为缸很深,一半埋在地里。一口缸容水八担,金家一天至少要用二十四担水。这二十四担水都是金大力挑的。有活时,他早晚挑;没活时,白天挑。有时还替民家挑水。那时候挑水都到大淖。金家茶炉虽临臭河边,但臭河边的水质不好,金大力常常到傅公桥去挑——从这里出发比去大淖稍微近一点儿,而且是活水。

高邮城北的大寺共有三座。一座善因寺,庙产甚多,最为鲜明华丽,它就是小说《受戒》里写的明海受戒的那座寺。一座是张士诚在那儿登基的承天寺。还有一座是天王寺(也被称作"天王庙"),在臭河边,就是陈小手被打死的寺。我家就住在天王寺的西边。天王寺佛事较盛。寺西门外有一片空地,时常有人家来"烧房子"。"烧房子"似乎是我乡特有的风俗。"房子"是纸扎店扎的,和真房子很像,只是小一些。也有几层几进,有堂屋卧室,房间里还有座钟、水烟袋,日常所需,一应俱全。照例还有一个后花园。天王寺气象远不如善因寺,但房屋还整齐,因此常常驻兵。

汪曾祺的《陈小手》写的就是发生在天王寺的事。

　　有一年，来了联军……驻扎在天王庙，有一团人。团长的太太（谁知道是正太太还是姨太太）要生了，生不下来。叫来几个老娘，还是弄不出来。这太太杀猪也似的乱叫。团长派人去叫陈小手。

　　陈小手进了天王庙。团长正在产房外面不停地"走柳"，见了陈小手，说："大人，孩子，都得给我保住！保不住要你的脑袋！进去吧！"

　　这女人身上的脂油太多了，陈小手费了九牛二虎之力，总算把孩子掏出来了。和这个胖女人较了半天劲，累得他筋疲力尽。他迤里歪斜走出来，对团长拱拱手："团长！恭喜您，是个男伢子，少爷！"

　　团长龇牙笑了一下，说："难为你了！——请！"外边已经摆好了一桌酒席。副官陪着。陈小手喝了两盅。团长拿出二十块现大洋，往陈小手面前一送："这是给你的！——别嫌少哇！""太重了！太重了！"

　　喝了酒，揣上二十块现大洋，陈小手告辞了："得罪！得罪！"

　　"不送你了！"

　　陈小手出了天王庙，跨上马。团长掏出枪来，从后面，一枪就把他打下来了。团长说："我的女人，怎么能让他摸来摸去！她身上，除了我，任何男人都不许碰！这小子，太欺负人了！日他奶奶！"团长觉得怪委屈。

汪曾祺走后街（臭河边），他就可以见到河边高坡上的许多人家。汪

· 141 ·

文学家的秘境

家的后门开在一户吴姓烧饼店的住家后墙上。走后门的时候,他要穿过吴家的院子才能到巷子里。这家的烧饼和长着桃花眼偷人的老婆都给他留下很深的印象,最终成为他笔下的《吴大和尚与七拳半》。

汪曾祺的《异秉》写王二:

> 他家在后街濒河的高坡上,四面不挨人家。房子很旧了,碎砖墙,草顶泥地,倒是不仄逼,也很干净,夏天很凉快。一共三间。正中是堂屋,在"天地君亲师"的下面便是一具石磨。一边是厨房,也就是作坊。一边是卧房,住着王二的一家。他上无父母,嫡亲的只有四口人,一个媳妇,一儿一女。

熟读汪曾祺书的人都知道,汪曾祺小说所写的"后街",即位于汪家老宅南面的臭河边。王二的熏烧店开在东大街保全堂隔壁,真正的住家及作坊不是后街,而在草巷口25号,永安巷还有一处住宅,王二家不"只是四口人",而是个大家庭。

汪曾祺的《晚饭花》写的是科甲巷的王玉英。"山墙脚下密密地长了一排晚饭花。王玉英就坐在这个狭长的天井里,坐在晚饭花前面做针线。""李小龙每天放学,都经过王玉英家的门外。他都看见王玉英……李小龙很喜欢看王玉英,因为王玉英好看。王玉英长得很黑,但是两只眼睛很亮,牙很白。王玉英有一个很好看的身子。"故事中的李小龙即少年汪曾祺,他暗恋邻家女孩儿王玉英,直到她出嫁为止,才从心里把她抹去。王玉英浪荡风流的未婚夫钱老五的三间房的独门小院就坐落在后街的臭河边。

螺蛳坝东南不远是五坛,五坛是个道观,汪曾祺在《道士二题》中有写到。五坛离汪曾祺家很近,他常去玩。五坛是超度父母等亡灵的地方。

四、岁月留痕

　　五坛有一位入坛在道的有身份的人，即新巷口恒记桐油楼的老板叶恒昌，他是汪曾祺的邻居，道行很深。蓝廷芳曾谈到叶老板到他家为父亲超度亡灵的故事，似可以作佐证。草巷口的江大升茶食店老板也喜欢到五坛穿上道袍开坛。据扬州文化学者朱延庆回忆，五坛不大，正面的三清殿供奉着太上老君的金身像。每逢荒年、水灾、旱灾，五坛成了粥厂，慈善机构在这里放粥救济穷人。五坛周围没有什么人家，后来被缫丝厂占用了，现在此处已变成了越塘（月塘）小区。

　　1991年汪曾祺发表了散文《一辈古人》，文章由《靳德斋》《张仲陶》《薛大娘》三文组成。1996年汪曾祺发表了短篇小说《薛大娘》。汪曾祺早年的《翠子》写的也是薛大娘。薛大娘是谁？是卖菜兼撮合临时夫妻的"大好佬"，是"拉皮条的"。"她住在螺蛳坝西南面，占地相当大，房屋也宽敞，她的房子有点特别，正面、东面两边各有三间低低的瓦房，三处房子各自独立，不相连通。没有围墙，也没有院门，老远就能看见。正屋朝南，后枕臭河边的河水。"距离汪家很近。薛大娘拉皮条，常被人议论，她虽然从中得了好处，但也不全是为了小利："他们一个有情，一个愿意，我只是拉拉纤，这是积德的事，有什么不好？"薛大娘做这种事有自己的道理，所以能够我行我素，不被世俗的道德捆住手脚。

　　薛大娘的裁缝丈夫很老实，整天没有几句话，他是个性功能不全者。丈夫看淡性事，几乎没有这方面的欲望。薛大娘正值虎狼之年，而且"个子高高的，腰腿灵活，眼睛亮灼灼的……一对奶子，尖尖耸耸的，在蓝布衫后面顶着……眉宇间有点英气，算得是个一丈青"。薛大娘常年在菜地里劳作，身体健康，身材有致。只因生活在市井，被社会底层生活磨砺，她自然也不乏泼辣的性情。如此一个"一丈青"，却守着一个性无能，也太委屈了。凭她的性格岂能安分守己，显然是不可能的。薛大娘的委屈自有她的解决办法：她为自己"拉"来了一个人，是"打心里喜欢"的保全

文学家的秘境

堂管事吕三（散文《薛大娘》中他叫蒲三）。薛大娘非常主动，直奔主题；事毕，"好像第一次真正做了女人"。坊间微词荡漾，就有老姊妹相劝："你图个什么呢？"薛大娘于是说了一句惊世骇俗的话："不图什么。我喜欢他。他一年打十一个月光棍，我让他快活快活，——我也快活，这有什么不对？有什么不对？谁爱嚼舌头，让她们嚼去吧！"

汪曾祺去五小上学、放学有时也会走臭河边南边的路，要经过三座贞节牌坊：大小、高矮、式样都差不多，白石、重檐、方柱。横枋当中有一块像洋装书一样略微前倾的长方形石头，上面刻着"圣旨"。太阳好的时候，三块牌坊把影子齐齐地落在前面的土地上；下雨天，在大雨里淋着。许多麻雀在石枋石柱的缝隙里做了窝，每天黄昏的时候，成群结队地飞来，叽叽喳喳叫成一片。回家路上的汪曾祺，觉得好像牌坊自己在叫。

《大淖记事》写的是大淖，但挑夫们大部分就住在螺蛳坝下面的越塘河边。他们世代做挑夫，男女老少都靠肩膀吃饭，根据季节靠着船码头改换着担子里的货物内容。吃饭、干活是他们基本的生活。连姑娘、媳妇也挑担，肩上的垫肩是特有的服饰。家里不盘锅灶，而是烧黄泥烧成"锅腔子"。蹲在门口，捧着粗瓷大碗，狼吞虎咽，这是那里傍晚的一道风景。只有逢年过节的时候，换一身干净的衣服，凑在一起赌钱，算是休息几天。大约也是因为节日期间百工休业，没有东西可挑。赌钱的方式也古老简单，却带给他们极大的快乐，还有旁观的闲人为之喝彩。结了婚的媳妇百无禁忌，可以和男人放肆调情，婚姻也是顺乎性情地自作主张，不需要父母之命与媒妁之言。他们很被街里的人看不起，他们的子女被称为"少筘柴鬼子"。都说他们风气不好。少年汪曾祺却非常欣赏他们的生活，看见他们大口吃饭，觉得那大概是世界上最香的饭。看到一二十个女人们，头梳得油光插着花，脚趾盖涂了色，挑着五颜六色的鲜货，风摆柳一样走过，简直美不胜收。

四、岁月留痕

汪曾祺的《黄开榜的一家》写的是越塘河边的事。黄开榜不是本地人，他是山东人。原来是当兵的，开小差下来之后，在当地落住了脚。他没有固定的职业，年轻时吹喇叭，当过"催租的"，也乐意去干不赚钱的"评理"，也做过挑夫。他老婆生过五个孩子，头胎是个男孩。不知道为什么，孩子生下来，就送给一个姓薛的裁缝（这就为薛大娘偷人提供了合理的佐证）。黄开榜的二儿子不知到哪里去了，二媳妇靠上毛三。黄开榜的三儿子是这家的顶梁柱，小名叫三子，越塘人都叫他三子。他是靠肩膀吃饭的。每天挑箩，他总能比别人多挑两担。他为人正气，越塘人都尊重他。他不抽烟，不喝酒，不赌钱，不打架。他长得一表人才，邻居都说他不像黄家人。黄开榜的四儿子是个哑巴。最后生的是个女儿，是个麻子，都叫她"麻丫头"。哑巴和麻丫头也都能挑箩了，挑半担，不用箩筐，用两个柳条编的笆斗。越塘很多人家无隔宿之粮，黄开榜家常是吃了上顿计算下顿。后来黄开榜生病死了。

越塘边上住着一位姓朱的轿夫，得了血丝虫病，无法再抬轿子，生活几乎陷于绝境。他的黄头发老婆邋遢而萎靡不振，整日蓬头垢面。丈夫生病以后，她也当了挑夫，担起生活的重担。忽然焕然一新，衣服整整齐齐，头发梳得光光的，显得挺拔精神。尤其让少年汪曾祺惊讶的是，她其实很好看。

"卖眼镜的宝应人"原先住在大淖的西边，后搬到竺家巷尾臭河边对岸，再后来搬到越塘河边去了。汪曾祺在《大淖记事》《异秉》里都提到这个人，后来还专门写了《卖眼镜的宝应人》。我读了《卖眼镜的宝应人》，就知道汪曾祺写的就是这位老先生。称他为"先生"倒不是他有多少学问，而是他至少也是一位"送光明"的使者。汪曾祺说他"谈天说地，道古论今，久闯江湖，见多识广"。"他书读得不多，路走得不少。可不只能是'道听途说'么？""卖眼镜的宝应人"其实是江都樊川人，一口的扬州腔。

文学家的秘境

可能是汪曾祺几十年在外，记忆发生了错误，况且小说是可以虚构的。

逛各种寺庙是汪曾祺早年的一大乐事，除了近处的天王寺、观音庵、三圣庵、泰山庙、海潮庵之外，还有远处的寺庙。他曾经到屹立着西塔的镇国寺去玩。城东的净土寺，他也去玩过。他喜欢寺庙里的广庭、高楼、古树，也喜欢看释迦牟尼和其两旁的侍者，他还喜欢看释迦牟尼背后墙壁上的海水观音。晚年，他言之凿凿："一个中小城市的寺庙，实际上就是一个美术馆。"汪曾祺的艺术修养，有一部分就是早年来自寺庙佛教艺术的熏陶。

有一年来了一个落魄的女演员周素娟，她在南方坐过科，专攻青衣，能够唱《武家坡》《祭江》一类高难度的经典剧目，台子下的人听得鸦雀无声。在螺蛳坝看的大概是野台子戏，舞台是临时搭起来的席棚，坝前织席、开茶炉的人家把瓦棚垫高摆上凳子就是座，不就座的就站在空地上看。剧目也比较活泼，有赤臂滚钉板情节的《九更天》，也有很美的《小放牛》和《白水滩》。前者引起观众强烈的反响，汪曾祺却觉得乏味而且恐怖。他喜欢《小放牛》里村姑的一身装束，也欣赏她浅白而富于画面感的唱词："我用手一指，东指西指，南指北指……杨柳树上挂着个大招牌……"有"春风淡荡的恬静的意境"。一直到晚年，他都以之为美学风格的至高理想："我自己的唱词能写到这样，我就满足了。"《白水滩》让他觉得别具一格，充满诗意，是凄凉之美。里面十一郎的扮相很美，最终被移入《大淖记事》中的帅哥十一子身上。这是汪曾祺最初的戏剧缘，奠定了他最终走上戏剧创作道路的基础。

观音庵位于臭河边中段炼阳巷内，20世纪50年代初即被辟为新巷口小学分部。那儿是我的启蒙地，我的小学一、二年级就是在那儿就读的。学校后来又改建成教师宿舍，连操场都砌满了房子，但大殿屋脊上"风调雨顺"四个大字依然在。汪曾祺曾在《仁慧》中描述了观音庵及两个师父：

"仁慧是观音庵当家尼姑。观音庵是一座不大的庵。尼姑庵都是小小的。当初建庵的时候,我的祖母曾经捐助过一笔钱,这个庵有点像我们家的家庵。我还是这个庵的寄名徒弟。我小时候是个'惯宝宝',我的母亲盼我能长命百岁,在几个和尚庙、道士观、尼姑庵里都寄了名。这些庙里、观里、庵里的方丈、老道、住持就成了我的干爹。我的观音庵的干爹我已经记不得她的法名,我的祖母叫她二师父,我也跟着叫二师父。尼姑则叫她'二老爷'。尼姑是女的,怎么能当人家的'干爹'?"

作为一个无忧少年,汪曾祺无目的的闲逛成为他笔下风俗画最初的素材来源,也奠定了他美学风格的基调。他一生凝视民间社会,以风俗画的形式保留消逝的文化史风景,吟唱深情的挽歌,这一切当开始于他少年时代对世界满怀好奇的张望。

臭河边是汪曾祺上五小的必经之路,沿途的人和物他烂熟于心,沿线的风景给他留下了太多太深的印象。他为臭河边及其下游的越塘河写下了这么多的文字,实在是弥足珍贵,值得我们用心去回味与挖掘。

汪曾祺笔下的杨家香店

汪曾祺在《戴车匠》里写道："车匠店离草巷口不远，左邻是侯家银匠店，右邻是杨家香店。"文章结尾又提及："一九八一年，我回乡了一次……东街已经完全变了样，戴车匠店已经没有了痕迹，侯家银匠店和杨家香店都没有了。"小说写的是戴车匠店，却在开头与结尾都提及侯家银匠店和杨家香店，很显然是为了点明戴车匠店的地理位置，但客观上将侯家和杨家也捎带上了。1996年汪曾祺写了《侯银匠》，虽然没有专题写过杨家香店，却也在《故里杂记·榆树》《黄开榜的一家》《熟藕》等小说中多次提及杨家香店。杨家是汪家早晚相见的近邻，想绕都绕不开的好邻居，况且杨家是竺家巷除汪家之外的又一大户。

杨家香店开在东大街上，在竺家巷北首西侧及汪家老宅南边都有杨家的房产。建汪曾祺纪念馆及文化街区时，政府保留下来的除了汪曾祺弟妹住的房屋（汪曾祺故居），还有与其一顺边古朴典雅的四合院——保存相对完好的杨宅（现辟为汪曾祺纪念馆内的汪氏客栈）。东大街上的杨家香店是杨家姑奶奶的陪嫁；在北城外王万丰酱园对面有两间楼叫杨万顺香店的店铺（此店铺尚在），一直在曾祖母名下直至改造。位于竺家巷北首赵厨房的房子都是租借杨家的房产。当时竺家巷韩氏诊所也是租住的杨家下堂屋（南边）。杨家北边是顾姓豆腐店（汪曾祺的小说《幸家豆腐店的女儿》

的原型），顾家与杨家是亲上加亲，所以这一处的房屋前后都是连在一起的。

汪曾祺在《故里杂记·榆树》里给我们讲了侉奶奶的故事。侉奶奶住在螺蛳坝附近，孤苦伶仃，两间四不靠的草房。她家的后面是一带围墙，围墙里面是杨家香店的作坊。作坊有个很大的晒场，里面有二十余间房屋，配套有开水房、厨房和厕所等。香的原料经石臼反复冲击后形成面状，像压饸饹似的挤出来，如同牙膏挤出般的粗细，挤的时候还会发出"蓬——"的声音。围墙有个门，从门口往里看，便可看到一扇一扇像铁纱窗似的晒香的棕棚子，上面整整齐齐平铺着两排黄色的线香。侉奶奶家左右都是空地，左边长了很高的草，右边长着侉奶奶种的8棵榆树。

她的8棵榆树一年一年地长大了。香店的杨老板几次托甲长丁裁缝来探侉奶奶的口风，问她卖不卖。榆皮，是做香的原料。这种事由买主亲自出面，总不合适。老街旧邻的，总得有个居间的人出来说话。这样要价、还价，才有余地。丁裁缝来一趟，侉奶奶总是说："树还小咧，叫它再长长。"人们私下议论：侉奶奶不卖榆树，她是指着它当棺材本哪。

"榆树一年一年地长。侉奶奶一年一年地活着，一年一年地纳鞋底。"

在这个故事里，汪曾祺又提到杨家香店作坊失火的事：

有一年，杨家香店的作坊接连着了三次火，查不出起火原因。人说这是"狐火"，是狐狸用尾巴蹭出来的。于是在香店作坊的墙外盖了一个三尺高的"狐仙庙"，常常有人来烧香。着火的时候，满天通红，乌鸦乱飞乱叫，火光照着侉奶奶的八棵榆树也是通红的，像是火树一样。

一个风雨交加的夜晚，侉奶奶死了。丁裁缝派人把她的侄子叫来，又找到杨老板。杨老板很仁义，不忙谈榆树的事，先由他垫一笔钱给侉奶奶

文学家的秘境

买了一身老衣，一副杉木棺材，把侉奶奶埋了。侉奶奶安葬以后，榆树生意也就谈妥了。

我问杨德宏，他家与汪曾祺生母家是否是同一个杨氏家族。他说不是一个家族。他家祖上是几百年前"洪武赶散"时由苏州迁徙来的，连万顺酱园及顾家豆腐店的祖上也都是从苏州迁徙过来的。杨德宏这门杨的堂号是"四知堂"，祠堂楹联："三畏流芳，四知垂训。"

我与杨德宏及杨德宽去参观正在建设中的汪曾祺纪念馆（此处四合院已辟为祺菜馆）。看到在杨家原址上重建的汪家客栈，杨氏弟兄感到很欣慰。虽说此处房权早不属于杨家，但能为纪念汪曾祺、宣传高邮做点儿贡献也是件很开心的事。

四、岁月留痕

汪曾祺与巴金

　　深圳卫视来高邮拍专题纪录片《汪曾祺》，2019年6月26日下午4时，汪曾祺妹妹汪丽纹家是这次拍摄的最后一站。我作为特邀嘉宾，基本上参与了踩点、采访及拍摄过程。主持人熊熊开场白就是问他们第一次见到汪曾祺本人是什么时候。那是1946年的事。汪曾祺从西南联大毕业后，在昆明市郊的建设中学教了两年书，1946年后经武汉辗转来到上海。然而，抗战胜利之后的上海，民生凋敝，物价飞涨，找份稳定的工作谈何容易。在屡屡碰壁后，陷入困境的汪曾祺希望通过熟人介绍找到一份工作，却不料连碰钉子，手头仅有的一点儿钱也花光了，即将流落街头。汪曾祺情绪异常低落，甚至想到自杀。沈从文知道后，写信责骂他："为了一时的困难，就这样哭哭啼啼的，甚至想到要自杀，真是没出息！你手里有一支笔，怕什么！"骂归骂，爱徒心切的沈从文也动用各种关系帮助汪曾祺，最后通过好友李健吾终于给汪曾祺在民办的致远中学找到一份教国文的工作。汪曾祺在此过了一年多相对稳定的生活，并结识了巴金和黄永玉等人。汪海珊告诉主持人熊熊，他大哥在上海的那段时期经常去巴金家。是的，那段时间记录了现代中国文化史上一段让人难忘的回忆：除了相聚于巴金与萧珊家中的沙龙，年轻的汪曾祺、黄裳与黄永玉，各自身着蹩脚的西装，开心地闲逛霞飞路。一年之后他们各奔东西；数十年后，却以各自的成就为世人所瞩目。1946年，汪曾祺的父亲汪淡如在镇江的省立医院当眼科医生，

文学家的秘境

汪淡如的第三任妻子任氏带着她与汪淡如的三个孩子住在扬州的娘家。思家心切的汪曾祺从上海赶到扬州，不但见到了从镇江赶过来的父亲，也第一次见到了他同父异母的妹妹汪丽纹和汪锦纹，以及在庵赵庄出生的弟弟汪海珊。那时正值新四军北撤，高邮虽近在咫尺，但因家中已没有什么人了，劫后重逢的汪曾祺和他的家人就这样在扬州短暂团聚了一个多月，然后又各奔东西，直到1949年中华人民共和国成立前再也没有见面……

汪曾祺在《星期天》里写道：

> 这是一所私立中学，很小，只有三个初中班。地点很好，在福煦路。往南不远是霞飞路；往北，穿过两条横马路，便是静安寺路、南京路。因此，学生不少。学生多半是附近商人家的子女……我教三个班的国文。课余或看看电影，或到一位老作家家里坐坐，或陪一个天才画家无尽无休地逛霞飞路，说一些海阔天空、才华迸发的废话。

上海近两年的教学生活，值得他记下的则是他在心灵上息息相通的朋友——黄裳和黄永玉，当然，还有巴金与萧珊在霞飞坊（在霞飞路上）的家。

黄永玉是沈从文的表侄，而汪曾祺是沈从文的得意弟子，当黄永玉来到上海后，两人立刻开始交往几乎是必然的。

黄裳在《忆曾祺》中提及与汪曾祺在上海经常去三马路上的"四川味"，"小店里的大曲和棒子鸡是曾祺的恩物"，随后又与他相伴去古书铺看书——虽然汪曾祺那时不太喜欢线装书，两人买书后即又赶往巴金家中聊天，即汪曾祺在《星期天》中所说的"或到一位老作家家里坐坐"，有时，他们还可一睹萧珊的茶艺功夫。

汪曾祺与黄裳的相识或许就在巴金的家中。汪曾祺是沈从文的学生，且是巴金的夫人萧珊在西南联大的同学，巴金又是沈从文的好友，汪去巴

四、岁月留痕

金家中闲谈是很自然的事；黄裳则是巴金哥哥李尧林的学生，李曾给黄一信，说如有困难可以找他的弟弟巴金。黄裳在《关于巴金的事情》中记有："1946年夏，我从重庆回到上海，到霞飞坊59号去访问，又见到巴金和萧珊。从这时起，我就成为他们家里的常客……二楼是吃饭和会客的地方，一张圆台面以外，就是几只破旧沙发。这破旧的沙发，就是当时我们称之为'沙龙'的地方。朋友来往是很多的，大致可以分为巴金的和萧珊的朋友两个部分……萧珊有许多西南联大的同学，如汪曾祺、查良铮、刘北汜。"

1947年夏，施松卿谋到北京大学西语系助教位置，北上就职。途经上海与汪曾祺订了婚。施松卿去了北平，汪曾祺的心自然也跟着去了北平。1948年3月，汪曾祺辞去上海的教师工作，经天津到了北平。求职无果，在北京大学的宿舍闲居，写作。《白松糖浆》《勿忘侬花》《邂逅》《三叶虫与剑兰花》《昆明的叫卖缘起》《蜘蛛和苍蝇》《斑鸠》《锁匠之死》等文章都出自此时期。

沈从文知道汪曾祺在北平工作无着落后又写信向朋友推荐："我有个朋友汪曾祺，书读得很好，会画，能写好文章，在联大国文系读过四年书。现在上海教书不遂意。若你有能力想法在博物馆找一工作极好。"1948年8月，在老师沈从文的帮助下，汪曾祺到位于午门的历史博物馆任职。汪曾祺在上海的那段时间与巴金、萧珊夫妇接触较密，也深受其影响，巴金也比较认可汪曾祺。1949年4月，汪曾祺的第一本短篇小说集《邂逅集》，作为巴金主编的文学丛刊中的一种在上海文化生活出版社出版。该书收入汪曾祺初期作品8篇：《复仇》《老鲁》《艺术家》《戴车匠》《囚犯》《鸡鸭名家》《落魄》《邂逅》。《邂逅集》一书对汪曾祺的一生创作来说，具有十分重要的意义。汪曾祺于1949年3月报名参加中国人民解放军第四野战军南下工作团，于1950年9月回到北京。他曾在北京市文联工作，并先后任《北京文艺》编辑和《说说唱唱》编辑部主任。汪曾祺回到北京后，一切都很顺利，心情也非常好。这时的他想到了时任上海文联副主席

文学家的秘境

兼作协主席的巴金,他在1950年10月7日写给巴金的信中,汇报自己近况,也聊到他们共同的朋友章靳以。信中说:"巴先生:前两天在我们这儿的图书室里翻了翻《六人》,看了那个后记,觉得很难过。看到您那么悲愤委屈,那么发泄出来……强烈极了,好些天都有那么个印象……昨天晚上看了一个歌舞晚会,睡得很晚,今天一天精神很兴奋,应当睡午觉时候睡不着,想着要给您写一封信,想问候问候您。一直常常想起您……听说您下月要来,确否?"汪曾祺给巴金写信,一般称其"巴先生",要么称"巴公",可见他们之间的关系非同一般。沈从文后来在给巴金写信时又谈到汪曾祺,说他对汪曾祺写戏不大认可,还是认为他比较适合写短篇小说。沈从文在1949年之后没有继续写文学作品,这对他实际上是一个救赎或者是一个补救。1949年以后沈从文曾经想写小说,写一个战士,后来一直想写张兆和的一个堂兄,也是一个烈士,但最后没有写。这对沈从文是好事情,如果写,也是写不好的。但他还是很关心汪曾祺,所以一直讲汪曾祺应该写短篇。果不其然,在"文革"之后汪曾祺以短篇成名。汪曾祺在西南联大经常逃课。逃课的原因:一是为了读书,一是为了喝茶。这种生活,昆明人叫"坐茶馆",汪曾祺按照北方叫法称为"泡茶馆","持续长久地沉浸其中,像泡泡菜似的泡在里面"。在西南联大,只有沈从文的课,汪曾祺不逃课,而沈氏对他也欣赏有加,亲自指导他写小说,帮忙联系发表文章,求人提供他工作机会,师生间因此引出了一段佳话。茶馆里喝茶读书之外,顺手写个文章啥的,自然不在话下。沈从文对汪曾祺的关心自始至终,巴金对汪曾祺的了解也是了如指掌,两位老师对汪曾祺的关心关爱是一致的。沈从文在1965年2月24日致巴金的信中详谈汪曾祺:"曾祺改《芦荡火种》,为近年戏改创纪录工作之一。但他的长处若善于使用,大致还是让他趁精力旺盛笔下感觉敏锐时,到各种新生活里去接触较多方面新事物,再写几年短篇小说好,或即作记者身份,写特写报道文字也好。因为这一来,不仅只可以希望他本人写出些好作品,并且还可以起示范作用,为新的短篇打开个新局面……曾祺今年也四十多了，使用他也要及时！在剧团中恐难于完全发挥他的长处！并候佳好。"巴金于1981年任中国作家协会主席，1983年任全国政协副主席。1993年，巴金身体出了问题，患了帕金森病。1994年巴金为取一本书摔倒，造成第8节胸椎压迫性骨折，为此，采取支持性治疗，补充蛋白质。从1999年2月到2004年2月，巴金的病时有反复，但主要是呼吸道疾病，反复感染。他在70岁之后，还用8年时间写完150篇的《随想录》。学术界认为这是一部"力透纸背，情透纸背，热透纸背"的"讲真话的大书"。晚年，巴金捐赠了几乎全部藏书，更一次次地为希望工程、贫困山区和灾区捐款。他很少回绝读者的要求。给大家记忆最深刻的一件事，是他对孩子们的关爱。1985年，无锡10个"寻找理想的孩子"给他写信，诉说各自的迷惘。正被帕金森病折磨着的巴金每天只能写几十个字，为怕孩子们等得心焦，他先写了一封短信过去。50多天后，他终于完成3000字的第二封信"我的回答"。这也是他对理想的宣言："理想是那么鲜明，看得见，而且同我们血肉相连。它是海洋，我好比一滴水；它是大山，我不过是一粒泥沙。不管我多么渺小，从它那里我可以吸取无穷无尽的力量。拜金主义的'洪流'不论如何泛滥，如何冲击，始终毁灭不了我的理想。""……我有病，写字困难，提着笔的手不听指挥……有时候一支笔在我手里有千斤重……"当时，巴金已是一位87岁的老人，那年距离确诊他患上帕金森病已经8个年头了。汪曾祺看到巴金被疾病严重困扰，心里很是难受，他说："我倒是希望他不要再写了，把这种沉重的历史负担放下来，轻松几年。我看他的书，很痛苦。好多年没有这种感觉了。他始终就是一个流血的灵魂。我看这个血可以止住了，让别人去流吧。"巴金与汪曾祺两位文学巨匠虽然离我们而去，但他们留给世界的文学遗产长存，他们之间的友情也传为佳话。

文学家的秘境

高邮帮船

汪曾祺在《我的家乡》里说："我的家乡是一个水乡，我是在水边长大的。耳目之所接，无非是水。"高邮属里下河地区，里下河不是一条河的概念。这里河道纵横，水网密布，众多的河港沟汊没有那么多的桥梁衔接，这就决定了人的出行格局主要靠船，撑船、摇橹船、划双木桨船等都有。那个年代乃至更早时期，人们出远门主要乘帮船，帮船是应运而生的主要交通工具。

所谓帮船，据《扬州历史文化大辞典》介绍，"是以木帆船货运（亦作客运），多由乡亲组成，互相依傍……靠码头集中系泊，时间一长，就自成一帮"。我的姑父从扬州师范学校毕业后分配到菱塘桥小学，来去都是乘石工头到送驾桥的帮船。帮船要受天气的制约，每逢大风暴雨、湖面封冻都要停航。那个时候没有天气预报，中途起风下暴雨是常事。帮船也不大，仅能容纳 20 人左右，乘客都在有篷顶的中仓里坐着。船常借助风帆前行，也会随着风向的变化调整风帆的角度，遇见顶风就荡起双桨。都说行船骑马三分命，那个年代经常听到高邮湖翻船的噩耗。后来木船换成了轮船，安全性有了根本的保障。现在去湖西，先有了漫水公路，后有了 333 国道，汽车出行方便快捷，乘轮船的时代成了过去式。

过去高邮开帮船开得比较远的是到临泽和兴化，还有老阁。开到兴化的起点就在大淖的轮船局。汪曾祺在《大淖记事》里对其有详细的描述："大淖的南岸，有一座漆成绿色的木板房，房顶、地面都是木板的。这原是一个轮船公司。靠外手是候船的休息室。往里去，临水，就是码头。原来曾有一只小轮船，往来本城的兴化，隔日一班，单日开走，双日返回。小轮船漆得花花绿绿的，飘着万国旗，机器突突地响，烟筒冒着黑烟，装货、卸货、上客、下客，也有卖牛肉、高粱酒、花生瓜子、芝麻灌香糖的小贩，吆吆喝喝，是热闹过一阵的。"去兴化的船沿途会在牛缺嘴、三荡口、白马庙、查家甸、周巷、临泽、沙沟停靠，最后抵达兴化。开往薛北庄、查家甸的起点也在大淖。高邮到临泽约100里（50千米），10年前我们一帮人曾夜行到临泽，从天不亮一直走到下午4点多，走了12个小时。估计那时乘帮船的时间与我们快步走所用时间差不多。内河的帮船比湖中的帮船平稳、安全。其动力靠风帆，也划桨、撑船，有旱路相傍的水路，还可以着人拉纤。我下放的那个村三面环水，河网众多，直到20世纪60年代人们出外卖粮、看病、带新娘、上邻村等都离不开船。这些弄船拉纤的活儿我都干过。

过去高邮的帮船多，起始站点各不相同。据阎世俊老人回忆：开往吴堡的在搭沟桥，开往马奔庄、白马庙的在元沟子，开往界首的在挡军楼，开往闵桥、塔集的在杨家坞，开往送驾桥的在石工头，开往车逻的在琵琶闸，开往张庄的在马饮塘，到一沟、二沟的在北城门口，开往三垛的在张官桥，开往樊川的在越塘，开往老阁的在泰山庙，开往邵伯、湾头、宝应、淮阴的在复兴西路尽头的运河堤上。阎世俊老人说，高邮是水网地区，出远门一脚旱走不了多远，交通极其不便，没有船几乎是寸步难行。为什么白马庙东北方的庙子叫叹气庙，就是因此处有条南北走向的宽阔大河，当时往返此河的唯一交通工具是一条木制摆渡船。由于船小河宽，遇到风雨天行人就无法过河，想过河只能望河兴叹，故名叹气庙。

文学家的秘境

我初中的一位赵姓同学曾写过一篇乘帮船到汤庄父亲那里的经历。我小时候也乘过帮船到白马庙，当时只觉得处处新鲜，好玩。后来我下放司徒公社时，带动力的小轮船替代了帮船，我们往返城乡都乘坐这个小轮船，乘客多时会挂个拖船。开往横泾、司徒的小轮船由县航运公司经营，在大淖出发，沿途停靠。小轮船有开水供应，但没有卫生设施，男人也许好办，但女人就难办了。因此中途船家会选择一个好上下的地方，让女人下船找个隐蔽处解手。随乘票务员赵麻子会面带坏笑喊道："小便带撂头，大便带振头，大家抓紧时间哦！"

中华人民共和国成立前高邮人向南出行，很不方便，也是坐帮船，时间没有定数，也不安全。码头就设在复兴西路尽头的运河堤上。或坐小轮船，闷在船舱内十多个小时。船行到长江，船工就会喊话告诫乘客，轮船过江啦！大家于是坐定不能乱走动，以免船身晃动，要保证安全。这给人一种恐怖的感觉。遇到稍大点儿的风雨，船只能停开。后来有了汽车，先到六圩码头，再买过江轮渡票方可到镇江，去上海或者南京的下了船要往火车站赶。镇江这个码头从前很乱，旅客被敲诈欺骗是常态。当年汪曾祺二伯汪长生就因为气不过当地人的敲诈，赌气挑重行李导致大出血而亡。

中华人民共和国成立后，过江有了大轮渡，安全有了保障。后来又有了直接载运汽车的大汽渡，旅客下了汽车，空汽车和人分别上船。再后来，旅客不再下车，汽车直接上船过江。从高邮到镇江，只要三四个小时。再后来，大运河上有了"镇清快班"轮船。那是从镇江6号码头出发，过长江进运河到清江（淮安）的客运轮船，两条船对开。现在的高速公路四通八达，乘高铁由高邮到镇江也就45分钟左右。时代变化的步伐让高邮人出行随之发生了巨大变化，乘坐帮船早已成了人们的回忆。

与李乃祥聊靳彝甫

汪曾祺小说《岁寒三友》写了三个人，分别是：王瘦吾、陶虎臣、靳彝甫。

王瘦吾原先开绒线店，陶虎臣开炮仗店，靳彝甫是个画画的。他们是从小一块长大的。这是三个说上不上，说下不下的人。既不是缙绅先生，也不是引车卖浆者。他们的日子时好时坏。好的时候桌上有两个菜，一荤一素，还能烫二两酒；坏的时候，喝粥，甚至断炊。三个人的名声倒都是好的。他们都没有做过伤天害理的事，对人从不尖酸刻薄，对地方的公益之事，从不袖手旁观。

王瘦吾小时候风雅过，长大了继承家业开绒线店。家里人多负担大，两个孩子连双好鞋都穿不上，所以他变着法儿老想发财。他因为过去写过诗，眼光比俗人高远，所以总是挑一些偏门生意来试试，后来终于因为开了一个草绳厂而立住了脚，日子好过了一点儿。

陶虎臣是做炮仗买卖的。每到节庆或者过年他就到阴城去试放炮仗。他买卖开得不好不坏，但孩子们追着他让他有些威望。他因为有做"酒梅"和"花盒子"这两种老式焰火的手艺，不愁吃喝。

靳彝甫在这三人当中，显然是个主角。他是个画师。靳彝甫家门口钉着一块铁皮的牌子，红底黑字写着"靳彝甫画寓"。他是靠卖画吃饭的。汪曾祺先罗列了这地方三种画画的人的三种生活：有拿着当风雅做的，有

文学家的秘境

拿着当买卖做的，靳彝甫不上不下，半风雅半当买卖。靠祖上给的画画手艺也算个有点儿艺术追求的画师，生活过得去。他手里有三块值钱的田黄石章，也算是给日子垫了个底。

汪曾祺的《岁寒三友》，讲述了在艰难岁月不改品格的三个人的故事。他们饱受时代的风霜。靳彝甫视这三块田黄石章如命。因为田黄石章，他结识了全国闻名的大画家季匋民。虽然他不愿出售，季匋民还是许诺："好！这像个弄笔墨的人说的话！既然如此，匋民绝不夺人之所爱。不过，如果你有一天想出手，得先尽我。"那一天，季匋民还看了靳彝甫家藏的画稿。他看得很入神，并拍击画案说："令祖、令尊，都被埋没了啊！吾乡固多才俊之士，而皆困居于蓬牖之中，声名不出于里巷，悲哉！悲哉！"季匋民的感叹又何止是为靳家，更多的是为自己的境况感到悲哀与不平。他点拨了靳彝甫的不足，还带他去上海办画展。卖了画，靳彝甫真的按照季匋民的建议，"行万里路"去了。一去三年，很少来信。

靳彝甫回来了。他一到家，听说陶虎臣、王瘦吾两位老友生意败落，境况凄惨，心里很不是滋味。

第三天，靳彝甫约王瘦吾、陶虎臣到如意楼喝酒。他从内衣口袋里掏出两封洋钱，外面裹着红纸。两人一看便知，一封是一百。他在两位老友面前，各放了一封。那两个都明白了：彝甫把三块田黄给季匋民送去了。靳彝甫端起酒杯说："咱们今天醉一次。"

那两个同意。

"好，醉一次！"

某天上午，高邮文化学者朱延庆电话与我，讲高邮原发改委主任李乃祥从小在东大街长大，草巷口江大升茶食店是他的外公开的，靳彝甫是他三姨父靳林的父亲。我认识李乃祥，2014年李乃祥曾赠送我一本装帧精美的《高邮李氏宗祠》和李大千画册。这厚厚一本的李氏家谱，凝聚了他的许多心血和辛劳付出。

下午，我电话约李乃祥聊靳彝甫的话题，他欣然答应。89岁的他，精神矍铄，思维敏捷，说起话来中气十足。他说江大升茶食店是他外公开的夫妻店，外公生有3个女儿，他母亲老大，他是外公的长外孙，所以外公十分喜欢且器重他，并将其留在身边，先在丁同源广货店旁边的私塾上学，然后转至大沟巷徐茂林课命先生附近的私塾——那个私塾先生是个女的。他姊妹弟兄6个。二姨娘、二姨父早逝，只生了姨弟居友荣。三姨娘生有3个女儿，顺着他家的排行叫七子、八子，最后一个女儿叫格子，意思是隔一隔，期待能生个男孩。天遂人愿，三姨娘后来又生了两个儿子。

三姨娘比李乃祥只大几岁，由于年龄相仿，当时的三姨娘与三姨父和李乃祥都非常玩得来，并且在一个学校上学。靳林的父亲即靳彝甫，也就是说，靳彝甫是李乃祥外公的亲家。靳彝甫是兴化人，先住严氏阁，在汪德大米厂（《徙》里汪厚基家的米厂）的西边，后租房住在竺家巷12号，成了汪曾祺家的近邻。他家在草巷口东玉堂澡堂附近还有一间房子。

李乃祥的外公因膝下无子，就将大女儿的三儿子李乃虎过继到名下。李乃虎的大儿子江振峰后来成为仪征化纤某部门的书记，二儿子江振威曾服务于高邮供电公司。位于草巷口巷头上的江大升，中华人民共和国成立初期出租给了赵厨房。

当我问李乃祥对《岁寒三友》里的三个人物是否有印象。他说当然有印象：王瘦吾住在大淖巷东首第一家，是个广货店；陶虎臣住在草巷口西边第三家，与居家灯笼店、韦家旱烟店为邻；因靳彝甫与外公是亲家，所以他就更熟悉了。我又问他对靳彝甫有什么看法。他说三姨父的父亲靳彝甫是个画师，但算不上画家，汪曾祺在《岁寒三友》里对靳彝甫多少有点拔高，他当属"不上不下"之列。问及他到底有没有三块田黄石章，他说真的不清楚。但许多人相信靳彝甫曾经拥有三块田黄石章。

李乃祥说后来的靳彝甫因染上了大烟土，家境就逐渐衰败了。中华人民共和国成立后，靳彝甫被安排在糖烟酒公司上班。他曾经是早期县工商联成员，还当上了县政协委员，那应该是他一生中最最开心的时光。退休前的靳彝甫，因被车撞断了小腿的胫腓骨，成了跛脚。1967年12月27日，靳彝甫走完了他戏剧性的一生。

汪曾祺在《我的父亲》里写道："父亲的石头是相当多的，他最心爱的是三块田黄，我在小说《岁寒三友》中写的靳彝甫的三块田黄，实际上写的是我父亲的三块图章。"

四、岁月留痕

寻访沙岭子

  2023年8月19日,"汪迷部落"文学社寻访汪曾祺足迹一行人,与汪曾祺之子汪朗夫妇在北京清河高铁站集合,乘高铁直达张家口。我们寻访的重头戏是汪老当年下放劳动过、位于沙岭子的张家口农业科学研究所,还有沽源的马铃薯育种站。

  汪朗与我们说,他很小的时候就常听父亲说起沙岭子这个地方,今天终于回到了父亲曾经劳动生活的地方,也算是圆了他的一个心愿。

  汪曾祺在《沙岭子》中写道:"我曾在沙岭子农业科学研究所下放劳动过4个年头——1958至1961年。农科所原来的房子很好,疏疏朗朗,布置井然。迎面是一排青砖的办公室,整整齐齐。办公室后是一个空场。对面是种子仓库……更后是食堂,再后是猪舍。东面是职工宿舍,有两间大的是单身合同工住的,每间可容30人。我就在东边一间的一张木床上睡了将近3年,直到摘了右派帽子,结束劳动后,才搬到干部宿舍里,和一个姓陈的青年技术员合住一间。"由于时代的变迁,这些职工宿舍早已不复存在。

  汪曾祺清楚地记得种子仓库西边有一排矮矮的圆锥形的谷仓,状如蘑菇,工人们称之为"蘑菇仓库"。蘑菇仓库以西,是马号。更西,是菜园、温室。农科所的概貌尽于此。此外,所里还有一片稻田,在沙岭子堡(镇)

文学家的秘境

以南有一片果园。

在劳动中,汪曾祺和群众建立了深厚的友情,也积累了丰富的创作素材。汪曾祺在《自报家门》一文中回忆这段生活时写道:"我和农业工人干活在一起,吃住在一起,晚上枕头挨着枕头睡在一铺大炕上,虱子可以从最东边人的被窝里爬到最西边的被窝里。农业工人在枕头上和我说一些心里话,没有顾忌。我才比较近地观察了农民,比较知道中国的农村,中国的农民是怎么一回事。这对我确立以后的生活态度和写作态度是很有好处的。"

1983年,汪曾祺应张家口市文联之邀,去给当地青年作家讲过一次课。市文联的两个同志曾和汪曾祺同时下放沙岭子农科所劳动过,他们为他安排的活动,自然会有一项:到沙岭子看看。吉普车开到农科所门前,下车看看,可以说是面目全非。盖了一座办公楼,是灰绿色的。原来的格局已经看不出多少痕迹。种子仓库没有了,蘑菇仓库没有了。新建了一些红砖的房屋,横七竖八。走到最后一排,是木匠房。

这一趟汪曾祺还到了他经常给葡萄喷波尔多液的果园看了看。果园可是大变样了,原来非常美好的印象没有了。曾经的果园有那么多的梨树、苹果、葡萄,一行一行,一架一架,整整齐齐,真是蔚为大观。原来果园里葡萄有很多别处少见的名贵品种,可眼下的果园给他的感觉是荒凉。汪曾祺知道果树老了,需要更新,但何至于砍伐成这样呢?

汪曾祺这趟回张家口农科所还见到了不少熟人,如当时刚大学毕业的"小王",说到旧日同事"小王"时的感觉是"昔别君未婚,儿女忽成行"。他见到了当年的猪倌,见到了已当了奶奶的女同事刘美兰和张素花。汪曾祺来了沙岭子,又走了;可对于这里的大多数人,曾祺来了,也永远地存在于这里了。

汪老曾经在这里工作生活的4年时光,距今已然60多年,斯人已逝,其风长存，但他留给我们关于张家口这片土地许多经典作品：《七里茶坊》《沙岭子》《沽源》《塞下人物记》《坝上》《黄油烙饼》《马铃薯》等。收了汪曾祺20篇小说散文的《七里茶坊》作品集，都是他关于张家口的记述，关于张家口的三餐五味、百姓人间、世情百态……他用最有中国味道的文字，在最平常的一饭一事中，让张家口的一些人和事获得永恒。感谢汪老对这片土地的珍贵记忆！

汪曾祺这趟重返沙岭子，有感而发写了一首诗：

二十三年弹指过，

悠悠流水过洋河。

风吹杨柳加拿大，

雾湿葡萄波尔多。

白发故人遇相识，

谁家稚子唱新歌。

曾历沧桑增感慨，

相期更上一层波。

汪先生离开沙岭子，与文学青年座谈，其兴致不减，健步登上大境门，回望北国山河，无比壮美。触景生情，赋诗《登大境门》抒怀：

云涌张家口，

风吹大境门。

崇岭围南北，

边墙横古今。

战守经千载，

文学家的秘境

凡泥塞万军。

欲问兴亡意，

烽台倚夕曛。

汪曾祺是相隔23年去沙岭子旧地重游，而我们这次寻访与汪曾祺当年的故地重游又相隔了40个年头。这次陪同我们考察的有农科院知识产权和成果转化处处长任全军和坝下基地管理处处长常标，还有张家口市文联组联部主任马爱民以及著名作家吴志达等。当我们来到沙岭子农科所时，发现院内杂草丛生，一片凄凉。首先映入眼帘的是一座三层办公大楼，还是蛮气派的，显然是将"一排青砖的办公室"推倒后重建的一座办公楼。现在人去楼空，门庭上沿"科技力量 实践创新 脚踏实地 造福于民"的标语十分醒目，三楼窗户下面"科技是第一生产力"几个字也清晰可见，只是褪色淡化的厉害，很有沧桑的年代感。我们走进大厅，迎面看到长方形的"张家口坝下农业科技研究所组织结构图"宣传栏斜靠着墙，长长的走廊里部分科室的标牌依然清晰可见，如生物技术研究室、遗传育种室、项目办公室、机关党委、图书室等。

由办公楼西行再拐弯，我们看到汪曾祺笔下所写的"新建了一些红砖的房屋"。在一处红砖房前，一块写有"张家口农业科学院试验场"的长方形铜质标牌仍在闪烁发光，说明这里并没有完全被废弃，成了新农科院试验场的办公场所。沙岭子的农业科学研究所其前身可追溯到1940年挂牌的"中央农林试验场"，大院内至今仍然保留着几套日式建筑。几经调整组合，2005年张家口市坝下、坝上农科所合并组建了张家口农业科学院，为河北省张家口市地市级农科院所，主要开展杂粮作物新品种的选育以及服务当地经济农作物的科研与技术推广工作。

沙岭子的农科所撤销进城了，这里由冷落逐渐变得荒芜，空荡荡的，平时很少有人涉足这块土地，由于土地产权性质的复杂化，至今没有得到很好的开发利用。

我们想要去看汪曾祺当年劳动过的葡萄园，一问才知大约15千米的路程，其种植规模与以前一样，只是品种有所变化而已。因为我们已经去过宣化的传统葡萄园，见到了庭院漏斗式及多株穴植栽培为特色的传统葡萄种植系统，所以就放弃了去这个葡萄园的计划。一路上汪朗与陪同的院领导不断地交谈；刘阳教授则不停地用手机拍摄，以纪念这次有意义的寻访活动，她抓住难得的机会，拍摄了许多珍贵的镜头。原来的坝下沙岭子如今只留下了马铃薯试验田，吴志达还用手掏了几枚当地著名品种"里外黄"山药蛋给刘阳教授，让她带给汪曾祺的孙女汪卉。

2023年8月22日清晨，寻访团内有晨跑习惯的成维英等人出门沿着清水河跑步，竟在清水河南路与惠通街交汇处看到张家口农业科学院及在建的马铃薯研究所。她们当时像捡到宝贝似的兴奋不已。真是应了"踏破铁鞋无觅处，得来全不费功夫"这个俗语。现在的张家口市农业科学院可是大展身手了，是市直属农业科研单位，是一个集农、林、牧等多学科为一体的综合性科研机构，共开设谷子、马铃薯等10余个专业研究所，涉及20多个研究领域。它有乳品厂、试验场、新技术开发中心这3个生产型实体，附设张家口市花卉蔬菜高新技术示范园区。

若汪曾祺能看到如今农科院的发展规模，一定会开心地笑了。

文学家的秘境

汪曾祺的莲花图

2023年，正值蓝花楹盛开的5月，"汪迷部落"文学社一行人，为追寻汪曾祺的足迹来到昆明，并与昆明五华区文联举办了"寻访足迹　遇见美好"座谈交流会。该活动特意邀请了与汪曾祺有交集的张昆华、吴然和陈立言等老一辈作家到场交流分享。交流会由区作协主席郑千山主持。在现场我们见到了汪曾祺珍贵的墨宝真迹和相关老资料，这实属难得。

《云南日报》原副刊部主任、《边疆文艺》原副主编、云南省作家协会副主席、国家一级作家张昆华兴致盎然地向大家展示了汪曾祺于1996年为他画的莲花图，并简单叙述了得到汪老莲花图的经过。读张昆华的《汪曾祺的白莲花》一文让我知道了更多鲜为人知的细节。

汪曾祺写云南的一系列作品中，写了缅桂花树、尤加利（桉树）、仙人掌、木香花、叶子花、白茶花、牛肝菌、鸡㙡菌、鸡油菌；写了翠湖的多孔石桥、圆圆的小岛以及堤岸上的柳树"柳条拂肩，溶溶柳色，似乎透入体内"。所以，他在借用苏东坡"故乡无此好湖山"之后，加写了他的诗句"长堤柳色浓如许"。但使张昆华感到迷惑不解的是，汪曾祺在翠湖边居住了4年多，还常去湖畔的省图书馆看书，常在茶馆里喝茶，十分熟悉那里的树木花草，但他为什么就没有写荷花呢？而在他的故乡高邮则是荷花铺天盖地的世界。如果他在昆明翠湖见到荷花，肯定就会触景生情而大书特书的。

后来，汪曾祺在1984年5月9日写的散文《翠湖心影》中回答了这个疑问："翠湖不种荷花，但是有许多浮莲。肥厚碧绿的猪耳状的叶子，开着一望无际的粉紫色的蝶形的花，很热闹。"昆明人叫之水葫芦，高邮人也叫它们水葫芦。

不知是从哪年哪月起，翠湖种植了莲藕，开放了一朵又一朵彩云般的莲花，取代了大片大片的水葫芦花。漫长的光阴一直延绵到1987年4月，在离别"第二故乡"41年后汪曾祺才得以重返昆明。他参加了中国作协组织的作家代表团，前来渴望已久的云南进行访问采风活动。张昆华便告诉他："翠湖依旧，杨柳常绿。只是在你离昆后的某个盛夏，翠湖梦醒般地开满了半池荷花……"

这趟云南之旅，张昆华利用空闲时间，特地陪汪曾祺在夕阳悠悠沉下西山之际，匆匆赶赴翠湖，径直来到翠湖东门一侧的荷塘边。手扶栏杆细目远眺，只见湖面上新生的一片片荷叶，在晚风中洋洋得意地挥手摇晃，犹如一朵朵舞蹈的水波；又见一只只紫色的燕子穿破暮霭飞翔，让尾巴洒下一声声啼鸣……可是，他们上下左右地寻觅，没有发现一枝莲花。确实遗憾，他们深感惆怅。汪曾祺摇摇头，叹口气说道："昆明春天来得早，而莲花最早也要到夏天才开放呀……"他们只好沿着湖岸漫步。暮色渐渐苍凉，华灯悄悄明亮。虽然没有看到翠湖的荷花，但张昆华似乎从汪曾祺的眼里看到了闪亮的泪珠，那泪珠就像是他心中的荷花。

1997年1月，温暖如春的昆明，汪曾祺参加中国作协副主席高洪波率领的作家代表团去玉溪出席"红塔山笔会"。会后返京前在昆明稍稍停留。1月13日下午，张昆华去作家代表团住宿的佳华大酒店拜访汪曾祺。新年喜庆的气氛还未消散，张昆华与汪曾祺在酒店大堂的新年小屋和彩灯树前合影留念。笑谈中，张昆华特意提起去年（即1996年）夏天汪曾祺赠他的国画《门外野风开白莲》。张昆华说那绿叶相拥的白莲花，真是越看越美，堪称文人画中的精品。汪曾祺微笑着连连摆手，并解释该画的含意：之所以画白莲花送他，是为了弥补10年前他们去翠湖看荷花而荷花尚未开放的遗憾……

然而令人深感悲痛的是，汪曾祺1997年1月第5次来昆明后，竟成

文学家的秘境

为他生命中对"第二故乡"的最后访问。汪曾祺从昆明飞回他"第三故乡"北京4个月后的5月16日，因突发急病而与世长辞。

张昆华在《寻呼汪曾祺》一文中写了他曾给汪曾祺写信，大意是汪曾祺去年送给他的《门外野风开白莲》国画，受到文友们的高度赞赏，他想翻拍后配篇文章一起发去。可能那幅画的照片正在途中，就收到作家李迪从北京打来的电话，那悲怆的声音告诉他："你翻拍的汪老白莲花国画的照片，今天刚寄到北京，可他已看不见了；你在那本杂志上对汪老的寻呼，他也不能回应了……"当时张昆华的心在紧缩，握电话机的手在颤抖。

继冯牧、荒煤、徐迟之后，又一位与云南有着很深情缘的大作家就这样匆匆忙忙地离开了。如今的张昆华，每当想起汪曾祺的时候，就会久久地凝视这幅画，只觉花蕊沁出了泪水，仿佛汪曾祺乘着仙鹤凌空远去。

我告诉张昆华，现在市面上汪曾祺的字画行情看涨，张昆华说行情再涨也不会卖这幅画。此画作为他们家的传世珍宝，会一代代地传承下去。我问张昆华，汪曾祺的这幅莲花图裱头背后为什么会出现"汪曾祺白莲花　一九九七年一月十四日　昆明"的题字。

张昆华告诉我，该画是汪曾祺在北京画好来昆明时特意赠送给他的。然后汪曾祺去边疆各地采风访问，在这期间他到画店裱好。在汪曾祺回昆明将返京前夕，汪曾祺与作家代表团相聚于宴会，他带了裱画去展示。因展示的字画比较多，率团的中国作协副主席高洪波当场建议在裱头题字留念，汪曾祺即掏出画笔写了此行题字，这更显此画的弥足珍贵。

汪曾祺在《觅我游踪五十年》中写道："我在昆明呆了7年。除了高邮、北京，在这里时间最长，按居留次序说，昆明是我的第二故乡。"世界在变，汪曾祺与云南的情愫没变。昆明和西南联大是汪曾祺的文学摇篮，孕育了这位后来的一代文学大师。汪曾祺除写家乡高邮以外，写的最多的就是昆明，昆明给他留下了难忘的记忆和挥之不去的情愫。莲花图见证了汪曾祺与张昆华的感情，亦成了文坛上一段佳话。

汪曾祺"效力军台"

1958年10月,汪曾祺戴着"右派"帽子,被送到张家口沙岭子接受劳动改造。后来他被沙岭子农业科学研究所安排到沽源的马铃薯育种站去画马铃薯图谱。

沽源在清代是一个军台。所谓军台,是清代在新疆和蒙古西北两路专为传递军报和文书而设置的邮驿。倘若官员犯了罪,就会被当时的皇上发往军台效力。

汪曾祺在《沽源》一文中自我嘲讽道:"我这回来,是来画的,不是来看驿站送情报的,但也可以说是'效力'来了。我后来在带来的一本《梦溪笔谈》的扉页上画了一方图章'效力军台',这只是跟自己开开玩笑而已,并无很深的感慨。我戴了右派分子的帽子,只身到塞外——这地方在外长城北侧,可真正是'塞外'了——来画山药(这一带把马铃薯叫做'山药'),想想也怪有意思的。"

沽源县城"真够小的,城里只有一条大街","从南门慢慢地遛达着,不到十分钟就出北门了",给人以荒凉冷寂之感。我们这次来沽源寻找汪曾祺足迹,入住位于沽源县城最西边的明洋大酒店。次日清晨我们出门跑步,顺便熟悉一下沽源县城,特别想见见汪曾祺笔下的老街。由酒店出门向南然后向东,过两个红绿灯,经老百姓指点,我们就看到了老街。马路很宽,两边的建筑都是仿明清时期的风格建造的。有一个题为"一品文城"

文学家的秘境

的牌楼很是气派。往北有座雄伟高大的城楼，过了城楼，路西有一群仿古建筑，再向西有一条马路，路北是一个比较热闹的农贸市场。我们沿着街道西行，兜了一圈回到酒店，大约走了5公里，基本上把沽源县城逛了一大半。

在马铃薯花盛开的时候，汪曾祺坐"二饼子"牛车来到了马铃薯研究站。这种车实在太原始了，那真叫一个慢，好在当时的汪曾祺没有什么急事，于是就躺在牛车上看看蓝天，看看平如案板的大地。汪曾祺说研究站的日子真是逍遥自在极了。在那个年代能够"不开会，不学习，没人管，自由自在，也没有指标定额，画多少算多少。画起来是不费事的。既不开会，也不学习，也没人领导我，生活真是宽松自如"，汪曾祺想想过去人人自危的处境，于是非常享受这里的宁静平淡的生活，不过在这里能够说得上话的人很少。

汪曾祺每天一早蹚着露水，掐两丛马铃薯的花和两把马铃薯的叶子，插在玻璃杯里，然后对着它们一笔一笔地认真画起来。上午画花，下午画叶子。到了马铃薯陆续成熟时，就画薯块。画完了，就把薯块放到牛粪火里烤熟了，吃掉。汪曾祺说他大概吃过几十种马铃薯。他曾骄傲地说："我敢说，像我一样吃过那么多品种的马铃薯的，全国没有第二人。"天凉了，他没有带换季的衣裳，就离开了沽源。汪曾祺在《沙岭子》一文中写道："天冷了，马铃薯块还没有画完，有一部分是运到沙岭子画的。还是那样的舒服。一个人一间屋子，升一个炉子，画一块，在炉子上烤烤，吃掉。我还画过一套口蘑图谱，钢笔画。口蘑都是灰白色，不需要着色。"

汪曾祺说他"这辈子大概不会再有机会到沽源去了"。不过，汪曾祺的儿子汪朗和夫人刘阳随"汪迷部落"文学社一行人，为追寻汪曾祺的足迹来到了沽源。陪同我们去沙梁子的还有张家口籍作家吴志达。

由于时间太久，马铃薯研究站早已撤销，退休的老人们根本不知道曾经有过一个这样的单位，更不用说知道汪曾祺这样一个人了。如何找到这个地方竟成了问题。

　　我在高邮时就做了这方面的大量功课。根据网络搜索，我找到沽源当地一个叫李富荣的"汪迷"，李富荣写了《寻访汪曾祺在沽源的足迹》。李富荣为寻找汪曾祺工作过的马铃薯育种站，还真是费尽心机，跑了不少冤枉路，探访过许多当地老人。工夫不负有心人，历经数月，终于寻觅到沙梁子这个地方。

　　回顾李富荣的寻访过程，可真是迷雾重重啊，可这样概括：此村非彼村（"南沟村"非汪曾祺先生居住过的村子），此场非彼站（"良种场"并非"马铃薯育种站"），彼村非在彼（"沙梁子"并不在闪电河乡）。

　　沙梁子村位于闪电河乡与二道渠乡之间，离县城大约有30里，在南沟村东北面，两村相去不太远。出了县城顺着一条柏油路向东走二十几里就到了闪电河乡政府所在地，继续向前走三四里后出现两条岔道，右边那条通往丰宁，左边的通往二道渠。向左拐没走几步，正北方向就出现一条土路，路口有一座突出来的小桥，过了小桥继续往北走不远就是沙梁子村。

　　李富荣在《寻访汪曾祺在沽源的足迹》中写道："马铃薯育种站旧址在西南营子西南端的一棵大榆树前面；原来有四排房子，最后一排房已经拆了；这排房子的下面是一个储藏马铃薯的大窖，窖还在；前面的三排房子现在是职工的家属房，历经修缮和翻盖，已经和以前大不一样了。第一排房子目前已经没有人居住，第三排家属房最东边的房子，可能是汪曾祺住过的。加了瓦，换了砖垛，改了窗户。经过几番周折终于找到知情的赵喜珍老人。赵喜珍老人五十年代就在马铃薯育种站工作，育种站撤了以后就到张北的坝上农科所工作了，退休后娶了本村的老伴，她现在在张家口儿子家。村子里还有他的继子和继女。根据这位知情者赵喜珍老人回忆：'是有这么一个人，他不是姓三横一竖的"王"，而是加三点水的"汪"。这个人瘦瘦的，黄黄的，五十岁上下，性格温和，待人和气。他住在第三排东边紧挨伙房的房子里，只待了几个月，主要工作是画马铃薯的叶、花、茎、块茎，冬天没得画就走了。那个时候单位人不多，没事干的时候就经常在一块儿，我经常站在旁边看他画马铃薯图谱，画完整个的马铃薯再切开来画……'"

这次陪同我们去沙梁子的是沽源文联主席张瑞明和一位女同志，没想到这位女同志就是李富荣。她是一名教师，兼职沽源文联副秘书长，也是一位资深"汪迷"。虽说李富荣来过位于沙梁子的马铃薯育种站，那也是十多年前的事了，具体在哪个路口她现在也记不清楚了。我们的汽车还是走错了路，提前拐弯向了南，我们一行人摸进一个很大的院落，那是一个叫高青春的天津人承包的地方，主人碰巧还不在院里，问其他人问不出个所以然。我们只好折返退回到公路继续西行两公里左右。下车后，李富荣拿着十多年前拍的照片复印件，敲开一个朝东的大铁门，铁门内站着一位老年妇女。我们问马铃薯育种站，但她也不知道，于是她叫来她的老伴——一位拿着羊鞭的壮实的老者，他也说不清道不明。说话间，来了位精瘦的老者，叫李青海。他说他见过画山药蛋的汪曾祺，当年他还只有六七岁。他告诉我们，当年马铃薯育种站的几排房子已陆续拆了，最后留下的两排房子也在十多年前拆了。储藏马铃薯的地窖还在，就在路边。那棵路边的高大榆树就是20世纪60年代栽的。马铃薯育种站没有了，那棵高大的榆树成了马铃薯育种站的唯一遗留物。

这次寻访活动中，最开心的要数汪朗夫妇，因为他们总算了却埋在心底多年的一个心愿。大家随后在地窖西边合影，汪朗和刘阳也在这里拍照留念。虽然汪曾祺说他"这辈子大概不会再有机会到沽源去了"，但我们一行人的寻访活动也算是了却了他的一个心愿。

五、美食风物

读《干丝》聊干丝

"汪迷部落"文学社读书会第三期的阅读主题是汪曾祺的美食文章《干丝》，我索性与诸君聊一下干丝的话题。

20世纪80年代初，汪曾祺发表了许多以故乡高邮为背景的小说。美食家的他，免不了要写东大街的茶馆。汪曾祺笔下的茶馆即饭店，早上卖早点，中午、晚上充当饭店的功能。汪曾祺19岁离开江苏高邮，故乡吃早茶的习俗被他完整地记录下来。关于吃早茶，他在《如意楼和得意楼》《徙》《八千岁》和《文章余事》等文章里都有描述。盘点一下当时东大街的茶馆，有位于炼阳观的洞天楼，位于竺家巷的如意楼、得意楼和赵厨房，还有位于保全堂对面的朝阳春和位于更楼巷头的刘长松小茶馆。

扬州人早上皮包水（上茶馆），晚上水包皮（上澡堂子），多少年来扬州属下的各县市莫不如此。上茶馆并不是专为吃茶，茶当然是要喝的，但主要是吃点心，所以上茶馆又叫吃早茶。"明天我请你吃早茶。""我的东，我的东！""我先说的，我先说的！"彼此都很真诚、谦和与主动。上茶馆要比请吃烧饼、油条、阳春面要"正式"得多，也上得了台面。

点心都是现点、现包、现蒸、现吃。每位顾客所点的内容与数量都不相同，点心制作的过程就是等待的过程。大家都习惯这种等待，似乎有一种莫名的期盼。若一上桌就吃点心好像少了一道程序，也没有上茶馆的感觉，而且极不习惯。在点心没有上桌之前，可以一边喝茶，一边吃干丝，既消磨时间，也调动胃口。过去上茶馆不是为了洽谈生意，就是为了调解矛盾纠纷，等干丝品尝得差不多了，事情也解决得七七八八。高邮的茶馆会免费提供茶叶，但都是些极普通的茶叶，仅仅作个样而已。过去考究的人会到茶庄买上一包去现泡，很有面子。过去出售茶叶是用纸包，菱角形纸包，双角对称，饱满波俏。纸包一打开，茶叶常常是开场白的话题。扬州富春茶社供应的茶叶是由景德泰茶庄专供，用三种茶叶按照一定的比例窨制而成的魁龙珠，即魁针的形、龙井的色、珠兰的香。魁龙珠茶有口皆碑，也是与干丝、点心交相辉映的绝配。

现在人上茶馆吃点心是为了享受生活。虽然高邮阳春面名扬天下，但各有各的消费群体。阳春面方便、快捷、便宜，是上班族的首选。庞大的退休群体则撑起了茶馆早茶的天下。

一种特制的豆腐干，较大而方，用薄刃快刀片成薄片，再切为细丝，这便是干丝。汪曾祺形容为"切丝细如马尾，一根不断"。干丝有烫干丝和大煮干丝之分。所谓烫干丝，就是将切好且用沸水浸泡过的细丝，上碗前再用热水烫（或上笼蒸）后，在盘中堆成锥形，淋上麻油、酱油，再加白糖、姜丝、虾米等佐料。吃的时候用筷子将之推倒拌一拌，香气四溢。干丝看起来清爽，吃起来绵软又柔韧，除了吃口味，吃的也是淮扬菜的刀功。等烫干丝下肚，胃口大开时，定做的早点差不多要上桌了。除了烫干丝，茶馆里还有大煮干丝、炖蛋、油炸锅巴、蒲包肉、花生米、牛肉、水晶肴肉、咸鸭蛋等佐餐食品供应。这些小吃很适合爱喝酒的人，可以一边喝酒吃干丝，一边天南地北地聊天。一顿早茶要吃两个来小时，这是小城悠闲生活的典型体现。

汪曾祺在《八千岁》里写道："这里的店铺，有'客人'，照例早上要请上茶馆。上茶馆是喝茶，吃包子、蒸饺、烧卖。照例由店里的'先生'

五、美食风物

或东家作陪。一般都是叫一笼'杂花色'（即各样包点都有），陪客的照例只吃三只，喝茶，其余的都是客人吃。这有个名堂，叫做'一壶三点'。八千岁也循例待客，但是他自己并不吃包点，还是从隔壁烧饼店买两个烧饼带去。不是'一壶三点'，而是'一壶两饼'。"葛朗台似的八千岁人算不如天算，最终还是被当旅长的无赖"舅太爷"敲诈走八百大洋。

大煮干丝属淮扬菜系，为淮扬经典名菜之一。大煮干丝制法十分精细，首先将豆腐干横刀劈成均匀的薄片，然后再切成细丝，沸水烫煮两次后配以鸡丝、笋片、黑木耳等辅料，加鸡汤烧制而成。火候文武兼用，方能入味。装盘时盖以熟虾仁、火腿丝等。此外，大煮干丝的佐料会按季节不同而有所变化。汪曾祺做的大煮干丝喜欢用干贝吊汤。美籍华人女作家聂华苓和她的丈夫保罗·安格尔来北京，指名要在汪曾祺家吃一顿饭，汪曾祺亲自下厨给她做了几个菜。其中有一大碗大煮干丝，聂华苓吃得畅快淋漓，最后端起碗来把剩余的汤汁都喝了。

大煮干丝的前身是九丝汤。相传清代乾隆皇帝下江南，来到扬州。地方官员为了取悦皇帝，特将本地酒楼的烹饪高手重金聘请来，专门为乾隆烹制菜肴。厨师们听说是给皇上做菜，谁也不敢懈怠，个个拿出看家本领，精心制作出花样繁多的菜品。其中有一道菜名叫九丝汤，是用豆腐干和鸡丝等烩煮而成，因为豆腐干切得极细，经过鸡汤烩煮，汇入了各种鲜味，食之软糯可口，别有一番滋味。乾隆吃过大为满意，于是这道菜便成了他每到扬州的必吃菜。后来扬州厨师与时俱进，把这九丝汤进化成了当今的大煮干丝。

清代《调鼎集》（又名《北砚食单》）里就有九丝汤的记载。公输于兰女士曾写过文章说："扬州人请尊贵的场面上人，要煮干子，而相熟的朋友多半选烫干子。相比煮干丝，烫干丝便宜且清淡些。"

清人悭庵居士在《望江南》词中写道："扬州好，茶社客堪邀。加料干丝堆细缕,熟铜烟袋卧长苗,烧酒水晶肴。"这词像一幅旧时扬州风俗画,描绘了食客们一边喝酒抽烟,一边吃肴肉和煮干丝的情景。

　　汪曾祺说:"干丝本不是菜,只是吃包子烧卖的茶馆里,在上点心之前喝茶时的闲食。"朱自清说:"烫干丝就是清的好,不妨碍吃别的。浇头也最好不要鸡火的而改为清鲜的浸酒开洋。"现在高邮城上吃早茶的饭店星罗棋布,包子个头都偏大。干丝也五花八门,有些店干脆用白页替代,或者去超市买来成品,虽说都是豆制品,似乎就少了那么一点儿韵味。过去饭店盛干丝的都是高足敞口的青花瓷碗,现在饭店就不那么讲究了,用普通的碗或是盘子,还有用小搪瓷碗的,太没有"格"了。我小时候特别喜欢看饭店员工慢条斯理地切干丝,这种彰显刀工的细活绝不可涮刮大马糊。切干丝这样的场景我有许多年看不到了。

　　大煮干丝不仅是早茶的主角,也是典型的以讲究刀工火候著称的淮扬菜的代表作之一。1949年10月1日晚上,在北京饭店举行的开国第一宴,一共摆了60余桌,以淮扬菜为底子,里面就有一道鸡汤煮干丝。2018年9月,中国烹饪协会公布了全国34个地域菜系、340道地域经典名菜。其中,大煮干丝入选江苏十大经典名菜。

五、美食风物

寻味高邮，汪曾祺笔下的蒲包肉

汪曾祺在小说《异秉》中，描写了一位依靠卖熏烧发达起来的人物王二，对他制作的蒲包肉进行了详细描述："王二的熏烧摊每天要卖出很多回卤豆腐干，除了豆腐干之外，主要是牛肉、蒲包肉和猪头肉。蒲包肉似乎是这个县里特有的。用一个三寸来长直径寸半的蒲包，里面衬上豆腐皮，塞满了加了粉子的碎肉，封了口，拦腰用一道麻绳系紧，成一个葫芦形。煮熟以后，倒出来，也是一个带有蒲包印迹的葫芦。切成片，很香。"很多外地人读完汪曾祺小说后，对蒲包肉产生了无限遐想。2020年7月16日，《北京青年报》云课堂特别邀请我和"青睐"人文寻访团的朋友们畅谈汪曾祺作品中的人、事、物的变迁。

王二蒲包肉自然是要讲的，讲座一结束就有许多网友通过加微信的方式购买高邮的蒲包肉，顺丰快递，次日就可以收到。

蒲包与肉馅相得益彰的搭配，颇具浓郁的田园情趣。蒲，俗称蒲草，一般生于水边。北宋著名诗僧道潜的"风蒲猎猎弄轻柔，欲立蜻蜓不自由"之佳句，亦诗亦画，饶有趣味。晒干后的蒲叶可以编织大小不等的蒲包，还可编织席子和扇子。蒲扇在几十年前曾经是老百姓必备的纳凉消暑工具。在塑料袋未面世之前，蒲包更是大行其道，大包大揽都少不了它。用蒲草编织成的蒲包来包裹肉馅不得不说是高邮人的一种创新。

文学家的秘境

　　制作蒲包肉一般选择猪后臀肉或五花肉，大致为肥三瘦七，太肥则油腻，太瘦则老柴。将肉洗净切碎，放入葱、姜、糖等搅拌均匀，肉粒儿盛在一个大盆里：瘦肉红润得像石榴籽般粒粒饱满，肥肉则丰腴的像串起的珍珠般光润。调好的肉粒儿塞进衬有豆腐皮的蒲包中收口扎紧，在腰中再扎一道绳子，然后把蒲包放入锅中，加入酱油、料酒、五香粉、桂皮、花椒、八角等焖煮一段时间即可。煮熟后，打开蒲包，一股清香扑鼻而来。蒲包肉紧致有嚼劲，不咸不淡微甜，是极具乡土气的下酒小菜，深受当地民众欢迎。黄昏时分，街头摆出了三三两两的熏烧摊子，玻璃橱内堆满了卤牛肉、猪头肉、猪耳朵、盐水鸭、熏鱼等，而蒲包肉则是标配。

　　老高邮人都习惯称蒲包肉为"小肚"，传到邻县樊川的蒲包肉叫"樊川小肚"。这是为什么呢？据推测高邮蒲包肉源于南京香肚的改良。香肚是南京的特色传统名菜，据说清朝同治年间大彩霞街上的周益兴南腿庄所制作的香肚最为出名，是用加工过的猪膀胱（即猪尿泡，也叫小肚）当袋子，灌入肉馅，制作成一个个形似苹果，皮薄有弹力的小肚。这种东西看上去红白相间颇为好看，吃起来更是香嫩爽口，略带甜味。由于造型特别、香味浓郁，很快便在百姓当中流传开来，被美其名曰香肚，在光绪年间已行销北京、天津、广州、上海等地。清代袁枚的《随园食单》和清末民初南京张葆亨的《白门食谱》中都有记载。

　　不知哪位聪明人，将南京香肚的制作工艺引到了高邮，因猪膀胱加工比较费事，就用本地产的小蒲包替代难以处理的猪膀胱，这样做出的蒲包肉既有蒲草的清香，蒲包还可反复使用。制作工艺的改变促进了蒲包肉的普及。高邮人别出心裁地用蒲包与肉馅制作美食，堪称一绝。真空包装的蒲包肉便于旅途携带，也是馈赠亲朋好友的最佳礼物，更是高邮餐桌上冷盘的必用食材。

　　汪曾祺《异秉》里王二的后人很好地继承了蒲包肉的传统制作方法，

使生意越做越红火，并上了央视《舌尖上的中国》。汪曾祺纪念馆附近的张氏蒲包肉恪守传统，他和北海的钱记蒲包肉也都上了电视节目。蒲包肉和高邮咸鸭蛋一样都成了高邮的形象代表。

后来中央电视台《远方的家》摄制组来到高邮，特意去采访"二子蒲包肉"店铺，不时有食客来买蒲包肉。主持人好奇地问一位女士："蒲包肉买回去怎么吃？"这位女士告诉她，切成片的蒲包肉就是一道凉菜，酒席上可当冷盘，既美味又方便，还营养丰富，家人都爱吃。主持人品尝了一片蒲包肉，赞不绝口。

因为生活在高邮湖和大运河边，高邮人对长于水边的蒲草特别钟爱，用蒲草编织而成的蒲包，被高邮人看作是福袋，包裹住了平安、幸福和一切美好的寓意。高邮人还特别喜欢用它来包裹各种食材，制作成各种各样的美食。蒲包肉就是在这样的物质环境和文化背景下滋生的产物，可以被看作是水文化融入高邮人生活中一个鲜活的美味典范。高邮老街的烟火气中处处都有大运河的印记。在这里，湖与运河，运河与下河，水与城市，以及生活在这里的人们，彼此间的牵连已经无法割断和厘清。汪曾祺《端午的鸭蛋》让全国乃至全世界的人都知道了高邮咸鸭蛋；汪曾祺关于蒲包肉的描述，让蒲包肉这道美味佳肴也迅速地被推广。可以毫不夸张地说：汪曾祺客观地为家乡的蒲包肉"代言"了。

文学家的秘境

汪曾祺对江阴的美食记忆

许多人喜欢汪曾祺的文字，也爱欣赏他的美食文章。汪曾祺在江阴南菁中学读的高中，两年的学生生活给他留下了不少关于江阴的美食记忆。

在南菁中学求学的岁月里，汪曾祺正值敏感多愁的年龄段。人生中最美好的回忆之一是初恋，汪曾祺的初恋就发生在江阴上高中这段时期。

汪曾祺在南菁中学成绩并不好，数理化见长的南菁不合他的胃口。他人也不算帅，性格也不活跃，不过同学们觉得他还是很有才华的。他的求学生活是很写意的，有一种青春的忧郁："我的高中一、二年级是在江阴读的南菁中学。江阴是一个江边的城市，每天江里涨潮，城里的河水也随之上涨。潮退，河水又归平静。行过虹桥，看河水涨落，有一种无端的伤感……"

南菁中学写意的学生生活，却让对爱情朦朦胧胧的汪曾祺迎来了他的初恋。

江阴有几家水果店，最大的是正街正对寿山公园的一家，水果多，个大，饱满，新鲜。一进门，扑鼻而来的是浓浓的水果香。最突出的是香蕉的甜香。这香味不是时有时无，时浓时淡，一阵一阵的，而是从早到晚都是这么香，一种长在的、永恒的香。香透肺腑，令人欲醉。

我后来到过很多地方，走进过很多水果店，都没有这家水果店的浓厚的果香。这家水果店的香味使我常常想起，永远不忘。那年我正在恋爱，初恋。

初恋的滋味和江阴的水果香味糅合在一起，让汪曾祺终生难忘。多年的往事已如烟散去，然而那份情感还在。

汪曾祺在《家常酒菜》一书中说他很怀念他在江阴南菁中学上学时很喜欢吃的一种零食——粉盐豆，味道堪比孔乙己的茴香豆。汪曾祺念念不忘江阴粉盐豆："不知怎么能把黄豆发得那样大，长可半寸，盐炒，豆不收缩，皮色发白，极酥松，一嚼即成细粉，故名粉盐豆。味甚隽，远胜花生米。吃粉盐豆，喝白花酒，很相配。我那时还不怎么会喝酒，只是喝白开水。星期天，坐在自修室里，喝水，吃豆，读李清照、辛弃疾词，别是一番滋味。我在江阴南菁中学读过两年，星期天多半是这样消磨过去的。"

江阴粉盐豆曾与黑杜酒、马蹄酥并称为"江阴三绝"，最早出现于民国初年。昔日江阴城内有多家炒货店制售粉盐豆，其中以潘复兴老店专制的粉盐豆口感最好，名气最响。

掌柜的潘复兴本是个老酒客，平时就爱在下酒菜上面翻花样，粉盐豆就是他自创的下酒菜。后来，他把粉盐豆推向市场，结果迅速受到江阴人的追捧，顾客盈门，誉满澄江。

江阴著名乡贤沙曾达在《澄江咏古录》中盛赞潘复兴老店的粉盐豆"远近驰名，称为江阴特产"，并赋诗赞之：

豆粒粗长质选良，粉盐拌炒倍松香。

文学家的秘境

　　消闲下酒争携带，齿颊芳流美暨阳。

　　在饮食日渐丰富的今天，不起眼的粉盐豆或许已经再难走入人们的视线。然而这小小的豆子所裹挟的，是汪曾祺对少年时外出求学之地的情怀，是岁月无法抹掉的记忆。他说："我前年去江阴寻梦，问起粉盐豆，说现在已经没有了。"

　　是的，近期我在江阴医院上班，问起粉盐豆，单位的几个年轻人竟一脸茫然，说不知道江阴还有粉盐豆。就像高邮的董糖一样，粉盐豆逐渐被大家遗忘了。为了寻找汪曾祺念念不忘的粉盐豆，我去了几个超市都没有找到。经江阴南菁中学刘艳萍老师指点，我特意步行到南街240号，这里是江阴唯一生产粉盐豆的店铺。粉盐豆有黄豆、青豆和黑豆之分，店主说味道都差不多。我买了粉盐豆，当即品尝，蹦脆透酥，嚼之即碎，唇齿留香。

　　过了一天，单位同事送了我一袋马蹄酥。马蹄酥吃在嘴里酥软绵甜，当配清茶一杯，细细品尝似乎更有味道。据说马蹄酥制作时将饼贴在竖炉壁上烘烤，饼呈马蹄形，故名。清代诗人就写过"乍经面起还留迹，不踏花蹄也自香"赞美马蹄酥的诗句，说明它历史悠久并受到诗人墨客的赞赏。

　　大江东去，奔流不息。江阴地处江尾海头，大江至此水面收窄。千百年来，有三种鱼每年春天从海入江逆流而上，在滔滔江水中产卵繁衍后代。这便是人们熟知的"长江三鲜"：刀鱼、河豚、鲥鱼。

　　没有哪种河鲜能比得过河豚在江阴人心里的地位。

　　一朝得食河豚肉，终生不恋天下鱼。
　　尝遍世间鱼万种，唯有河豚味最鲜。

　　江阴人食河豚的历史可以追溯到先秦之时。汉代已有探索河豚解毒方法的记载。到宋代,关于江阴人吃河豚的记载多了起来。

汪曾祺在《四方食事》中写道:"江阴当长江入海处不远,产河豚最多,也最好……我所就读的南菁中学的生物实验室里搜集了各种河豚,浸在装了福尔马林的玻璃容器内……但是河豚很好吃,江南谚云'拼死吃河豚',豁出命去,也要吃,可见其味美。据说整治得法,是不会中毒的。"他的几个同学曾约请他上家里吃一顿河豚,说保证不会出事。江阴正街上有一饭馆,是专卖河豚的,这家饭馆有一块祖传的木板,刷印保单,内容是如果在该店铺里吃河豚中毒致死,主人可以偿命。河豚之毒在肝脏、生殖腺和血,这些可以小心剔掉。他在江阴读书两年,竟未吃过河豚,一直引为憾事。

清明前,我在江阴吃了一次河豚。饭店古典风格,墙壁上有苏东坡的诗:

> 竹外桃花三两枝,
> 春江水暖鸭先知。
> 蒌蒿满地芦芽短,
> 正是河豚欲上时。

冷盘、炒菜上毕,给在座每人呈上一个瓦盆:一条红烧的河豚,带刺的鱼皮铺放在上面。为避免刺嘴,我就将鱼皮翻过来,直接吞咽下去。

汪曾祺没有为江阴写过整篇的文章,但他对江阴的美食记忆则在许多文章中被提及。

文学家的秘境

汪曾祺与茶

断送一生唯有酒，消除万虑无过烟。

这是汪曾祺 1993 年撰写给同父异母弟弟汪海珊的一副藏尾联。从中不难看出汪曾祺一生真的离不开烟酒，岂不知茶也是他的一大嗜好。关于茶，他说他是外行，但读了他的《寻常茶话》和《泡茶馆》后，怎么也不相信他对茶外行。汪曾祺说自己不懂茶，其实却嗜茶如命。他不止爱喝茶，而且还把喝茶这事的精髓领悟到了极致。

从古至今，作家与茶结下了不解之缘。汪曾祺是文坛上有名的茶客。让他最值得回忆的时光之一，就是在昆明西南联大时在茶馆喝茶。他的《泡茶馆》完全凭记忆追怀在西南联大校门口的一系列茶馆及其布置风格的区别。昆明茶室有大茶楼小店铺之分，汪先生那时是一介穷书生，喝不起好茶，只能邀二三学子或同道，在昆明小茶店里品茶聊天。

汪曾祺大学二年级那一年，和两个外文系的同学经常一早就坐在一家茶馆靠窗的一张桌子旁边，各自看自己的书。有时整整坐一上午，彼此不交语。他那时开始写作，最初几篇小说就是在这家茶馆里写的。茶馆离翠湖很近，从翠湖吹来的风里，时时带有水浮莲的气味。

"泡茶馆"是西南联大学生特有的说法。本地人叫"坐茶馆"。"坐"

本有消磨时间的意思，"泡"则更胜一筹，这是从北京带过去的一个字。联大学生上茶馆，并不是穷泡，除了瞎聊，大部分时间都是用来读书的。联大图书馆座位不多，宿舍里没有桌凳，学生看书多半在茶馆里。联大学生上茶馆很少不夹着一本乃至几本书的。不少人的论文、读书报告都是在茶馆写完的。有一年一位姓石的讲师的《哲学概论》期终考试，汪曾祺就是把考卷拿到茶馆里去答好了再交上去的。有一位姓陆的研究生，他简直是"长"在茶馆里。上午、下午、晚上要一杯茶，独自坐着看书。他连漱洗用具都放在一家茶馆里，一起来就到茶馆里洗脸刷牙。

　　汪曾祺说他泡茶馆可以接触社会，接触各种各样的人，各种各样的生活都会让他发生兴趣，都想了解了解。"如果我现在还算一个写小说的人，那么我这个小说家是在昆明的茶馆里泡出来的。"正是基于此，后来汪曾祺参与了现代京剧《沙家浜》剧本的创作，写出妇孺皆知的阿庆嫂所开的春来茶馆。阿庆嫂唱得好："垒起七星灶，铜壶煮三江。来的都是客，全凭嘴一张……"

　　汪曾祺喝了一辈子的茶，却谦虚地说："对茶实在是个外行。茶是喝的，而且喝得很勤，一天换三次叶子。每天起来第一件事，便是坐水，沏茶。但是毫不讲究。对茶叶不挑剔。青茶、绿茶、花茶、红茶、沱茶、乌龙茶，但有便喝。茶叶多是别人送的，喝完了一筒，再开一筒。"有人认为喝茶只是"止渴生津利小便"，汪曾祺认为还有一种功能是提神，并以为"浓、热、满三字尽茶理"。然而他又说沏茶不要满杯。我们高邮这里为客人斟茶斟酒："酒要满，茶要浅。"俗话说："茶七饭八酒十分，留下三分是人情。"指的是在给客人倒茶时，要倒七分满，在给客人盛饭时，要八分满，而倒酒的时候就要倒满了。茶倒得太满的话会烫客人的手，若因手被烫而致使茶杯掉下地被打破了，会让人觉得很尴尬不自在，这会让客人觉得很难堪，所以在倒茶时千万不要倒满，七分满就可以了。

文学家的秘境

汪曾祺在《吃的自由》序中写道:"我是很爱喝福建茶的,乌龙、铁观音乃至武夷山的小红袍都喝过——大红袍不易得,据说武夷山只有几棵真正的大红袍茶树。"

汪曾祺喝茶是喝得很酽的。他曾在机关开会,有女同志尝了他的一口茶,说是"跟药一样"。汪曾祺喝茶浓酽,跟小时候的熏陶也有点关系。祖父汪嘉勋喝茶考究,大多喝龙井,泡在一个深栗色的扁肚子的宜兴砂壶里,用一个细瓷小杯倒出来喝,喝茶喝得很酽,一次要放多半壶茶叶。祖父喝得很慢,喝一口,还得回味一下。汪曾祺后来到了外面,有时喝到龙井茶,就会想起他的祖父。

汪曾祺的家乡有"喝早茶"的习惯,或者叫"上茶馆"。上茶馆其实是吃包子、蒸饺、烧卖、千层糕等点心,茶自然也要喝。在点心未端来之前,先上一碗干丝。我们这里有烫干丝,也有大煮干丝。喝热茶,吃干丝,聊家常,等待蒸熟的点心上桌。

汪曾祺这一辈子喝茶印象最深的有四次。

1946年冬,昆明开明书店在绿杨邨请客。饭后,汪曾祺和靳以、黄裳几个人到巴金先生家喝工夫茶。几个人围着浅黄色的老式圆桌,看陈蕴珍(萧珊)"表演":濯器、炽炭、注水、淋壶、筛茶。每人喝了三小杯。那是汪曾祺第一次喝工夫茶,给他留下深刻的印象。

1947年春,汪曾祺和几个在中学教书的同事到杭州去玩。除了观赏西湖景,他们还在虎跑喝了龙井茶。汪曾祺在《寻常茶话》中写道:"真正的狮峰龙井雨前新芽,每蕾皆一旗一枪,泡在玻璃杯里,茶叶皆直立不倒,载浮载沉,茶色颇淡,但入口香浓,直透脏腑,真是好茶!只是太贵了。一杯茶,一块大洋,比吃一顿饭还贵。狮峰茶名不虚传,但不得虎跑水不可能有这样的味道。"

汪曾祺在苏州东山的"雕花楼"喝过一次新采的碧螺春。碧螺春真是好，不过茶是泡在大碗里的，这让他觉得这有点煞风景。后来他问陆文夫，陆文夫说碧螺春就是讲究用大碗喝的。茶极细，器极粗，亦怪！

汪曾祺还在湖南桃源喝过一次擂茶。茶叶、老姜、芝麻、米，加盐放在一个擂钵里，用硬木的擂棒"擂"成细末，用开水冲开，便是擂茶。日本有茶粥，《俳人的食物》说俳人小聚，食物极简单，但"唯茶粥一品，万不可少"。茶粥是啥样的呢？汪曾祺曾用粗茶叶煎汁，加大米熬粥，自以为这便是"茶粥"了。有一阵子，他每天早起喝他所发明的"茶粥"，自以为很好喝。

谈到喝茶的习惯，他说："我喝茶，纯粹解渴和恋上茶的味儿，如若非得有个专业的茶道知识，我也只能旁听插不上话。可我就偏好这口，喝茶成了我的一种生活习惯，与其说是习惯，不如说我对茶有依恋的情怀。中国人创造性地把茶融入了自己的生活，更是历经千年发展让自己的生活离不开茶。"又说："真实的生活终究是充满烟火气息的，遇到了茶，忙碌的生活有了一束光，流浪的脚步有了停顿，平淡的生活有了流光烟火。"

1997年，汪曾祺去世。

临走前他的最后一个愿望，居然是想喝一杯碧绿透亮的龙井。为了这口龙井，他甚至不顾年岁已高，竟跟医生"撒娇"：皇恩浩荡，你就赏我一口喝吧！

他对茶馆的描写，细致入微。他的与茶有关的文章，令人百读不厌。以茶悟道一般是禅家修行的途径，而以茶悟人生则是汪曾祺的创意。1997年5月16日，77岁的汪曾祺溘然长逝。但是，他留给世界的最后一句话是："给我来一杯碧绿、透亮的龙井！"他未能喝到这杯龙井茶实在是一种遗憾。

文学家的秘境

东大街的茶馆

汪曾祺被誉为"中国最后一个士大夫",他身上有一种文人雅士的闲适、恬淡和从容。他不仅是小说家、散文家、戏剧家、书法家、绘画家,更是一位出色的美食家。20世纪80年代初,汪曾祺发表了许多以故乡高邮为背景的小说,他写的大多是三教九流、引车卖浆者和做手艺的,这些人物是最接人间烟火气的底层劳动者,呈现给读者的是当地的市井百态和风土人情。美食家的他,自然免不了要写东大街的茶馆。汪曾祺笔下的茶馆即饭店也,早上做早点,中午、晚上做饭局,卖饭菜。茶馆是人们交际应酬的场所,摆酒请客,过于隆重,吃早茶较为简便,花费也不多。三五朋友小聚,店铺与行客洽谈生意,大都上茶馆。间或邻里间闹纠纷"说事"的,都会选择上茶馆,早茶一吃,矛盾也化解了。现代人上茶馆已变成寻常事,遍及高邮城的茶馆,早上常常是高朋满座。

汪曾祺儿时的东大街,曾经是高邮的繁华地段之一,这里是城乡接合部,是联系城乡的水陆码头,是粮食、柴草和农副产品的集散地。这里的炕房、蛋行、草行、粮行、八鲜行、陆陈行、粪行林立,应运而生的客栈、茶馆也散落在大街小巷。

关于东大街的茶馆,汪曾祺曾经写了《如意楼与得意楼》,在《八千岁》中还提及赵厨房。盘点一下当时东大街的茶馆,有位于炼阳观的洞天楼、位于竺家巷的如意楼、得意楼和赵厨房，位于保全堂对面的朝阳春和位于更楼巷头的刘长松小茶馆。

  位于东大街中段的炼阳观东隔壁是三茅宫，这里曾经是王宝玉开的洞天楼茶馆，该茶馆在当时还是小有名气的。我印象中一进门就是一个做白案的大案板，后面是平房，再后面是个楼，楼上楼下可放十几张客桌。1956年公私合营后不久，该茶馆也关门歇业了。王宝玉共有七个子女，三个女儿都继承父业进入饮食行业，四个儿子一个都没有继承父业。

  保全堂对面、连万顺酱园西隔壁的朝阳春茶馆，三间门面，应该是当时东大街最大的茶馆。汪家人穿过保全堂店堂就能到朝阳春，这是汪曾祺绕不开的一家茶馆。到朝阳春吃茶的大多是街上人，以开店的老板、教书先生或者是乡下上城办事的乡绅居多。汪曾祺幼时少不了要随爷爷或父亲去吃茶，否则他就写不出《如意楼和得意楼》。刘长松茶馆小，做的都是街坊邻居和乡下人的生意。

  汪曾祺深知美食真谛。那些寻常小食一经他的点睛之笔，无不令人垂涎，让人不由感慨美食文化的博大精深。与汪曾祺纪念馆一体化同时建立的汪氏家宴（祺菜馆）近期也开张了。凡汪曾祺先生吃过的、做过的、写过的菜肴都将会在这里得到体现。"汪氏祺宴""祺菜""一壶三点"也被成功注册，到汪氏家宴吃祺菜，不再是寻常的果腹，而是一种文化寻根和艺术享受。

文学家的秘境

运河风物——慈姑

汪曾祺先生写道:"我很想喝一碗咸菜茨菇汤。我想念家乡的雪。"美食和美景的背后,是一段难以忘怀的记忆。

"我记得是七月十三,倒了口子(我们那里把决堤叫做倒口子)。西堤四处,东堤六处。湖水涌入运河,运河水直灌堤东。顷刻之间,高邮成为泽国……巷口外的东大街成了一条河,'河'里翻滚着箱箱柜柜,死猪死牛……会水的船家各处去救人。"汪曾祺写的是民国二十年(1931年)的高邮特大水灾。而比水患更为严重的,却是退水之后的饥荒:"全县粮食几乎颗粒无收。我们这样的人家还不至挨饿,但也没有菜吃。老是吃茨菇汤,很难吃。比茨菇汤还要难吃的是芋头梗子做的汤。日本人爱喝芋梗汤,我觉得真不可理解。大水之后,百物皆一时生长不出。"

这个并不好吃的慈姑(也写作"茨菇"),在贫困匮乏年代,成为水乡人家果腹的救命粮食。

高邮人冬天吃咸菜慈姑汤由来已久。"入秋,腌菜,这时青菜正肥。把青菜成担的买来,洗净,晾去水气,下缸。一层菜,一层盐,码实,即成。随吃随取,可以一直吃到第二年春天。""咸菜汤是咸菜切碎了煮成的……咸菜汤里有时加了茨菇片,那就是咸菜茨菇汤。"汪曾祺的这段话仿佛把我们又拽回到几十年前。

五、美食风物

　　每逢数九寒冬、冰天雪地的时候，咸菜慈姑汤即成了家中必不可少的主菜肴，就连富裕的汪家也不例外。汪曾祺说："咸菜可以算是一种中国文化……各地的咸菜各有特点，互不雷同。"汪曾祺先生在《咸菜茨菇汤》中写道："一到下雪天，我们家就喝咸菜汤，不知是什么道理。是因为雪天买不到青菜？那也不见得。除非大雪三天，卖菜的出不了门，否则他们总还会上市卖菜的。这大概只是一种习惯。一早起来，看见飘雪花了，我就知道：今天中午是咸菜汤！"

　　制作咸菜，在我们这里叫腌大菜。为何叫"大菜"，是由于腌制的青菜品种不同于"小青子""三矮子"。瘦高硕大，足有二三尺高，一斤左右多是一大棵，菜叶少而茎白肥嫩。

　　大菜一弄回来先摺地上挨排地晒上一两天，去黄叶洗净下缸，一层菜撒一层盐，码实，上面再放置重物。过两天再翻倒一次，三四天后腌渍溢过菜顶，即可食。我们家有点"烧虾子等不到红"，先揪白嫩的菜心尝鲜。那脆嫩爽口的滋味我至今难以忘怀。大咸菜为了便于保存，要一棵棵地打成"把子"下坛，蹾实后封口，可吃到来春。若吃不完可晒成霉干菜。霉干菜烧肉可是一道地道的淮扬名菜。咸菜里加点慈姑片，就成了咸菜慈姑汤，一道普通的家常菜，经美食家、文学大师汪曾祺一番描写，现在竟成了汪氏家宴（祺菜馆）的一道名菜。

　　慈姑做菜多"能"，做汤、炒菜、烧烩均可，既可做主料，又可做配角。慈姑烧肉最为普遍，据说还是清宫御膳的名菜之一呢。慈姑烧肉做法简单，一般选用小慈姑，将五花肉用大火烧到九成熟时，晶莹的油脂将一颗颗小小的慈姑浸润，而慈姑也因为油脂，朴素的味道丰盈起来。五花肉因为去油则肥而不腻，小慈姑则因油的浸润而酥软粉甜，味道比栗子肉更胜一筹。很多时候这道菜里的慈姑已吃完肉还在。慈姑豆腐汤堪称至味，那雪白的汤汁不亚于一般的荤汤。

文学家的秘境

　　我插队农村的里下河水乡，几乎每个生产队都会种点儿慈姑，家家也会有块小慈姑田。大运河畔的马棚乡慈姑最为出名。在这老沤田地区，祖祖辈辈除了种植水稻外，便是种植大量的荸荠、茭白、莼菜、菱角、芡实、莲藕、慈姑和水芹这水八鲜。高邮东乡和北乡的农副产品运抵到大淖后，汪曾祺笔下的巧云和邻居的姑娘媳妇们用担子装上紫红的荸荠、碧绿的菱角、雪白的连枝藕，圆溜溜的慈姑……风摆柳似的穿街过市，发髻的一侧插着大红花，这似乎成了旧高邮东大街的一道风景线。

　　慈姑长在水田里，茎秆指天，箭叶摇风，摩肩搭背，十分旺盛。每到深秋、初冬时节，经霜一打，茎秆枯萎了，瘫落一地。这时生产队的农活少了，就会组织妇女们到慈姑田挖慈姑。挖过慈姑的田被灰叉挖得七零八碎、坑坑洼洼。来年天气暖了，有些小大娘会卷起裤腿跑到已挖过慈姑的田里崴慈姑，凭着脚丫子的感觉，崴崴的收获还真的不少。

　　慈姑，又名茨菰、茨菇、燕尾菇、箭头草。李时珍说："慈姑一根岁生十二子，如慈姑之乳诸子，故以名之。"慈姑是多年水生草本植物，多产于华东、华中水网地区，京杭大运河畔尤为普遍，野生少，栽培较多。北方人大多不知慈姑是何物。汪曾祺写过，北京的菜市场上偶尔有慈姑出售，他买的时候总有人问他"这是什么"。答曰"慈姑"。则对方会追问"慈姑是什么"，汪曾祺认为这个问题很难回答。在日本，慈姑是一种昂贵的蔬菜，是日本新年料理不可缺的食材，普通家庭只在新年时才吃上几个。慈姑寓意永结同心、博爱、虔诚，也有祝福幸运的含义。汪曾祺在《故乡的食物》中写道："春节后数日，我到沈从文老师家去拜年，他留我吃饭，师母张兆和炒了一盘茨菇肉片。沈先生吃了两片茨菇，说：'这个好！格比土豆高。'"

　　慈姑球茎近圆球形，顶芽基部缩缢明显，表皮青色带紫，肉色乳白，肉质紧密，入水即沉。熟食鲜美爽口，味苦回甘。慈姑具有低脂肪、富含碳水化合物、微量元素的特点，营养丰富；同时富含秋水仙碱等多种活性物质，具有一定药用价值。慈姑的食疗作用不可小觑，因含秋水仙碱等多种生物碱，能抑制癌细胞的有丝分裂和增殖，所以有抗癌功能，常用来配合防治肿瘤。中医认为慈姑性味甘平，生津润肺，补中益气，对劳伤、咳喘等病有独特疗效。慈姑还有解毒消肿和一定的强心作用，但秋水仙碱虽能治病，却有一定的毒性，故不宜无限制多吃，若用于防病、治病，则应遵医嘱。

慈姑对重金属铅有较强的吸收和积聚作用，若种植的土壤和水含铅，就容易被慈姑吸收，尤其是在慈姑的表皮残留的铅最多。所以，我们在食用前最好将慈姑的表皮刮光。高邮市马棚乡的慈姑栽培历史悠久，品质最好，为无公害绿色食品，深受广大群众的喜爱。

慈姑的栽培历史悠久，深受民众喜爱，中国人和慈姑的缘分是古来有之。因慈姑的叶子尖长得很有特点，古人对其常有描述，例如《唐本草》中称慈姑"生水中，叶似鲫箭镞，泽泻之类也"。《尔雅翼》也称慈姑"叶有两岐，如燕尾，又如剪刀"。而有关明确食用慈姑的记载最早可追溯至南朝《本草经集注》："今藉姑生水田中，叶有桠，状如泽泻，不正似芋。其根黄，似芋子而小……煮食之乃可啖。"唐朝的《食疗本草》中，称"吴人好啖之"，这里的"吴"泛指江南地区，高邮当属此地区。

到了唐朝，"茨菰""慈姑"名流行并入诗，如涨潮《江南行》："茨菰叶烂别西湾，莲子花开犹未还。妾梦不离江水上，人传郎在凤凰山。"白居易的《履道池上作》写道："家池动作经旬别，松竹琴鱼好在无。树暗小巢藏巧妇，渠荒新叶长慈姑。不因车马时时到，岂觉林园日日芜。犹喜春深公事少，每来花下得踟蹰。"宋朝诗人杨长孺的《茨菰花》："折来趁得为晨光，光露晞风带月凉。长叶翦刀廉不可，小花茉莉淡无香。稀疏略糁瑶台雪，升降常涵翠管浆。恰恨山中穷到骨，茨菰也遭入诗囊。"

文学家的秘境

陆游的《东村》:"野人知我出门稀,男辍锄耰女下机。掘得茈菇(即茨菰)炊正熟,一杯苦劝护寒归。"明代的杨士奇的《发淮安》:"岸蓼疏红水荇青,茨菰花白小如萍。双鬟短袖惭人见,背立船头自采菱。"不要小瞧慈姑,许多文人雅士钟情于它。

咸菜是过去冬天缺少蔬菜时的一种替代品,随着生活水平的不断提高,大棚蔬菜、山东蔬菜源源不断地供应市场,咸菜逐渐淡出了人们的饭桌。生活条件好了,慈姑也充裕市场,但腌咸菜的却越来越少。在过食后,真想来一碗咸菜慈姑汤解解油腻的饱气。难怪汪曾祺远在北京写道:"我很想喝一碗咸菜茨菇汤。我想念家乡的雪。"汪曾祺的一席话,是美食家的感叹,是思乡之情的真情流露,是难以割舍的乡愁。

五、美食风物

《八千岁》中的草炉烧饼

我阅读汪曾祺的《八千岁》，除了为这位葛朗台似的人物感到悲哀，对文章提及的草炉烧饼也不由感慨了一番。草炉烧饼与咸菜慈姑汤、高邮咸鸭蛋一样，都是汪曾祺日思夜想的家乡风物特产。

草炉烧饼是个什么东西？就是个实心烧饼而已，在过去也是个低档食品，是社会底层人物的充饥之物。汪曾祺在《八千岁》里写道："这种烧饼是一箩到底的粗面做的，做蒂子只涂很少一点油，没什么层，因为是贴在吊炉里用一把稻草烘熟的，故名'草炉烧饼'，以别于在桶状的炭炉中烤出的加料插酥的'桶炉烧饼'。这种烧饼便宜，也实在，乡下人进城，爱买了当饭。几个草炉烧饼，一碗宽汤饺面，有吃有喝，就饱了。"八千岁在那个社会也算得上是个富翁，在社会上也是有头有脸的，但他一辈子很抠门，是典型的吝啬鬼，完全不在意什么生活质量。他也是许多旧工商业者及小地主们生活的真实写照。"八千岁坐在店里每天听得见左边煎炒烹炸的声音，闻得到鸡鸭鱼肉的香味，也闻得见右边传来的一阵一阵烧饼出炉的香味，听得见打烧饼的槌子击案的有节奏的声音：定定郭，定定郭，定郭定郭定定郭，定，定，定……"

八千岁和左边的"赵厨房从来不打交道"，和右边的"烧饼店每天打交道"。"一壶两饼"是他的标配，而不是"一壶三点"，他这一辈子不知吃了多少草炉烧饼，真的难以计数了。八千岁"不看戏，不打牌，不吃烟，不喝酒。喝茶，但是从来不买'雨前''雀舌'……他的账桌上有一个'茶壶桶'，里面焐着一壶茶叶棒子泡的颜色混浊的酽茶。吃了烧饼，渴了，就用一个特大的茶缸子，倒出一缸，骨嘟骨嘟一口气喝了下去，然后打一个很响的饱嗝"。人算不如天算，八千岁最后还是被身为旅长的舅太爷狠狠地敲了一杠，900块大洋一眨眼的工夫就没了。正如虞小兰说："这个人一辈子省吃俭用，也怪可怜的。"经过这么个打击，他似乎也想通了，当儿子又给他拿了两个草炉烧饼来，八千岁把烧饼往桌上一拍，大声说："给我去叫一碗三鲜面！"

"一箩到底的粗面"，也叫"一条龙面"，即普通粉，二十世纪五六十年代粮店供应的就是这种面粉，加工时不去麦皮，色泽灰白，质地粗糙，手感不滑，咀嚼时牙碜，口尝无甜味。从营养学角度来说，这种面粉比起精白的面粉要富含膳食纤维和维生素 B 族，具有润肺、滋润皮肤、防癌抗癌、健脾和胃、乌发固发、清理肠胃等作用。八千岁只吃"头糙"米，吃了那么多的草炉烧饼并不吃亏，省了钞票还保健美容呢。八千岁当时要知道这些科学道理，也许还会吃更多草炉烧饼。

旅居美国多年的张爱玲于 20 年前曾经写过一篇叫《草炉饼》的散文，里面写道："前两年看到一篇大陆小说《八千岁》，里面写一个节俭的富翁，老是吃一种无油烧饼，叫做草炉烧饼。"抗战上海沦陷后，当张爱玲天天听到窗外有小贩"马……炒炉饼！"的清脆叫卖声时，她可能在想象这炒炉饼到底是个什么样的饼。其实张爱玲所说的炒炉饼，是"一尺阔的大圆烙饼上切下来的"，"有一寸多高，上面也许略洒了点芝麻"，是典型的上海大饼，这跟汪曾祺笔下的草炉烧饼完全是两码事，是张爱玲的想当然。

对于张爱玲来说，这叫卖的饼是不是草炉烧饼似乎并没那么重要，诱使她在四五十年后追忆当年沪上这种"贫民食品"的，主要是那"马……炒炉饼！"的叫卖声。这是那个时代的上海之音，周璇、姚莉的流行歌只是邻家无线电的噪音。

　　读着《八千岁》，我的思路也随之来到东大街上。出了竺家巷就是东大街，竺家巷对过就是草巷口，公私合营后的赵厨房就位于草巷口东首第一家，是这里唯一的一家较大饭店，与北门大街上的五柳园齐名。我曾经跟随大人在这里吃过，寻常百姓平常是不轻易到这里就餐的。我对八千岁的米店没有什么印象，也找不到原型，更不能确定其具体位置。按照小说中所述，米店应该在赵厨房的左边（北隔壁），那时的赵厨房在竺家巷而不在东大街，那专做草炉烧饼的烧饼店无疑就在米店的南边了。时过境迁，汪曾祺笔下的地理概念可能与现实之间有些差别，因为是小说体裁，不必深究。

　　《八千岁》里面的烧饼店应该是有原型的，汪曾祺在《吴大和尚和七拳半》中写道："烧饼店就开在草巷口对面的竺家巷，吴家的格局有点特别。住家在巷东，即我家后门之外，店堂却在对面。店堂里除了烤烧饼的桶炉……"吴大和尚有个漂亮的老婆，汪曾祺一直记得她的模样，记得她的桃花眼，记得她左眼上眼皮上的那一小块疤，并叹道："吴大和尚和这个桃花眼、小身材的小媳妇大概都已经死了。"显然吴大和尚是做桶炉烧饼的，做草炉烧饼的另有人家。

　　据储元仿回忆，这条极短的街市东头有一家草炉烧饼店，西头有一家插酥烧饼店，每天储元仿都在打烧饼的噼啪声中醒来。"两家的顾客不同，草炉烧饼的买主多数是卖苦力或农村上城的人；吃插酥烧饼的多数是吃早点的老人家、读学堂的学生、沿街店铺子里的老板和那些身份稍高的店员。"真正做草炉烧饼的是在东大街而不是竺家巷里的吴大和尚。

　　汪曾祺说："我的家乡有'吃晚茶'的习惯。下午四五点钟，要吃一点点心、一碗面，或两个烧饼或'油墩子'。1981年，我回到阔别40余年的家乡，家乡人还保持着这个习惯。"现在，这条巷口出现了七拳半的烧饼店。汪曾祺总觉得七拳半和吴大和尚之间有某种关联，引起他一些说不清楚的感慨。

世事真是难以说得清楚，现在生活条件好了，有许多人反而想吃平民食品草炉烧饼了。高邮东大街西端有一家老字号烧饼店，人称"小矮子烧饼店"，因店主夫妻俩都是矮个子，几个子女也不高。那个时候我们这一带的居民买早点、晚茶都会选择到这家店来买，该店前几年还在做草炉烧饼。据说高邮湖西还有一家现在还在做草炉烧饼。

做草炉烧饼的炉子是用一只锅腔子"嵌"在墙壁内，约一人高。做烧饼的很辛苦，烟熏火燎，炝鼻刺眼。寒冬炎夏，都光着个膀子：夏天一身汗，冬天一身灰。草炉烧饼不用馅心，没有什么附加值，价位提不起来，这些都是令其退出市场的原因。

刚出炉的草炉烧饼香喷喷的，比较松软，要趁着热吃才好，有些人居然能不动声色地吃上几个。三中队的搬运工人，将草炉烧饼剖开塞入熏烧肉，边大口咀嚼边喝小酒的场景令人难忘，过路的小孩往往会盯着看出口水来。过去凡妇女坐月子"送汤"非草炉烧饼不可。一买就是几十个，老鸡汤泡草炉烧饼当是一绝。

不管是上海的叫卖声，还是高邮的打饼声，都充满着烟火气息。草炉烧饼现在已基本绝迹。1983年，汪曾祺将这种平民吃食写入《八千岁》里，1990年，张爱玲因之写出了《草炉饼》。汪曾祺与张爱玲都是身居异乡的文化人，他们都把再也吃不到的草炉饼分别写在自己的文字里，在渲染、扩散那弥漫的乡思和乡愁。经他们这么一"折腾"，草炉烧饼这个平民食品也似乎"斯文"起来，变得有文化了。

汪曾祺念念不忘的臭苋菜秆子

　　1981年8月26日，汪曾祺在给弟弟和妹妹的信里预告了他即将回乡的消息："我的孩子汪朗随大姐到高邮，听说你们盛情款待了他一番，他回来后还一直称道活鳜鱼和呛虾。我如果回来，请不要对我如此，给我准备一点臭苋菜秆子吧。当然这是说了玩的，没有臭苋菜秆子也行。"想不到臭苋菜秆子（也叫"苋菜秆子""苋菜秸子"）竟成了汪曾祺的念念不忘的家乡风物特产。在外漂泊几十年，还记住这么个平民食肴，可见儿时的味蕾记忆深深刻在他的心灵深处。

　　汪曾祺在《五味》中写道："除豆腐干外，面筋、百叶（千张）皆可臭。蔬菜里的莴苣、冬瓜、豇豆皆可臭。冬笋的老根咬不动，切下来随手就扔到臭坛子里。——我们那里很多人家都有个臭坛子，一坛子'臭卤'，腌芥菜挤下的汁放几天即成'臭卤'。臭物中最特殊的是臭苋菜秆，苋菜长老了，主茎可粗如拇指，高三四尺，截成二寸许小段，入臭坛。臭熟后，外皮是硬的，里面的芯成果冻状。嚼住一头，一吸，芯肉即入口中。这是佐粥的无上妙品。我们那里叫做'苋菜秸子'，湖南人谓之'苋菜咕'，因为吸起来'咕'的一声。"

　　一个多月后，60岁的汪曾祺搭上了在南京中转的火车，阔别42年后，第一次回到他笔下的故乡高邮。后来我还特意问了汪丽纹，汪曾祺第一次回乡吃了臭苋菜秆子没有。她说:"那个季节已没有苋菜秆子,那次回来在家吃了醉虾、大闸蟹、煮干丝,还有些小吃。他每次在家吃,菜的样数不要多,一家子边吃边聊很开心。"

那时候我家后院有一大片空地,一年四季都会种些蔬菜,省了不少买菜钱。苋菜是夏天里很美的风物,那一抹胭脂红,浓烈又恬淡。把苋菜籽儿撒在地里,不出七天就发芽了。初生的苋菜苗点缀在地上,叶片嫩红水灵,像雨后落了一地的桃花。若阳光充足,雨水丰沛,这些苋菜很快就蹿高了。紫红色的叶片大而肥美,在晨光中舒展腰肢,甚是好看。

端午节一到,就是吃苋菜的季节了。烈火烹油,带着水的苋菜丢进油锅里,一阵滋滋啪啪的声,好不热闹,带着心满意足的烟火气。紫红的菜,紫红的汤汁,像胭脂,又比胭脂浓烈,染红了藏在菜里的蒜粒。我们小时候,吃饭时喜欢夹几筷子红苋菜放在白米饭上,瞬间白米饭变成了一碗红彤彤的米饭。

苋菜生长得比较快,也长得欢。开始都掐头吃,头茬二茬当然鲜嫩,再往后就显老了,掐下来的苋菜必须反复搓洗,搓出细细的泡沫来。洗过苋菜的水都带着淡淡的胭脂色。苋菜几乎会陪着我们家度过整个夏天。立秋以后,若错过采收或者故意留在地里任其长秆可以长到一米多高。当苋菜秆长到大拇指那般粗壮的时候,就可以从地里收割了。

苋菜秆拨起后被母亲整切成一寸长的段,在冷水里浸泡一天,再用凉开水冲洗一遍就可以沥干了。然后加盐拌匀再放置一夜,翌日早晨沥干水后分放入小坛中。小坛事先必须里里外外洗干净,用开水烫一下再擦干。之后将拌好的苋菜秆层层叠叠的装入坛中,再用放了食盐的冷却后的开水将其淹没,最后盖严坛口并用苎麻细绳捆扎紧实。关键的一点是不能有生水进去。1个月以后即大功告成。苋菜汁是用新鲜苋菜梗经腌制发酵后所泡出的卤汁,腌制发酵的时间越长卤水的质量越好。

汪曾祺在《北京的秋花》里写道:"凤仙花茎可长得很粗,湖南人或以入臭坛腌渍,以佐粥,味似臭苋菜秆。"我家就曾用凤仙花的茎入臭坛腌渍,吃起来与臭苋菜秆大致不差,在口味上似乎要次于苋菜秆子,哑哑味,但能下饭。我吃臭苋菜秆子最多的时候是在下放的农村。我们知青懒得种菜,有时候就靠社员的"施舍",有时候干脆捧着饭碗到社员家串门,吃得最多的就是臭苋菜秆子和臭豆腐。那时的大米饭也好吃,搭点臭苋菜秆子三下两口一碗饭就吃下去了。

生臭熟香的食物很多,清代范宣的《越谚》一书中也有"苋菜梗"一条,声称霉苋菜梗"腌之气臭味佳,最下饭"。徽州的"臭鳜鱼"闻起来虽臭,但吃起来却非常香。湖南的臭豆腐亦如此,绍兴有句话就自夸"尝过绍兴臭豆腐,三日不知肉滋味"。

相传元末洪武年间,朱元璋征战巴属,宿营白涂河边,多日行军,饥肠辘辘,村中老乡用锅巴饭泡水,再加一碗臭苋菜秆,呈给军帐中的朱元璋。大概是多日没有吃饭的原因,一碗饭加一碗臭苋菜秆竟被一扫而空。朱元璋千恩万谢后随口而出:"闻臭食香美味藏军帐,征战巴属尝人间绝味。"朱元璋称帝后吃腻了山珍海味,一日想起行军中所吃的老乡家的臭苋菜秆子,于是令宫廷厨师立马做。可不管御厨如何下功夫,都无法做到朱元璋想要吃的味道。一气之下他便把那个御厨杀了。无奈之下,内侍大臣令快马加鞭,从大唐镇草冯垛征得一小坛臭苋菜秆,再让另一个御厨以少许油、姜丝、辣椒入火烧熟。这回朱元璋立马风卷残云,还重赏了那位御厨!

苋菜是里下河地区一种房前院后种的寻常菜。现在人们的生活水平提高了,荤腥吃多了,唯有家乡的臭苋菜秆下饭爽口。不管你走多远,这道闻臭食香的苋菜秆绝对能使你的胃口大开。怪不得汪曾祺在外漂泊几十年还惦记着家乡的这道美食。

荸荠庵里话荸荠

庵赵庄，以赵姓人家多和庄内有座"荸荠庵"而得名。荸荠庵，实为"菩提庵"，被大家叫讹了，成了"荸荠庵"。汪曾祺的《受戒》就是以庵赵庄的荸荠庵为背景写下的故事。小说通过小和尚明海与村姑小英子纯真的初恋故事，把"一花一世界，三藐三菩提"的佛门净地"荸荠庵"与生气盎然的世俗生活联系在一起，让人间的烟火气弥漫在庵宇内外。

庵内 13 岁的小和尚明海因为家里人多地少而被舅舅仁山带来出家。庵内和尚们并不恪守戒律，而是照样过着俗世的日子，娶妻生子和杀猪等一样不落，真正体现了"和尚是职业"的本质。明海在第一次来庵上的路上认识了小英子。小英子家在荸荠庵附近，明海老往她家跑。明海会描画，于是明海和小英子一起做针线活，一个画花，一个刺绣；一起栽秧、薅草、车水、放割稻子、打场看场、挖荸荠。四年以后，明海就要受戒，受了戒就能做"沙弥尾"，将来能做方丈。小英子划船送他去善因寺受戒。数天后，小英子又划船把受过戒的明海接回庵赵庄。回来的路上，小英子要明海不要当沙弥尾也不要当方丈，天真的明海一概应下。当小英子问他："我给你当老婆，你要不要？"明海大声说："要！"

"她挎着一篮子荸荠回去了，在柔软的田埂上留了一串脚印。明海看着她的脚印，傻了。五个小小的趾头，脚掌平平的，脚跟细细的，脚弓部分缺了一块。明海身上有一种从来没有过的感觉，他觉得心里痒痒的。这一串美丽的脚印把小和尚的心搞乱了。"汪曾祺连用了叠语形容词造成了一种精致小巧、轻轻淡淡的物象美，用白描的写法表现了明海对小英子的美好感情。这种懵懵懂懂的初恋感觉真美。

庵赵庄地处里下河地区，离高邮城约10公里，这里盛产荸荠。与慈姑、莲藕、茭白和菱角等水生植物一样，荸荠在这里大量种植。荸荠的茎呈深绿色布满地表，而紫红色的荸荠则浅埋在土里。挖荸荠和崴慈姑这类农活我下放农村时都干过。挖荸荠要技巧，做不好就会挖得荸荠"残缺不全"。

庵赵庄及其周边的人，平时聊得最多的话题就是荸荠庵的和尚，而和尚们聊的话题则离不开荸荠。这里盛产荸荠，连庵名都成了"荸荠"，荸荠在这里似乎成了永恒的主题。我与现在荸荠庵的当家和尚赵久海多次接触，聊到的内容很多，荸荠也是话题之一。

汪曾祺笔下《大淖记事》里面的巧云"像他爹那样，干起了挑夫，每天挑着荸荠、菱角、莲藕，走街串巷叫卖吆喝。十一子看着巧云挑着担风摆柳似的嚓嚓走起来，真是好看，他的病也很快地好了起来"。巧云及大淖越塘一带挑夫媳妇们所挑的荸荠等水鲜植物大部分都来自庵赵庄所在的东墩乡。

荸荠也是中药名，为莎草科荸荠属多年生草本植物，全国许多地方都有栽培。李时珍在《本草纲目》中认为："荸荠能降火、补肺凉肝、消食化痰。地上茎有清热利尿作用。"荸荠是一种集食用、药用价值于一身的生蔬菜，曾一度成为明清时期朝廷贡品。

新鲜生食的荸荠颇可口，清清爽爽，有春来野草气息；去皮煮熟后的荸荠，有盛夏黄昏之味；串成串的荸荠如糖葫芦般让人喜欢和爱吃；风干后的荸荠变得紧实，吃起来让人更觉甘甜。春节，风干的荸荠竟成了待客佳品。20世纪40年代初，萧红去鲁迅家聊天，许广平指着吊筐说，那里边的荸荠都是风干了的，极甜。可见鲁迅也喜食荸荠，尤其是风干的荸荠。荸荠可入菜，和木耳肉片同炒，黑的是木耳，鲜的是肉片，白的是荸荠，吃起来甜脆爽口。

207

荸荠切成细丁可与虾仁一起炒，两者同为乳白色，入口软绵甜脆。

荸荠长在土壤里面，其表面会有很多有害物质，也容易滋生一些寄生虫，一旦吃了没洗干净的荸荠容易导致肠胃病，所以荸荠常常要去皮后再吃。可去皮并非易事，弄不好会伤手，而且去皮速度特慢。高邮有句歇后语："市口上的荸荠削出去了。"说的是卖荸荠的人去皮手艺娴熟，削荸荠的刀艺如飞一般，瞬间荸荠就由紫红色变成了雪白。成串的荸荠也是我儿时去澡堂洗澡后得到的犒赏之一。

荸荠，我们这里也有人称之为菩荠，也有地方叫地栗或地梨的，称马蹄的更多。荸荠是呈扁圆形的地下茎，形如骏马之马蹄，故得名。荸荠肉质雪白细滑，水分含量高，清甜无渣，爽脆可口，皮薄，被人们誉为"地下雪梨""江南人参"。近几年有不少厂家抓住商机，将荸荠去皮后制成"清水马蹄"罐头，销往全国各地。

荸荠古称凫茈。凫，野鸭也，茈则通紫。因野鸭喜食荸荠而得名。《汉书》上载，王莽统治时期末年，南方饥馑，人们群入野泽，掘荸荠果腹，真是说不出的恓惶。宋代诗人郑獬有《采凫茈》一诗存世："朝携一筐出，暮携一筐归。十指欲流血，且急眼前饥。官仓岂无粟，粒粒藏珠玑。一粒不出仓，仓中群鼠肥。"这首诗从采荸荠的一个劳动场景引出感慨，反映了当时人民生活的困苦，对造成民不聊生的社会现实进行了猛烈的抨击。苏舜钦在《城南感怀呈永叔》诗里也提及过凫茈："老稚满田野，斫掘寻凫茈。"在古代缺衣少粮的年代，荸荠作为一种可食用的野生植物，充当了贫苦百姓的救荒之物。明代王鸿渐为《野荸荠图》题一诗："野荸荠，生稻畦，苦薅不尽心力疲。造物有意防民饥，年末水患绝五谷，尔独结实何累累。"荸荠与慈姑一样，都成了水患之年老百姓救命的果腹之物。

读汪曾祺《受戒》和古人的诗词，不由有了关于荸荠的闲话。从荸荠庵聊到荸荠，虽是闲话，却意味深长。

六、市井生活

六、市井生活

被汪曾祺写火的草巷口

汪曾祺于 1994 年 10 月 17 日写了散文《草巷口》，并首次发表在家乡的《高邮日报》上。这在汪曾祺所有作品中尚属首次。草巷口与汪曾祺故居仅隔一条东大街。过去，这里民间常用的燃料不是煤，而是烧柴。每户人家都会砌个锅灶，平常煮饭、炒菜、烧开水都是烧芦柴草。这种芦柴草都是由农民从东北乡用船运来，在大淖靠岸。要买草的，到岸边和载草船上的人讲好价钱，卖草的即可把草用扁担挑到买草的人家，过了秤，直接送到堆草的屋里。从大淖往各家送草都要经过一条巷子，因此这条巷子就叫草巷口。

给汪曾祺家买草过秤的是一个本家叔叔汪抡元。他用一杆很大的秤称了重量，用一张草纸记上苏州码子。汪曾祺是通过抡元二叔的草纸账才认识苏州码子的。现在大家都用阿拉伯数字，认识苏州码子的已经不多了。

草巷口在东大街算是比较宽的巷子，而且很长，非常长，可能是高邮最长的一条巷子。像普通的巷子一样，这条巷子都是砖铺的地面。草巷口不光是巷名，而是与中市口、北市口和新巷口一样，是区域性地名，涵盖了草巷口和大淖一带。就如同北京的新街口、菜市口、交道口一样。汪曾祺过去在家乡的活动范围，可以说就是以东大街的草巷口为圆心，以他的涉足范围为半径——范围并不大。草巷口再向北，少时汪曾祺到过的最远地方就是随祖父去过的三圣庵。

三圣庵位于大淖河西岸,坐西朝东,门对大淖,门前开阔地上有三棵参天大树:两棵古柏,一棵钻天榆。此外还长了不少野树。三圣庵就坐落在这幽静的丛林之中。指南和尚从高邮最大、庙产最多、名气最响的善因寺方丈的高位,退居到一个小庵,信奉孔子、释迦牟尼、老子这三位圣人,因此把这个小庵取名三圣庵。指南和尚离开善因寺方丈的位置,不再管事。接替他当善因寺方丈的,是他的徒弟铁桥。

汪曾祺的祖父汪嘉勋为何对三圣庵和指南和尚情有独钟?汪曾祺在《三圣庵》中写道:"祖父带我到三圣庵,去看一个老和尚指南。"文章结尾又写道:"我直到现在还不明白我的祖父为什么要带我到三圣庵,去看指南和尚。"我想汪曾祺祖父之所以带他去三圣庵,一是陪陪他,二来是想让他早点接触佛教文化。

汪曾祺在《草巷口》这篇文章中写了大小七家店:油面店、烟店、茶炉子、澡堂子、香烛店、碾坊和酱园。汪曾祺不但津津乐道地写出了七家店的各自特色,还以其特有的白描手法勾勒出令人难忘的人物形象,让读者能感受得到当地的烟火味。

位于巷首东边的是江大升油面店,是个夫妻店,店主与《岁寒三友》中的靳彝甫是儿女亲家。油面店里所卖糕点无非是兴化饼子、鸡蛋糕、羊枣、烽糖饼等。他家的糕点多是零块地卖,如果买得多,则用苇篾编的"撇子"装好,一底一盖,中衬一张长方形的红纸,印上店铺的招牌及地址。

源昌烟店店主姓韦,可能是临泽人。这家店主要卖旱烟,也卖水烟——皮丝烟。皮丝烟中有一种,颜色是绿的,名"青条",抽起来劲头很冲。一般烟店不卖这种烟。

进巷口,左手第一家是一家茶炉子,店主名叫金大力。汪曾祺据此写了散文体小说《金大力》。金大力只管挑水,烧茶炉子的是他的女人。茶

六、市井生活

炉子卖水不收现钱，而是预售出很多茶筹子——一个一个小竹片，上面用烙铁烙上"十文""二十文"。来打开水的，交几个茶筹子就行。这大概是一种古制。

往前走几十步，是一个澡堂（塘）子，叫东玉堂。东街上只有这么一个澡堂子，这条街上要洗澡的只能上这家来。汪曾祺说他"在这家澡塘洗过多次澡"。可以说，这是汪曾祺早年曾经使用过的唯一现存建筑。这个澡堂子有100多年了，至今没有多少变化，几乎还是老样子。作家苏北、王树兴和澎湃新闻记者王净听说这是汪曾祺早年曾经洗过澡的澡堂子，特地到这里洗了一把，感受一下汪曾祺当时洗澡的场景。

东玉堂对面是汪厚基家——与汪曾祺是本家，汪曾祺笔下《徙》中的汪厚基即高雪的丈夫，高北溟的女婿。汪曾祺的父亲汪淡如与汪厚基的命运十分相似，两个人年龄相仿，家庭都很殷实，都很有才华，但他们的前两个太太都因病去世，后娶了第三房太太。

由东玉堂往北走不几步，就是一个卖香烛的小店。这家小店只有一间门面。老板猥琐，个儿矮小，而且是个"齉鼻子"，说起话来瓮声瓮气，谁也听不清楚他讲的是什么，他的媳妇可是一个很干脆利落的人。一街的人都为这小媳妇感到很不平——嫁了这么个小矮个、齉鼻子的丈夫。但是她就是这样安安静静地过了好多年。

由香烛店往北走几步，就闻到一股骡粪的气味。这是一家碾坊。

碾坊斜对面有一排比较整齐高大的房子，是连万顺酱园的住家兼作坊。作坊主要制品是萝卜干，萝卜干揉盐之后，晾晒在门外的芦席上。

从草巷口东玉堂向东跑不了几步便是大淖。汪曾祺的著名小说《大淖记事》，描述了小锡匠十一子与挑夫之女巧云之间自然率真的爱情故事，就发生在大淖。生活在大淖区域中的人们没有接受过儒家礼教的教育与熏陶，却拥有民间最质朴淳厚的生活原则。他们讲义气，互通有无，真切地

文学家的秘境

同情弱者，尽其所能地给予帮助。他们没有任何伪装地、自由地爱着与恨着。在大淖，婚嫁不用媒人，不受所谓三纲五常的限制，只要符合一个标准——情愿。巧云与十一子相爱，她却被水上保安队的刘号长霸占。巧云没有流泪，没有寻死，也没有就此认命，而是和十一子用自己的方式追求幸福。这种道德感与正统的节烈观念有鲜明的区别，带有明显的民间道德与地域性道德的意味，体现了生机勃勃的生命意义。

再往北走，有几户人家。这几家的女人每天打芦席。她们盘腿坐着，压过的芦苇片在她们的手指间跳动着，延展着，一会儿的工夫就能织出一片。

草巷口是汪曾祺魂牵梦绕的一个地方，这里的故事太多，《卖眼镜的宝应人》《鸡鸭名家》《名士与狐仙》《徙》《三圣庵》《茶干》《异秉》《大淖记事》等小说中的故事都出于草巷口。他用他的笔向世人展示了这里的无限风光和世俗风情。

六、市井生活

汪家的俭与舍

汪曾祺出生在一个地主商人家庭。曾祖父的时候因为经营"盐票"亏了,他的家庭败落下来。到他祖父汪嘉勋这一辈开始创业,家境日渐富足,日子过得很舒坦,但是汪嘉勋生活简朴,从来吃饭都是在一个马机上吃饭,坐小板凳,而且每顿饭不超过两个菜。他爱吃咸鸭蛋,高邮的咸鸭蛋黄油性很大,戳破一点儿就会咕咕地冒出油来。他祖父会在咸鸭蛋上开一个小口,用筷子掏着吃,早上吃一半,剩下一半会以宣纸封口,留待下一顿吃。若是喝了酒有时就一个人在屋里大声背唐诗。他还是一个免费为人医治眼疾的眼科医生,为人看眼疾从不收诊金和礼物。他们家看眼疾是祖传的,汪曾祺的父亲和大伯都会看眼疾。他们家的财富,一方面是靠智慧经营,另一方面是靠勤俭持家。汪嘉勋深知勤生财、俭治家的治家之道,两者不可缺一。

汪曾祺在《宁作我:汪曾祺文学自传》中写道:"我的家庭是一个旧式的地主家庭。房屋、家具、习俗,都很旧。整所住宅,只有一处叫做'花厅'的三大间是明亮的,因为朝南的一溜大窗户是安玻璃的。其余的屋子的窗格上都糊的是白纸。一直到我读高中时,晚上有的屋里点的还是豆油灯。这在全城(除了乡下)大概找不出几家。"

汪曾祺的妹妹汪丽纹与我说的一席话正好印证了汪曾祺的说法。汪丽

文学家的秘境

纹说她母亲任氏出生在邵伯一个大地主家庭，家有庄园，进出庄园有壕沟吊桥，当时家里照明已经用上了发电机。任氏嫁到高邮后，陪嫁过来的大莲子都抱怨老太爷怎么把大小姐嫁给这么个人家：房屋不多也不高，点灯还用豆油灯。晚上祖母奶奶还会到各房去巡视，见任氏房间里的油灯的灯草头多了，会叽里咕噜地说："家有千头牛，不点双头灯。"大莲子只好不情愿地掐去多余的灯头。

汪家祖母奶奶的举动让我想起《儒林外史》里面的严监生。严监生是一个家财万贯的大地主，临死前不是惦记家人，交代后事，而是总也咽不下气，还伸出两个手指指向点着两根灯草的油灯。这一描写逼真地表现了他临死前为了多点一根灯草的痛苦着急和失望，最后还是赵氏领会并了却了他的心愿，使他撒手归西。当然，严监生的吝啬与汪家的俭省是两码事。

汪曾祺虽出身于典型的旧式地主家庭，但优渥的生活条件并没有让他成长为一个纨绔子弟，而是深受性情恬淡的父亲影响，具有浓厚的古代文人气质。可见，恬淡一直是汪家传承的精神气质。就算家庭条件如此好，汪曾祺的祖父、父亲都非常俭省，对物质生活看得很淡。这种生活态度无疑对汪曾祺产生了很深的影响。

祖父生活俭朴，自奉甚薄，但对喝茶颇讲究。他喝龙井茶，把茶泡在一个深栗色的扁肚子的宜兴砂壶里，用一个细瓷小杯倒出来喝。他喝茶喝得很酽，一次要放多半壶茶叶。喝得很慢，喝一口，还得回味一下。

汪嘉勋虽一个咸鸭蛋能吃两顿，但是曾有一个时期很舍得花钱买古董字画。他家有一套商代的彝鼎，一个大霁红花瓶，一个明代的浑天仪，郑板桥的六尺大横幅……

汪曾祺的祖母是个很勤劳的人，一年四季不闲着。有一年祖父生了一场大病，她在佛前许愿，从此吃了长斋。观音庵初建的时候，汪曾祺的祖母曾经捐助过一笔钱，这个庵有点像他们家的家庵。祖母隔一阵子就要到观音庵看看，她的散生日都是在观音庵过的。汪曾祺经常陪祖母去观音庵，并在那里吃一顿素斋。

观音庵的仁慧对施主家走动很勤，每到年下，她就会带一个小尼姑，提了食盒，用小瓷坛装了四色咸菜给汪曾祺的祖母。祖母收了咸菜，道一声："叫你费心。"随即她取十块钱放在食盒里。仁慧再三推辞，祖母说："就算是这一阵的灯油钱。"

汪曾祺在《我的父亲》中写道："我父亲为人很随和，没架子。他时常周济穷人，参与一些有关公益的事情。因此在地方上人缘很好。民国二十年发大水，大街成了河。我每天看见他趟着齐胸的水出去，手里横执了一根很粗的竹篙，穿一身直罗褂，他出去，主要是办赈济。我在小说《钓鱼的医生》里写王淡人有一次乘了船，在腰里系了铁链，让几个水性很好的船工也在腰里系了铁链，一头拴在王淡人的腰里，冒着生命危险，渡过激流，到一个被大水围困的孤村去为人治病，这写的实际是我父亲的事。不过他不是去为人治病，而是去送'华洋义赈会'发来的面饼（一种很厚的面饼，山东人叫'锅盔'）。这件事写进了地方上人送给我祖父的六十寿序里，我记得很清楚。"

每年年底，汪淡如就开始筹划给穷人散"米菲子"的事。《异秉》里的王二熏烧生意做大了，也学着汪家给穷人散"米菲子"，当然，在数量上是无法与汪家比拟的。每年商会要在五坛办粥厂接济穷人，资金不够时都是汪家来兜底；遇到来看眼疾付不起药费的，通常都是先记个账到年底再说。年底了，看到账本上仍有许多空账，汪淡如对药铺管事挥挥手：把这些账划掉吧！

1945年6月，新四军在三垛河打了一个漂亮的伏击战，日伪死伤惨重，我军仅伤亡近两百人。为了解决伤病员伤口感染经久不愈的问题，保全堂无偿为新四军赶制了大批药品，并派陶先生随同新四军下乡指导用药。

文学家的秘境

半个月的光景,新四军伤病员的伤口感染被控制住了,且大部分伤口逐渐愈合。陶先生也捎回了新四军的信,建议汪淡如外出暂时躲避一下,以免万一走漏风声,对汪家不利。这就是汪淡如后来去镇江医院做眼科医生的原因。任氏则带着汪海珊、汪丽纹和汪锦纹去了扬州的娘家居住。1946年底,新四军北撤,国民党还乡,去高邮的路也被切断,任氏及其子女在扬州一待就是3年多。1946年8月,汪曾祺在香港与施松卿暂别,去了上海。抵沪后将工作安排好,就返回扬州与家人短暂团聚。

1949年,汪淡如和家人分别从镇江和扬州回到了故乡高邮。而汪曾祺大伯一家同期去了镇江,但一去再没有回高邮。

汪曾祺说他父亲是个随和的人,比较有同情心,能平等待人。他十几岁时就和父亲对坐饮酒,一起抽烟。汪曾祺写道:"我们是多年父子成兄弟。他的这种脾气也传给了我。不但影响了我和家人子女、朋友后辈的关系,而且影响了我对我所写的人物的态度以及对读者的态度。"

纵观汪家的创业、治家及为人处事,不外乎以下几点:创业靠信誉,持家靠勤俭,文脉靠传承;当俭则俭,当舍则舍,当施则施。

六、市井生活

大淖旧事

汪曾祺阔别家乡40多年后，于1981年10月第一次回到家乡，了却了多年的思乡之情。在高邮的50天里，他与任氏娘、弟弟妹妹及亲朋好友度过了一段十分美好的时光。老街坊邻居有些还是要拜访的，有一天汪曾祺在妹妹和妹婿的陪同下，拜访了父亲汪淡如的忘年交阎世俊。他感谢老阎当年对父亲汪淡如的关心照顾，也聊到大淖的话题。汪曾祺说草巷口很长，他比较熟悉大淖靠街的这一段，草巷口越往北他就越少涉足。阎世俊说大淖是个有故事的地方，汪曾祺若在高邮蹲的时间再长一些，定可写出更多、更精彩、更有趣的大淖故事来。汪曾祺当即表示以后要多写写草巷口北边的故事，但最终未能如愿。

阎世俊今年96岁（本书作者写作时），依然精神矍铄，记忆力极好。他做过地方干部，由于喜欢唱京剧，就与汪淡如走到一起了。他俩一拉一唱，相互切磋，是一对忘年交的京剧票友，十足的京剧迷。中华人民共和国成立初期，汪淡如在政治上受到了冲击，阎世俊处处明里暗里保护他。那时有个姓黄的街长，经常无端刁难汪淡如，什么重活脏事都要他干。阎世俊实在看不下去就仗义执言："他就是个地主资本家，又没有做过什么坏事，不要处处为难他。"阎世俊对汪家的好，汪家人一直铭记在心。

汪曾祺在《三圣庵》中说："祖父带我到三圣庵，去看一个老和尚指南。"文章结尾又说:"我直到现在还不明白我的祖父为什么要带我到三圣庵,去看指南和尚。"三圣庵位于草巷口北端,大淖河西岸,坐西朝东,门对大淖,门前开阔地上有三棵参天大树:两棵古柏,一棵钻天榆。此外还长了不少野树。三圣庵就坐落在这幽静的丛林之中。

三圣庵和高邮其他寺院相比,名不出众,貌不惊人。指南和尚是善因寺铁桥和尚的师傅,相貌清癯,神色恬静,是个戒行严苦的高僧,曾于佛舍利子前燃二中指以作供养,因此而有"八指头陀"的称号。指南和尚从高邮最大、庙产最多、名气最响的善因寺方丈的位置,退居到三圣庵这个小庵,信奉孔子、释迦牟尼、老子这三位圣人。

阎老说大淖过去很复杂,这里曾经先后枪毙过6个人。第一个被枪毙的是傅金元,罪名是杀人,被杀害的是俞家糖坊的伢子,枪决时间是1938年10月。时隔两年(1940年)被枪毙的张士清,人称他"三桃子",是个作恶多端的土匪强盗。中华人民共和国成立初期,第三个被枪毙的大淖人是陈士琪,他是日军神兵队员,住在草巷口北头的刘万泰炕房。那次被同时执行枪决的还有大地主杨谨之、日军侦缉队队长戚桂林和有杀人血债的中医高际春的儿子。

草巷口最北端有个普铜塔,该塔在1931年被毁。普铜塔实际上是个尼姑庵,常年住着几个尼姑,香火还算旺盛。尼姑庵靠近荸荠埂,荸荠埂向西有个土地庙,里面住的都是"钢头花子"。

记得1961年夏天的一个晚上,在窑巷口北边的旷地上,将要焚烧尼姑龛——立着的木制棺材,架在木材上焚烧。消息不胫而走,那天晚上县城中的人们纷纷从四面八方涌向窑巷口,目睹这难得一见的情景。这位被火化的尼姑就是普铜塔死去的老尼姑,也是最后一位火化者。以前普铜塔的尼姑去世也都是火焚,地址就在普铜塔附近。佛教中,僧人圆寂后不管是和尚还是尼姑,死了以后通常放在特制的缸内,俗称"坐缸"。如果是高僧大德，则要"封缸"，等到3年以后看是否能够留下肉身。如果有的话，可以将之涂上金粉称为"肉身菩萨"。九华山有一个"肉身菩萨"就是高邮的慈明法师，俗名陈万超，字福如。他1904年出生于高邮卸甲镇三河村，家中兄弟三人，慈明排行老三。据传，在他出生时，家中异香满堂，檀香阵阵。父亲知是奇兆，喜悦万分，对其格外溺爱，称其"三宝"。他母亲笃信佛教，幼年就将其送到高邮菩提寺，后到扬州高旻寺，再转至九华山修行。1990年11月26日晚6时，慈明法师对爱徒交代后事，并留一偈："忘我戒生灵，是如不变迁。真持亦放下，谁住叹空也。"话音刚落，便含笑西归，世寿86岁。

普通出家人去世，都选择直接火化。火化的佛教名词叫"荼毗"。

每年农历五月十八，三个土地老爷迎会都要从草巷口里面走，然后经荸荠梗向西到庙巷口，再在新巷口折返向东。四个城门的都天菩萨迎会也由草巷口走。农历八月十六的泰山庙迎会则要游到南门外的华严寺，晚上返回到泰山庙。泰山庙广场上放焰火的场面甚是壮观热闹。

草巷口北端姓侯的比较多，他们与那些挑箩把担、引车卖浆者有着本质的区别。侯姓注重教育，比较有名气的是侯晓，他是位私塾先生。他的大儿子侯开山是米厂的管事，二儿子侯开明1946年是儿童团团长，后去了上海。侯晓的侄子侯文才开车行出租黄包车，手上曾有6辆黄包车——这在当时很是了不起的，他同时还开私塾馆。侯晓还有个侄子侯开鼎是个算命先生，在新巷口开了个课命摊子。侯晓还有个聋哑弟弟无后，老两口长期与之共同生活。侯开明的儿子侯红章，20世纪60年代曾经是县政府的秘书，可惜英年早逝。姓侯的也有卖苦力靠肩膀吃饭的，住在大淖河边一带。

那时草巷口北端很荒芜，没有几户人家，西边是一大片无主的乱葬茔，谓之"阴城"。与侯家为邻的刘姓人家，主要贩鱼、贩小鸡，也有拉磙子碾材打芦席的，有一户是开炕房的。

离草巷口不远的北窑庄姓李的不少，但都很穷，与侯姓的富足形成了明显的对比。是什么原因导致"李穷侯富"？有人找来了风水大师解释：李家的桃子被猴（侯）子吃掉了，岂能不穷？于是乎李家人就在大淖河东岸砌了个门朝西的土地庙，形成一个人为的屏障阻隔。从此以后，李姓人家逐渐富了起来，侯姓人家则日显衰败。侯家为了拆除该土地庙，与李家为此还打起了官司，最终侯家败诉。这都是一百多年前的事了。

普铜塔始建于汉代。传说普铜塔是个龙盘之地，而且是九龙盘顶的龙首。这里曾经出了个反王，杀得方圆40里都没有人烟。为了保护这一带黎民百姓的平安，天降9龙。臭河边、越塘、荸荠埂、五坛、大淖各有一条龙，北窑庄那边有4条龙。普铜塔门口两边各有一口井，传说是龙的双眼。1931年发大水这里没有被淹掉。普铜塔这个尼姑庵在1958年建水泵厂时被彻底拆掉了。

草巷口一带打芦席的比较多。这是件非常辛苦的活，整天盘坐在芦席上，双手被芦篾划出血来是常事。一天这活儿做下来，换来的是腰酸背痛和伤痕累累的手。我发现做芦席的手，几乎都干燥皲裂，许多手指常年缠着胶布，和她们的实际年龄极不相称。难怪这里曾流传着这么一个民谣："养女不把土城头，日做地摊子夜如牛。三天不洗脸，七天不梳头。手如莉笆手，头像牛海头。"

草巷口北边的居民靠肩膀吃饭的不在少数，开炕房、蛋行、草行、陆陈行、八鲜行和粪行的居多。《异秉》中王二的砂炒、熏烧的作坊，连万顺酱园的作坊都位于草巷口中段偏北。往南便是汪厚基老宅、东玉堂澡堂子、余元泰炕房和金大力茶炉。这些都是构成草巷口大淖区域的基本场景。

六、市井生活

十八半个箩班——汪曾祺笔下的挑箩把担

汪曾祺的家境很好,但汪家大宅所处位置并非江苏高邮市中心,而是位于北城门外东大街的草巷口地段,这里是城乡接合部,是粮食、柴草、农副产品的集散地。因此,汪曾祺从小就有机会接触和观察店家、小商贩、手艺人、种菜的、卖苦力的、乡下人等形形色色的人,并将这些人写进了他的小说和散文里。

每天,汪曾祺从竺家巷的家中出来,向南便是臭河边,向东几步过了螺蛳坝就是越塘,越塘是挑夫聚居的地方。旧社会城里人瞧不起挑夫,总带着蔑视的口吻称他们是"挑箩把担"的,但汪曾祺从来没有轻视过他们,相反,他尊重他们,佩服他们在艰苦的条件下仍然乐观地面对生活的豪放性格。

汪曾祺的《大淖记事》算是真实地再现了当时当地的生活画面。汪曾祺在这篇小说里写故乡"举目之所接全是水"。确实,高邮是水做的城市,有着数不清浪漫多情的河流。整个高邮城四面都被水包围着。

汪曾祺笔下的大淖很美。巧云生活在大淖的东边,再往东一点儿便到窑巷口了。大淖西边与东边显然不同,西边的人靠手艺吃饭,而东边的人靠肩膀吃饭,与越塘河边挑夫们干的是一样的活。

轮船公司位于大淖的南岸,这里仿佛是个分界线。

轮船公司东头都是草房,茅草盖顶,黄土打墙,房顶两头多

· 223 ·

文学家的秘境

盖着半片破缸破瓮，防止大风时把茅草刮走。这里的人，世代相传，都是挑夫。男人、女人，大人、孩子，都靠肩膀吃饭。挑得最多的是稻子。东乡、北乡的稻船，都在大淖靠岸。满船的稻子，都由这些挑夫挑走。或送到米店米厂，或送进哪家大户的廒仓，或挑到南门外琵琶闸的大船上，沿运河外运。有时还会一直挑到车逻、马棚湾这样很远的码头上。单程一趟，或五六里，或七八里、十多里不等。一二十人走成一串，步子走得很匀，很快。一担稻子一百五十斤，中途不歇肩。一路不停地打着号子，换肩时一齐换肩。打头的一个，手往扁担上一搭，一二十副担子就同时由右肩转到左肩上来了。每挑一担，领一根"筹子"——尺半长，一寸宽的竹牌，上涂白漆，一头是红的。到傍晚凭筹领钱。

对以上的场景，我有很深的印象。

稻谷之外，挑夫们什么都挑：砖瓦、木材、石灰、竹子、桐油……凡是要用力气的重活都需要他们。一年三百六十五天，天天有活干，所以他们饿不着。但从农村运上来的柴草都是农民自己挑，他们犯不着把钱给挑夫们赚。

汪曾祺在《八千岁》里写道："头糙卖给挑箩把担卖力气的，二糙三糙卖给住家铺户，高尖只少数高门大户才用。"挑夫们吃的都是头糙，头糙米价格便宜还熬饿，从现在营养学的角度来说还富含维生素。挑夫们的生活很简单：卖力气，吃饭。一天三顿，都是干饭。

这些人家因房屋简陋且小，都不盘灶，烧的都是从西头李锅箱家买来的"锅腔子"——黄泥烧成的矮瓮，一面开口烧火。烧柴是不花钱的。淖边常有草船，乡下人挑芦柴入街去卖，一路总要撒下一些。于是尚未挑担挣钱的孩子，就一人一把竹笆，到处去收集。因此，这些孩子得到一个稍带侮辱性的称呼"笆草鬼子"。"有时懒得费事，就从乡下人的草担上猛力拽出一把，拔腿就溜。等乡下人撂下担子叫骂时，他们早就没影儿了。"

六、市井生活

"挑夫的孩子很少读书上学，十三四岁就开始挑了。起初挑半担，用两个柳条笆斗。练上一二年，人长高了，力气也够了，就挑整担，像大人一样挣钱了。"我的小学同学里就有"挑箩把担"的子女，他们的岁数普遍比我们大一两岁，部分小学没毕业就辍学了。不上学的女孩子就在家打芦席，当时有个歌谣十分形象地描绘了她们的状况："养女不把土城头，日做地摊夜如牛。三天不洗脸，七天不梳头。手如钉耙手，头像牛海头。"所谓土城头，是指草巷口北端的地势比较高。

巧云的父亲黄海蛟，是挑夫里的一把好手，他专能上高跳。我见过粮库、酒厂的高跳，那个活儿既要体力，更需胆识。巧云十七岁那年，黄海蛟在一次挑重担上高跳时，失足从三丈高的跳板上摔下来，摔断了腰，半瘫在床上。后来被刘号长打个半死的十一子也住在巧云家。

一家三张嘴，两个男的不能挣钱，但要吃饭。大淖东头的人家本来就没有积蓄，也没有什么东西可以变卖典押。结渔网，打芦席，都不能当时见钱。十一子的伤一时半会不会好，日子长了，怎么过呢？巧云没有经过太多考虑，把爹用过的箩筐找出来，磕磕尘土，就去挑担挣"活钱"去了。姑娘媳妇都很佩服她。起初她们怕她挑不惯，后来看她脚下很快，很匀，也就放心了。从此，巧云就和邻居的姑娘媳妇在一起，挑着紫红的荸荠、碧绿的菱角、雪白的连枝藕，风摆柳似的穿街过市，发髻的一侧插着大红花。她的眼睛还是那么亮，长睫毛忽扇忽扇的。但是眼神显得更深切，更坚定了。她从一个姑娘变成了一个很能干的小媳妇。

别小看这些"挑箩把担"的，他们可都是有组织的，有着自己的地盘和势力范围。据阎世俊老人说，中华人民共和国成立前高邮共有十八半个箩班，大致分布在通船的大河旁及有港湾的地方，每个箩班有十来个挑夫不等，他们都有固定的地盘和经营范围。笿班分布在人民桥、越塘、草巷口、搭狗桥、元沟子（猪草巷）、御码头、庙巷口、土坝口、通湖桥、北城门、马棚巷、中市口、察院桥、南石桥、琵琶闸、马饮溏、双门尽头和石工头等处。长生桥这边也有个笿班，因业务少人少，只能称得上半个笿班。这就是十八半个笿班的由来，简称为"十八班半"。

土坝口的王朝是笿班的总头目，实力比较强的还有：搭狗桥的金荣贵、草巷口的朱长富、越塘的黄开榜、通湖桥的黄有才、中市口的周二瞎子。

这些分布于各处的笿班，当某处业务忙起来也会叫其他笿班来帮忙，但必须从中"抽层"。挑夫们除了"挑笿把担"，还包揽当地的红白喜事。出殡、抬轿、菩萨迎会等一样不落。只有枪毙人时抬围栏（犯人坐在里面）是义务的。

俗话说："一天不授，一天不食。"挑夫们多数情况下无隔宿之粮，汗干钱了。有时为了挣挑一担稻子，他们之间争得面红耳赤，甚至大打出手。晚上蹲在吉升酱园店的酒坛盖上，就着一把花生，喝上二两老酒，就是他们一天当中最快活的时候。有时也会到东玉堂泡个澡，然后拖着疲惫的身体走回家。

汪曾祺在1993年曾写了小说《黄开榜的一家》。黄开榜是山东人，当兵开小差流落到高邮。他开始时没有固定职业，干过"催租的"，弄过"下神"，还干过"吹喇叭"。"这是一种细长颈子的紫铜喇叭，长五六尺，只能吹一个音：嘟——。早年间迎亲、出殡都有两种东西，一是长颈喇叭，二是铁铳。花轿或棺椁前面是吹鼓手，吹鼓手的前面是喇叭，喇叭起了开路的作用。黄开榜年轻中气足，一口气可以吹得很长。"

黄开榜主业是挑夫，并且是越塘笿班的头目，他二儿子也是挑夫，后不知跑到什么地方去了。男人走了，二媳妇靠"挑笿把担"维持衣食。自从和毛三"靠"上了，就很少挑笿了。三儿子是黄开榜家的顶梁柱，"为人正气，越塘人都尊重他"。三子在五里坝挑稻子时领回了一个新媳妇。新媳妇对越塘一带的风气看不惯，后来找了块地皮，"盖三间草房"，分开过了。

六、市井生活

汪曾祺笔下的民俗风情

汪曾祺的作品中最出彩的部分当数写故乡高邮，而其中写民俗风情的内容当属精品中的精品。在苏北水乡的自然环境和民间文化的浸染之下，汪曾祺的文字到处洋溢着"水"的清新、柔美、细腻和淡雅。他对人生百态和市井民情的描写与他小时候的生活环境、所受教育以及老师的影响息息相关。他用平淡的叙述营造一种诗意的氛围，作品合起来犹如一幅民国时期苏北水乡的"清明上河图"，他笔下的许多风俗习惯至今还在民间延续着。

婚丧礼仪、居所陈设、饮食服饰等民俗风情，在汪曾祺的作品中随处可见。当然，他绝不是为写风俗而写风俗。文学毕竟不是民俗学。在他的作品中，这些土风习俗、陈年遗风，或是用于人物出场前的铺垫，或是用于故事的发展，或是用于整个作品情调的渲染，都有一定的用途。

汪曾祺擅长写民俗风情，也许与他的老师沈从文有关。在沈从文的作品中，风俗画几乎是必不可少的元素。汪曾祺的作品让人们看到他家乡的"清明上河图"，看到与他乡不一样的文化元素。在本文中我就汪曾祺笔下的民俗风情做个简单的梳理。

汪曾祺在《黄开榜的一家》中写道：

他没有固定的职业，年轻时吹喇叭。这是一种细长颈子的紫铜喇叭，长五六尺，只能吹一个音：嘟——。早年间迎亲、出殡都有两种东西，一是长颈喇叭，二是铁铳。花轿或棺柩前面是吹鼓手，吹鼓手的前面是喇叭，喇叭起了开路的作用。黄开榜年轻中气足，一口气可以吹得很长。这喇叭的声音很不好听，尖锐刺耳。后来就没有什么人家用了。铁铳也废了，太响了，震得人耳朵疼。

……黄开榜还有一件拿不到钱，但是他很乐意去干的事，是参加"评理"，而且是不请自来。两家闹了纠纷，就约了街坊四邻、熟人朋友，到茶馆去评理，请大家说说公道话，分判是非曲直。评理的结果大都是调停劝解，大事化小，彼此不再记仇。两家评理，和黄开榜本不相干，谁也没有请他，他自己张凳子，一屁股就坐了下来，咋长六七，瞎掺和。他嗓门很大，说起话来唾沫星子乱喷，谁都离他远远的。他一面大声说话，一面大口吃包子。这地方吃茶都要吃包子，评理的尤不能缺。

汪曾祺的《礼俗大全》写吕虎臣帮人家办喜事：

吕虎臣事不多，找一个胖小子押轿；花轿到门，姑爷射三箭；新娘子跨火盆，过马鞍……直至坐床撒帐，这都由姑奶奶、姨奶奶张罗，属于"妈妈令"。吕虎臣只关心一件事：找一位"全福太太"点燃龙凤喜烛。"全福太太"即上有公婆父母，下有儿女的那么一个胖乎乎的半大老太太，这样的"全福人"不大好找，吕虎臣早就留心，道一声："请！"全福太太就带点腼腆，款款起身，接过纸媒子，把喜烛点亮。于是洞房里顿时辉煌耀眼，喜气洋洋。

六、市井生活

做白事很有讲究，汪曾祺拿他二妈（二伯母）的父亲孙筱波的丧事为例，较为详细地作了介绍：

> 吕虎臣第一件事是用一张白宣纸，裁成四指宽、一尺多长，写了三个扁宋体的字"盥洗处"，贴好了，检查检查"初献""亚献""终献"的金漆小木屏，察看了由敞厅到灵堂的道路，想了想遗漏了什么事。
>
> "开吊"有点像演戏。"初献""亚献""终献"，各有其人。礼生执金漆小屏前导，司献戚友蹑方步至灵前"拜"——"兴"，退出。"亚献""终献"亦如此。这当中还要有"进曲"，一名鼓手执荸荠鼓，唱曲一支，内容多是神仙道化，感叹人世无常；另有二鼓手吹双笛随。以后是"读祝"，即读祭文，祭文不知道为什么叫做"祝"。礼生高唱"读祝者读祝"，一个嗓音清亮，声富表情的亲戚（多半是本地才子）就抑扬顿挫，感慨唏嘘地朗读起来。有人读祝有名，读到沉痛婉转处可令女眷失声而哭。其实"祝"里说的是什么，她们根本不知道，只是各哭其所哭。"祝"里许多词句是通用的，可以用之于晴雯，也可以用之于西门庆。
>
> "开吊"最庄严肃穆的一个节目是"点主"。"神主"枣木牌位上原来只写某某之"神王"，主字上面一点空着，经过一"点"，显考或显妣的灵魂就进入牌内，以后这小木牌就成了显考显妣们的代表。点主要请一位官大功高的耆宿。李菉是常被请的。他点过翰林，在本县可说是最高功名，他脸上有几颗麻子，仆人们都叫他"李三麻子"，因为他架子大，很不好伺候。礼生高唱："凝神——想象，请加墨主！"李菉就用一支新笔舔了墨在"神王"

229

文学家的秘境

上点了一个瓜子点,"凝神想象请加朱主!"李三麻子用白芨调好的朱砂,盖在"墨主"上。于是礼成。"凝神——想象"这是开吊所用的最叫人感动、最富人情味的、最艺术的语言。其余的都只是照章办事,行礼如仪而已。

汪曾祺正月十五出生,那天正好是灯节。他喜欢这个日子,特写了《故乡的元宵》一文,向世人展示了故乡的元宵节:

> 故乡的元宵是并不热闹的。
>
> 灯节没有狮子、龙灯,没有高跷,没有跑旱船,没有"大头和尚戏柳翠",没有花担子、茶担子。这些都在七月十五"迎会"——赛城隍时才有,元宵是没有的。很多地方兴"闹元宵",我们那里的元宵却是静静的。
>
> ············
>
> 草巷口有个吹糖人的。孙猴子舞大刀、老鼠偷油。
>
> 北市口有捏面人的。青蛇、白蛇、老渔翁。老渔翁的蓑衣是从药店里买来夏枯草做的。
>
> 到天地坛看人拉"天嗡子"——即抖空竹,拉得很响,天嗡子蛮牛似的叫。
>
> 到泰山庙看老妈妈烧香。
>
> 一天过去了。
>
> 不过元宵要等到晚上,上了灯,才算。元宵元宵嘛。我们那里一般不叫元宵,叫灯节。灯节要过几天,十三上灯,十七落灯。'正日子'是十五。
>
> 各屋里的灯都点起来了。大妈(大伯母)屋里是四盏玻璃方

灯。二妈屋里是画了红寿字的白明角琉璃灯，还有一张珠子灯。我的继母屋里点的是红琉璃泡子。一屋子灯光，明亮而温柔，显得很吉祥。

按捺不住的汪曾祺会上街去看走马灯。"连万顺家的走马灯很大。""孩子有自己的灯。兔子灯、绣球灯、马灯……兔子灯大都是自己动手做的。"我小时候看过"麒麟送子"，汪曾祺在《故乡的元宵》中有送麒麟的描述：

  上午，三个乡下的汉子，一个举着麒麟，——一张长板凳，外面糊纸扎的麒麟，一个敲小锣，一个打镲，咚咚当当敲一气，齐声唱一些吉利的歌。每一段开头都是"格炸炸"：格炸炸，格炸炸，麒麟送子到你家……

  ……"格炸炸"完了，祖母就给他们一点钱。

汪曾祺在《故里三陈·陈四》中写道：

  都土地出巡是没有什么看头的。短簇簇的一群人，打着一些稀稀落落的仪仗，把都天菩萨（都土地为什么被称为"都天菩萨"，这一点我也不明白）抬出来转一圈，无声无息地，一会儿就过完了。所谓"看会"，实际上指的是看赛城隍。

关于阴历七月半的看会，汪曾祺在《故里三陈·陈四》里有详细的描写：

  那真是万人空巷，倾城出观。到那天，凡城隍所经的要闹之处的店铺就都做好了准备：燃香烛，挂宫灯，在店堂前面和临街的柜台里面放好了长凳，有楼的则把楼窗全部打开，烧好了茶水，等着东家和熟主顾人家的眷属光临。这时正是各种瓜果下来的时候……瓜香果味，飘满一街。各种卖吃食的都出动了，争奇斗胜，吟叫百端。到了八九点钟，看会的都来了。老太太、大小姐、小少爷。老太太手里拿着檀香佛珠，大小姐衣襟上挂着一串白兰花。佣人手里提着食盒，里面是兴化饼子、绿豆糕，各种精细点心。远远听见鞭炮声、锣鼓声，"来了，来了！"于是各自坐好，等着。

……打头的是"拜香的"。都是一些十六七岁的小伙子，光头净脸，头上系一条黑布带，前额缀一朵红绒球，青布衣衫，赤脚草鞋，手端一个红漆的小板凳，板凳一头钉着一个铁管，上插一枝安息香。他们合着节拍，依次走着，每走十步，一齐回头，把板凳放到地上，算是一拜，随即转向再走。这都是为了父母生病到城隍庙许了愿的，"拜香"是还愿。后面是"挂香"的，则都是壮汉，用一个小铁钩勾进左右手臂的肉里，下系一个带链子的锡香炉，炉里烧着檀香。挂香多的可至香炉三对。这也是还愿的。后面就是各种玩艺了。

十番锣鼓音乐篷子、茶担子、花担子、舞龙、舞狮子、跳大头和尚戏柳翠、跑旱船、跑小车……

最清雅好看的是"站高肩"。下面一个高大结实的男人，挺胸调息，稳稳地走着，肩上站着一个孩子，也就是五六岁，青蛇、白蛇、法海、许仙，关、张、赵、马、黄，李三娘、刘知远、咬脐郎、火公窦老……他们并无动作，只是在大人的肩上站着，但是衣饰鲜丽，孩子都长得清秀伶俐，惹人怜爱。"高肩"不是本城所有，是花了大钱从扬州请来的。

后面是高跷。

再后面是跳判的。

汪曾祺笔下的看会场景，我是有印象的，按时间推算应该在20世纪40年代末，但绝不是为了迎城隍，而是什么重大节日。什么打腰鼓、花担子、大头和尚、崴大湖人船、跑旱船、舞狮子、舞龙都有，印象最深的当数踩高跷和跳判官。踩高跷的都是些瓦匠，走累了会倚在沿街商铺的屋檐下休息片刻。跳判官是多人抬起的木架，上面铺设木板，判官一文一武，手执朝笏，边走边跳。跳判官的一般是卖鱼的，舞龙的是米厂的，舞狮的则是搬运工人。玩这些玩意的都有一定的规矩。

汪曾祺的文字追忆着过去，追忆着传统，追忆着原初，给人们酿出的是一股温馨的古风。

《受戒》整篇看来都是风俗画。《受戒》所写的佛门与农家比邻而居的谐趣，打破了一般写佛门生活的传统格调，使人们感到佛门生活也不是森严呆板、清心寡欲的，和尚也是人，人所具有的七情六欲和尚都有。和尚做法事主要是放焰口。"正规的焰口是十个人。一个正座，一个敲鼓的，两边一边四个。人少了，八个，一边三个，也凑合了。"现在我们这里死人、过冥寿都要放焰口，一般八个人居多，死人放焰口一般会在六七内做，而且放在家里进行的居多。过冥寿则常常到庙宇里去做。我们家做佛事不是极乐庵就是镇国寺。只是现在的和尚更专业化了，手机、电动车配备齐全，只要有需求，可随时组织班子，还是应了"和尚是职业，居士是信仰"那句话。

《大淖记事》给我们展示的则是另一幅民俗画。大淖是一片水和水边的陆地，这里是城区和乡下的交界处。坐在大淖的水边，可以听到远远一

文学家的秘境

阵一阵模模糊糊的城市嘈杂声,但是这里的一切和街里不一样。这里没有一家店铺。这里的颜色、声音、气味和街里不一样。这里的人也不一样。他们的生活,他们的风俗,他们的是非标准、伦理道德观念和街里的穿长衣念过"子曰"的人完全不同。

由轮船公司往东往西,各距一箭之遥,有两伙住户人家。这两伙人家是不相同的,各有各的乡风。

轮船公司东边一拨人,世代相传,都是挑夫。男人、女人、大人、孩子,都靠肩膀吃饭。他们挑稻子、挑砖瓦石灰,挑竹子,挑桐油……一年三百六十天,天天有活干,饿不着。挑夫们的生活很简单:卖力气,吃饭。逢年过节,除了换一件干净衣裳,吃得好一些,就是聚在一起赌钱。这里的姑娘、媳妇像男人一样挣钱,挑鲜货是她们的专业。常常能看见一二十个姑娘、媳妇挑着一担担紫红的荸荠、碧绿的菱角、雪白的连枝藕,走成一长串。她们像男人一样做事,说话,嘴里不忌生冷,没出门子的姑娘还文雅一点儿,一做了媳妇就简直是"姜太公在此百无禁忌",要多野有多野。这里人家的婚嫁极少明媒正娶。媳妇,多是自己跑来的;姑娘,一般是自己找人。她们在男女关系上是比较随便的。因此,街里的人说这里"风气不好"。

汪曾祺对大淖姑娘、媳妇的描述,以抒情的笔触,把世俗的劳动生活、劳动场面描绘得色彩鲜明、情真意切。在世俗生活场景中写出诗情画意,就更能表现出汪曾祺对生活的热爱和观察,表现世俗生活的高尚意趣。

汪曾祺《故里杂记·李三》描述东大街的李三,让我知晓了土地庙及其"当坊土地当坊了"的由来:

李三是地保,又是更夫。他住在土地祠。土地祠每坊都有一个。"坊"后来改称为保了。只有死了人,和尚放焰口,写疏文,写明死者籍贯，还沿用旧称："南赡部洲中华民国某省某县某坊信士某某……"云云，疏文是写给阴间的公事。大概阴间还没有改过来。土地是阴间的保长。其职权范围与阳间的保长相等，不能越界理事，故称"当坊土地"。李三所管的，也只是这一坊之事。出了本坊，哪怕只差一步，不论出了什么事，死人失火，他都不问。一个坊或一个保的疆界，保长清楚，李三也清楚。

汪曾祺在《异秉》中对王二的描述最能体现东大街的市井百态：

这地方一般人家是不大吃牛肉的。吃，也极少红烧、清炖，只是到熏烧摊子去买。这种牛肉是五香加盐煮好，外面染了通红的红曲，一大块一大块地堆在那里。买多少，现切，放在送过来的盘子里，抓一把清蒜，浇一勺辣椒糊。蒲包肉似乎是这个县里特有的。用一个三寸来长直径寸半的蒲包，里面衬上豆腐皮，塞满了加了粉子的碎肉，封了口，拦腰用一道麻绳系紧，成一个葫芦形。煮熟以后，倒出来，也是一个带有蒲包印迹的葫芦。切成片，很香。猪头肉则分门别类地卖，拱嘴、耳朵、脸子，——脸子有个专用名词，叫"大肥"。要什么，切什么。到了点灯以后，王二的生意就到了高潮。只见他拿了刀不停地切，一面还忙着收钱，包油炸的、盐炒的豌豆、瓜子，很少有歇一歇的时候。一直忙到九点多钟，在他的两盏高罩的煤油灯里煤油已经点去了一多半，装熏烧的盘子和装豌豆的匣子都已经见了底的时候，他媳妇给他送饭来了，他才用热水擦一把脸，吃晚饭。吃完晚饭，总还有一些零零星星的生意，他不忙收摊子，他端了一杯热茶，坐到保全堂店堂里的椅子上，听人聊天，一面拿眼睛瞟着他的摊子，

文学家的秘境

见有人走来，就起身切一盘，包两包。

汪曾祺是一个具有独特审美眼光的作家，儒释道的思想观念深深影响了他的生命哲学思想，他崇尚一种恬淡和谐的社会生活。此外，他的老师沈从文的创作风格和淡泊名利的品质也深深地影响了汪曾祺的审美价值和创作风格。在广泛吸收经验的基础上他显示出了自己鲜明的艺术个性。正如他自己所主张的："纳外来于传统，融奇崛于平淡，以俗为雅，以故为新。"汪曾祺的文字中的民俗风情是他心中的深情，为读者展现了一幅浓墨淡彩的美好画卷。

六、市井生活

汪曾祺为他题写店招牌

汪曾祺纪念馆陈列了一张汪曾祺为理发师题写的店招牌,这引发了我寻根刨底的兴趣。我几经周折终于找到了这位理发师傅从富友。他87岁(本书作者写作时间)了,仍耳聪目明,精神矍铄,说起话来中气十足。他是我家的老邻居,我过去理发都去找他,后来他有皮肤疾患也去二院找过我。

当我问起汪曾祺为他题写店招牌一事,他哈哈大笑起来,并引发了他聊天的兴致。他说:"汪曾祺人好呢,不像有些人跩跩的。他不摆大作家的派头,平易近人,没有一点架子。"

他与汪曾祺的相识,源于汪曾祺1981年10月第一次回故乡。老从的儿子与汪曾祺外甥是同班同学,又一起入伍参军。儿子入伍前,老从因事去了汪曾祺的妹妹汪丽纹家,适逢汪曾祺在。当知道老从姓从后,汪曾祺就与之聊了起来:"你的祖父和父亲,我都认识,你还有一个大哥,也叫'狗子',比我小一岁。"汪曾祺小名也叫"狗子"。老从说:"您记忆力真好!"从家住在草巷口北端,离三圣庵不远。从家在大淖河边有一个大藕塘,汪曾祺小时常挟一本书去藕塘,一边欣赏荷花一边读书。汪曾祺的祖父曾经带汪曾祺拜访过三圣庵的指南和尚。

汪曾祺三次返乡,没事的时候总喜欢沿着北门外的大街小巷闲逛,寻找儿时的感觉,激发新的创作灵感。从师傅的理发店换过几个地方,最初就在傅公桥路上，即过去的科甲巷。这里是汪曾祺来来去去的必经之地。他在高邮期间曾两次请从师傅理发。从师傅说汪曾祺理发与众不同，只需用剪刀稍微将头发修短一点儿即可，绝不用推刨去推。汪曾祺夸从师傅头剪得好，非常适合他，老从若在北京，必定每次理发都会去找他。

他们俩非常投缘，也聊得来。老从顺着汪曾祺的外甥喊汪曾祺为大舅舅。他们聊的内容很多，家事、天下事都聊，聊到老从小时候曾经请汪曾祺的父亲汪淡如看过眼疾，聊到汪曾祺的《大淖纪事》。老从："您把大淖写活了。"汪曾祺："你知不知道关于大淖的一些歌谣？"老从当即朗诵般说："日做地摊夜如牛。三天不洗脸，七天不梳头。手如丁笆手，头像牛海头。"汪曾祺："还差一句呢。"老从："记不得了。"汪曾祺补充道："有女不嫁土城头。"汪曾祺："草巷口一带的女人真苦！芦材买回来先一根根地劈，然后拉石磙子碾。早上起来脸不洗嘴不漱，先打两张芦席，一天要打10张。还要烧饭带孩子。芦席打好了还要下乡去卖。真的很辛苦！所以没有人家愿意把女儿嫁到大淖草巷口一带。"老从："还准备写大淖、草巷口的故事吗？"汪曾祺："写，写的玩。这里的房子太小，妹妹一家及弟弟睡在楼下，我睡在阁楼上，在这里写不起来。"（汪曾祺1981年返乡，前期都住在政府招待所，后期则在妹妹汪丽纹家住了几天。）

老从与汪曾祺还聊起了"火烧海潮庵"。老从戏称是"籇麻油花子籇来的！"汪曾祺听其叙述后说老从确实是"籇的麻油花子籇来的"，因有些内容被添油加醋了。其实，汪曾祺于1981年6月在《故里杂记》里就写了这件事：

有一天，不知怎么发现了海潮庵里藏着一窝土匪。地方保安队来捉他们。里面往外打枪，外面往里打枪，乒乒乓乓。最后是有人献计用火攻——在庵外墙根堆了稻草，放火烧！土匪吃不住劲，只好把枪丢出，举着手出来就擒了。海潮庵就在侉奶奶家前面不远，两边开仗的情形，她看得清清楚楚。她很奇怪，离得这么近，她怎么就不知道庵里藏着土匪呢？

有一天，汪曾祺去老从那里理发，但见店里忙就说他先到文游台逛一下。等他回去时见理发店门口有一位卖菜的老妇，就弯腰上前问："这豌菜头卖不卖？"老妇："二十元一斤呢，还有一斤多吧，你代我收市啊？"汪曾祺："嗯，收市。"老妇顺手一称还有一斤二两，老妇："你若要就把一斤钱吧。"汪曾祺："称多少算多少，怎么能算一斤呢。"老妇："是下垂砣唉。"汪曾祺笑着说："我用肩膀扛一扛不就一斤二两了。"汪曾祺幽默诙谐的语言让在场的人都捧腹不已。

最后找零钱时又差两分钱，老妇面露尴尬，汪曾祺说："不要找了，这两分钱就当喝茶钱，什么时候到你家喝茶去。"并继续问老妇："家住哪里？"老妇："双沟的。"汪曾祺："是桥东还是桥西？姓什么？"老妇："桥东第三家，姓刘。"

正聊着，东大街一个做裁缝的周二爷又来剃头，他见汪曾祺似曾相熟，就冒昧地问汪曾祺："您姓什么？"汪曾祺就冲着他笑："你猜！"周二爷："你是不是姓汪？"汪曾祺听罢笑出声来："被你猜上去了。"周二爷："我们小时候不是在一起上过书房的吧？"汪曾祺："是的，在谈家大门楼上的私塾。"周二爷："什么时候到我家去玩，我就住在草巷口西边，坐南朝北，老从晓得呢。"汪曾祺："嗯，一定去玩。"汪曾祺与老妇及周二爷的简单对话，彰显了汪曾祺重感情，喜欢体察民情及了解人间烟火的另一面。汪曾祺在北京喜欢买菜做菜，到外地也喜欢逛菜市场，想不到回到高邮，仍然改不了这一个习惯。

1991年10月汪曾祺与夫人施松卿第三次回家乡，从师傅向汪曾祺提了个要求。汪曾祺说:"只要我能办到,你尽管提。"从师傅就讲:"帮我写个店招牌!"听到此话,汪曾祺爽朗地笑了起来:"没问题,一句话。"当晚汪曾祺接到北京的电话,讲美国一个作家代表团来北京,要求他立即返京,第二天汪曾祺就回北京了。

汪淡如为小孩治眼疾的事,汪曾祺在《我的父亲》一文中提及此事:

这个"孩子"现在还在,已经五十几岁了,是个理发师傅。去年我回家乡,从他的理发店门前经过,那天,他又把我父亲给他治眼的经过,向我的妹婿详细地叙述了一次,这位理发师傅希望我给他理发店写一块招牌。当时我很忙,没有来得及给他写。我会给他写的。

1992年5月,汪丽纹随医院同事去北京旅游。临走时,大舅母施松卿买了一条真丝料子送给外甥的女朋友;汪曾祺则亲自跑到荣宝斋买来洒金宣纸,写了新婚喜联(嵌字联):

凤传金羽捷,雨湿小梅红。

这时汪曾祺突然想起答应老从写店招牌的事,随即书写下"科甲巷口理发店"七个大字,又兴致盎然地为老从画了一幅《从家大荷塘》:画面上面有一只秃鹰在俯视,荷塘边一个妇女在洗衣服,一个男童在玩耍。洗衣服的显然是老从的母亲,男童就是从富友了。后来这幅《从家大荷塘》被从富友在江都的堂哥夺"爱"走了。从富友表示要将汪曾祺为他题写的真迹送给汪曾祺纪念馆珍藏。

六、市井生活

阴　城

我们这儿的阴城又称后阴城，是个神秘而又恐怖的地方。大人吓唬伢子时常说："再哭，把你送到阴城去！"还真灵验，听到此话，哭闹的伢子会立马不哭。阴，黑暗、阴森、阴间、诡诈也。

来看看汪曾祺是怎样描述阴城的："阴城是一片古战场。相传韩信在这里打过仗。现在还能挖到一种有耳的尖底陶瓶，当地叫做'韩瓶'，据说是韩信的部队所用的行军水壶……现在这里是乱葬岗，不知道从什么时候起叫做'阴城'。到处是坟头、野树、荒草、芦荻。草里有蛤蟆、野兔子、大极了的蚂蚱、油葫芦、蟋蟀。早晨和黄昏，有许多白颈老鸦。人走过，就哑哑地叫着飞起来。不一会，又都纷纷地落下了。"乌鸦通常浑身是黑色的，白颈老鸦非常稀少，民间一直有遇到它是晦气、不吉祥的说法。这里似乎是白颈老鸦的集散地，能经常见到它们且不在少数。

阴城，是一个相对的区域概念，位于东大街中段北侧，在公余杂货店、炼阳观、三茅宫一条线建筑物的北面，西起新巷口小学后身由冰房巷向北延伸，东至草巷口西边。炼阳观往北有一条河，河水潺潺，上游可与元沟子相接，向北与老横泾河相通，向东可通大淖。这条河也可能就是阴城的北限。为什么当地老百姓喜欢在阴城前面加上一个"后"字？这可能与它的地理位置有关。当时东大街的人口相对较稠密，唯独街北的居民稀而分散，荒凉的阴城后面几无人烟。

阴城即乱葬茔。这里到处是坟头，杂草丛生，是野狗、野猫、野兔、黄鼠狼们的居处，是地虫飞鸟的天堂，也是调皮胆大的孩子们的乐园——他们常去那里捉知了、金爸爸、棺材头蟋蟀。一般情况下很少有人到那里去，小孩更是胆怯畏步，即使去，也是在阳光明媚的日子成群结队地壮着胆去耍一把。我小时候一个人是不敢涉足阴城的，要去都是跟在大伢子屁股后面。在夜晚，阴城会有"鬼火"出现。"鬼火"随风飘荡，时而分散，时而聚集，还有追人现象：你走慢它慢，你走快它快，你停它也停。那阴森的情景足以吓死胆小的。西头的小黑子有次发热说胡话，据说就是被"鬼火"吓到了。他妈妈为他"站水碗"，并为他叫魂："小黑子，曷的家来呢！小黑子，曷的家来呢！"还有人附和："曷的家来了。"那叫声近乎凄凉。现代科学告诉我们，鬼火即磷火，是人与动物尸体腐烂时分解出的磷与水或氢作用时产生的磷化氢自燃产生的白色气体。夏日的夜晚看到白气带蓝绿色的火焰就是磷火。为什么多见于盛夏之夜呢？因为夏天气温高，化学反应快，若空气中湿度大一点儿，磷化氢更易于形成，而且气温高磷化氢也易自燃。至于"鬼火"为什么会"追人"，那是因为磷火很轻，容易随风或有人经过时带动空气而流动飘荡。

在那条臭河边，砌了一个很大的粪池，那是买卖、运储粪便的场所，经大淖将粪便运往乡下。河还是蛮宽的，水也干净，每到夏季，总有人耐不了炎热下河去游泳。怪就怪在每年都会有一个人在这条河里溺水而亡，都说是河里水鬼在找替死鬼。

"每到天气晴朗，上午十来点钟，在这条街上，就可以听到从阴城方向传来爆裂的巨响：'砰——磅！'大家就知道，这是陶虎臣在试炮仗了。孩子们就提着裤子向阴城飞跑。"汪曾祺描述的事情也是引导孩子去阴城的原因之一。不过，后来我们那个时候试炮仗的不再是陶虎臣，而是鞭炮加工厂的师傅们，这些师傅中确有陶虎臣的后代。

阴城是孩子们的乐土，更是汪曾祺魂牵梦萦的乐园：幼时汪曾祺经常与小朋友去那里捉蛐蛐，更多的时候是去放风筝。我与汪曾祺虽然在年龄上相差一辈，但阴城留给我们的印象竟相差无几且同样记忆深刻。汪曾祺在《岁寒三友》中写道："有一年地方政府要把地开出来种麦子，挖了一大片无主的坟，遍地是糟朽的薄皮棺材和白骨。麦子没有种成，阴城又成了一片野地，荒坟累累，杂草丛生。"难怪汪曾祺于1981年第一次返乡时竟为索要墨宝的亲戚书写了题为《阴城》的诗两首：

莽莽阴城何代名，夜深鬼火恐人行。
故老传云古战场，儿童拾得旧韩瓶。

功名一代余蓁冢，野土千年怨不平。
近闻拓地开工厂，从此阴城夜有灯。

时过境迁，物是人非，阴城的乱葬茔逐步地被蚕食，变成了民居和工厂。现在它已被人民花苑所替代，但街对面的水龙局及朱氏宗祠还屹立在原处没有什么变化。

阴城已成为历史，现在的人基本上没有印象，而于我及长辈们它却是一块充满恐怖鬼魅的地方。

汪曾祺与岳阳楼

2018年7月30日,我利用在湖北赤壁同济医院上班的间隙,专门去了趟岳阳,探访十分向往的岳阳楼。

是日,艳阳高照,十分炎热,我与陪我的韩同志游玩了湖北的赤壁古战场就直接驱车前往湖南岳阳。中午时分我们在岳阳楼景区附近饭店吃了便餐就购票进去了,38℃的高温丝毫没有影响我们的兴致。

素有"洞庭天下水,岳阳天下楼"盛誉的岳阳楼雄踞于岳阳古城的西门之上,其气势之壮阔,构制之雄伟,堪称江南三大名楼之首。岳阳楼真正闻名于天下是在北宋滕子京重修、范仲淹作《岳阳楼记》以后。滕子京不愧为一位远见卓识的名臣,他认为"楼观非有文字称记者不为久,文字非出于雄才巨卿不成著"。于是,他便请当时的大文学家范仲淹写下了名传千古的《岳阳楼记》。斯文一出,广为传诵,虽只有寥寥369字,但其内容之博大,哲理之精深,气势之磅礴,语句之铿锵,真可谓匠心独运,堪称绝笔。其中"先天下之忧而忧,后天下之乐而乐"二句成为千古名言。自此,岳阳楼名扬天下。

之后历朝历代的诗文名家在此留下了大量优美的诗文。如孟浩然、李白、杜甫、李商隐等著名诗人都写下了语工意新的名篇佳句,杨荃、李东阳、何景明、袁枚、姚鼐等都曾来此把酒临风,登楼吟咏。

在岳阳楼一千余年的历史中,它几经风雨沧桑,屡毁屡建,有史可查的修葺有 30 余次，许多文人墨客留下了不同时期风格迥异的《岳阳楼记》。真正让我想不到的是，在众多的楼记里竟有汪曾祺的《岳阳楼记》。

汪曾祺《岳阳楼记》的第一句就开门见山地写道："岳阳楼值得一看。长江三胜、滕王阁、黄鹤楼都没有了，就剩下这座岳阳楼了。""故人西辞黄鹤楼，烟花三月下扬州"，李白这句诗词在许多人的心中早已熟烂于心。1984 年我去武汉游玩时就想登黄鹤楼，但没有见到黄鹤楼的踪影，原来 1957 年建武汉长江大桥武昌引桥时占了黄鹤楼的旧址，1981 年重建黄鹤楼时则选距离旧址 1000 米外的蛇山峰顶上，1985 年重建的黄鹤楼落成。1998 年我去武汉旅游时终于见到重建的黄鹤楼。滕王阁也是前几年去江西旅游时我才看到。滕王阁第 29 次重建是在 1985 年 10 月，1989 年 10 月 8 日重阳节正式落成。汪曾祺的《岳阳楼记》写于 1982 年 12 月 8 日，原载于《芙蓉》1983 年第 4 期。至于汪曾祺具体什么时候去的湖南，我从汪曾祺 1982 年 11 月 16 日给陆建华的信中获知："来信收到已有几天，我今天下午要到湖南去……我这次到湖南是应湖南人民出版社之邀'讲学'的，长沙留几天，还要到湘西去，看看我的老师沈从文的故乡。来去约半个月。"可以肯定地说，汪曾祺的岳阳之行就在这个时间段内。那次他应邀赴长沙为《芙蓉》文学讲习班讲了小说创作，之后与谌容等人同游资江、沅水、桃花源、岳阳楼等。汪曾祺一行所见的岳阳楼是民国时期修建的，不是目前的岳阳楼。目前的岳阳楼是 1984 年 5 月 1 日大修竣工并重新对外开放的。这次岳阳楼大修还相继修了怀甫亭、碑林、临湖园门，重建了三醉亭和仙梅亭等景点，大大丰富了岳阳楼名胜的内容。

汪曾祺的《岳阳楼记》与范仲淹的《岳阳楼记》同样写了岳阳楼的美。范文直接描写洞庭湖及岳阳楼的美，最后通过"先天下之忧而忧，后天下之乐而乐"直抒胸臆，为历代知识分子所效仿。汪文则反其道而行之，通过考证岳阳楼并非滕子京所建，范仲淹甚至并没有亲眼见过岳阳楼，表达他要将漂浮在现实生活之外的人拉回到生活中的目的。

文学家的秘境

汪曾祺在文章中虽感叹"匹夫而为百世师，一言而为天下法"的责任之重大，但这种感叹绝不与自身价值连接。汪曾祺提醒这些"言者""不慎哉"！他没有也不愿将自己算到"立言者"之列。汪曾祺考证岳阳楼并非滕子京所建，范仲淹也没有亲眼见过岳阳楼。给出的理由是范仲淹写这篇记的时候，他并不在岳阳，而是被贬在邓州（即今延安）。汪曾祺甚至说范仲淹连岳阳都没去过。范仲淹虽然没有看到过洞庭湖，但是他看到过许多巨浸大泽，而且他是吴县（已撤销，改设苏州市吴中区和相城区）人，太湖是一定看过的。汪曾祺深疑他对洞庭湖的描写，有些是从太湖印象中借用过来的。这种考证似乎直接否定了范仲淹写作《岳阳楼记》的合法性。

范仲淹的《岳阳楼记》给汪曾祺的启发似乎不是思想的震撼和人生的启迪，而只限于文章之美和语言修辞之工。汪曾祺最后将目光投注到对岳阳楼建筑之美的赞赏和对咏岳阳楼诗句的点评之中。

汪曾祺的《岳阳楼记》写出了岳阳楼美的道理：

> 岳阳楼本身很美，尤其美的是它所占的地势。"滕王高阁临江渚"，看来和长江是有一段距离的。黄鹤楼在蛇山上，晴川历历，芳草萋萋，宜俯瞰，宜远眺，楼在江之上，江之外，江自江，楼自楼。岳阳楼刚好像直接从洞庭湖里长出来的。楼在岳阳西门之上，城门口即是洞庭湖。伏在楼外女墙上，好像洞庭湖就在脚底，丢一个石子，就能听见水响。楼与湖是一整体。没有洞庭湖，岳阳楼不成其为岳阳楼；没有岳阳楼，洞庭湖也就不成其为洞庭湖了。站在岳阳楼上，可以清清楚楚看到湖中帆船来往，渔歌互答，可以扬声与舟中人说话；同时又可远看浩浩荡荡，横无际涯，北通巫峡，南极潇湘的湖水，远近咸宜，皆可悦目。"气吞云梦泽，波撼岳阳城"，并非虚语。

六、市井生活

汪曾祺的《桃花源记》和《岳阳楼记》都写于1982年,那时正是他心情最好的时候。《桃花源记》里他写了一首诗:"红桃曾照秦时月,黄菊重开陶令花。大乱十年成一梦,与君安坐吃擂茶。"这首诗他应当是很喜欢的,与他当时的心境很贴切。他有三四次写字送人,就写这首诗。也有人说他的《湘行二记》,与陶渊明的《桃花源记》及范仲淹的《岳阳楼记》同名,这是在挑战古人吧,他听了后淡淡地说:写了就写了。

李陀在《汪曾祺与现代汉语写作——兼谈毛文体》一文中这样评价汪曾祺:"这老头儿也太狂了!用现代白话文再写《桃花源记》和《岳阳楼记》?但当我一口气将这'二记'读完之后,竟高兴得近乎手舞足蹈,那心境如一个游人无意间步入灵山,突然之间,眼前杂花生树,春水怒生……他有这个资格,就凭他有那个气魄,也有那个秉赋,重写了《桃花源记》和《岳阳楼记》——用白话文。"

汪曾祺不是湖南人,却与湖南有很深的渊源。沈从文是他的老师,黄永玉是他的朋友:这两个人都是湖南人。他写了不少湖南的美景、美食。他被誉为"抒情的人道主义者""中国最后一个纯粹的文人""中国最后一位士大夫"。在儿女们的眼中,他就是一个爱唱京剧,喝点儿小酒,平易近人的"老头儿"。

"岳阳的景色是想象的,但是'先天下之忧而忧,后天下之乐而乐'的思想却是久经考虑,出于胸臆的、真实的、深刻的。看来一篇文章最重要的是思想。有了独特的思想,才能调动想象,才能把在别处所得的印象概括集中起来。"汪曾祺的《岳阳楼记》中的这一段我认为是他想表达的主题。

我站在岳阳楼上眺望浩渺的洞庭湖,心中却想着千里之外的高邮湖和乡贤汪曾祺。

文学家的秘境

打芦席做窝积

　　英子跳到中舱，两只桨飞快地划起来，划进了芦花荡。芦花才吐新穗。紫灰色的芦穗，发着银光，软软的，滑溜溜的，像一串丝线。有的地方结了蒲棒，通红的，像一枝一枝小蜡烛。青浮萍，紫浮萍。长脚蚊子，水蜘蛛。野菱角开着四瓣的小白花。惊起一只青桩（一种水鸟），擦着芦穗，扑鲁鲁飞远了。

（摘自《受戒》）

　　汪曾祺笔下的芦苇荡，分明是一幅美妙的大自然画卷。"巧云从十四岁就学会结渔网和打芦席。""这地方大粮行的'窝积'（长条芦席围成的粮囤），高到三四丈，只支一只单跳，很陡。"（《大淖纪事》）城里长大的汪曾祺对芦苇荡、芦席和窝积了如指掌，源于他对高邮东大街上市井生活的耳濡目染，也与他细心观察生活和非凡的记忆力分不开。

　　想当年，打芦席做窝积这种活，可是许多高邮城镇居民的当家活计。打芦席做窝积是有区域性的，或呈点簇状分布，高邮东大街上的草巷口、窑巷口以及荷花塘一带较多，北门大街及城里很少有人做这活儿。

　　高邮地处里下河地区，河网众多，草田连片，芦苇茂盛。芦苇一般生长于池沼、河岸、湖边、水渠、路旁，也有连片生长的，我下乡插队的地方，就有许多草田。因草田不产粮食，又远离庄舍，所以称之为荒田或荒荡。我们生产队的草田就在庄后的西侧，与横仲、邓家相连，耿庭村后面的官垛荡更大，一望无际的青纱帐。每年的八月，是芦苇的开花季节，花絮漫天飞舞，甚是好看。

初冬，正是芦苇收获的季节。这时，田里的农活也消停了，生产队就开始安排劳力去草田割芦柴。割掉芦柴后留下的芦柴根像钉子似的布满草田，因此人们走路时要特别仔细，稍有大意鞋底就可能被戳破。割好的芦柴捆成捆用船运到庄上，部分卖给草站，剩下的就分配到各家各户。农民们选有用的芦秆推笆、打芦席、做窝积，也可做簸箕和芦席帽，剩下的杂柴、草穰子就下锅堂了。

芦柴有"大柴"与"小柴"之分。小柴质地坚韧，表面光滑，一般用于做芦帘。大柴的植株高大，茎秆直立，足有三四米高，直径比手指还粗，是打芦席、做窝积、推笆的好材料。芦席，我们这里习惯叫"芦第"，建造房屋、晒东西都用到它。

"笆"实际上就是用芦柴替代木材或砖块的重要建材。我们知青屋的内隔断就是笆。推笆是有讲究的，要推出花样、推得紧密并不容易，一个生产队也就一两个人会这种手艺。

比起推笆来，做芦席的工艺就相对容易些，但选料更为讲究，要求根根笔直、粗壮。做芦席前，先要将芦柴用手握的刀具从头到尾剖开一条缝，然后依次铺开，反复用石磙子将之压扁形成芦篾，再用两个竹篾由梢向根部依次刮去芦壳。做芦席时席地将芦篾摆成十字起头，不断依次交叉加篾，用双手将芦篾推紧挤密。做芦席难做的是"煞边"，当芦席做到为四角"煞边"时，要求既要保持芦席的花纹走向，又要巧妙折边收口。做窝积时不是席地而坐，是跨坐在一个前低后高的矮长木凳上，手执一个圆锥形把手的钝刀，折叠煞边不服帖的地方用它敲平，边做边将做好的窝积向后移位。窝积的宽度不足一尺，长度则一般以圈起来直径二尺为限。

现在的草田，不少被开垦为粮田或鱼塘，芦席、窝积也没有了市场，一眼看不到边的芦苇荡和漫天遍野的芦花成了永恒记忆。

文学家的秘境

汪曾祺洗过的澡堂——东玉堂

在我们这一代人的记忆中，生活中除了开门必须要做的柴米油盐酱醋茶七件事以外，第八件事就是洗澡。那时，全城也只有数得过来的几个澡堂——"三星池""四德泉""华清池""明星池""东玉堂"，这些老澡堂至今都还在发挥作用。女澡堂有两个：一个在土坝口，是个混堂；一个在马棚巷，是个盆堂，因卫生设施跟不上形势，早已关门歇业了。

澡堂，我们这里也叫"澡堂子"或"澡塘子"，它与戏园子、茶馆、书场一样，是个公共信息的交流场所。哪个地方出了命案，谁家媳妇偷情被发现了，王二子夜里"倒麻叉"死了，张长李短的闲话，在这里都会绘声绘色地被描述、被传播。普通的大众浴客，他们的喜怒哀乐在这里得到尽情宣泄，市民的百态千姿也得到充分的昭示。小小的澡堂，聚集了形形色色的人，仿佛是浓缩版的大千世界，人们在澡堂里潇洒自然，畅所欲言。

汪曾祺对家乡的澡堂子印象颇深，由他家在竺家巷的后门出来穿过东大街来到草巷口，往前走不了多少路，"是一个澡塘子，不大。但是东街上只有这么一个澡塘子，这条街上要洗澡的只有上这家来。澡塘子在巷口往西的一面墙上钉了一个人字形小木棚，每晚在小棚下挂一个灯笼，算是澡塘的标志。""一进去，就闻到一股浓重的澡塘子味儿。这种澡塘子味道，是很多人愿意闻的。他们一闻过味道，就觉得：这才是洗澡！""有些人烫了澡（他们不怕烫，不烫不过瘾），还得擦背、捏脚、修脚，这叫'全大套'。还要叫小伙计去叫一碗虾子猪油葱花面来，三扒两口吃掉。然后咕咚咕咚喝一壶浓茶，脑袋一歪，酣然睡去。洗了'全大套'的澡，吃一碗滚烫的虾子汤面，来一觉，真是'快活似神仙'。"汪曾祺笔下的澡堂子，为我们描绘了旧高邮市井沐浴的真实场景。

草巷口的澡堂子，叫东玉堂，一百多年前为张宝生所开办，后由其儿子张同山经营，中华人民共和国成立以后改为东风澡堂。汪曾祺小时候经常在这儿洗澡，因东大街仅此一家，别无选择。可以说，这家澡堂是汪曾祺使用过的唯一现存建筑物。虽几经修缮，它仍在原地未动。那厚重的墙体、笨重的木板门、斑驳的墙壁，无不显现出久远的年代痕迹。听说这个澡堂是汪曾祺曾经使用过的，著名作家苏北、王树兴，澎湃新闻记者王峥都先后到这里体验了一把。他们一边洗澡，一边在捕捉旧的痕迹，在想象汪曾祺当年洗澡的场景。

记得小时候我经常随父亲去澡堂洗澡，小孩子洗澡不用买票。跑堂的师傅们好像和澡客都很熟悉，一见父亲进来就边打招呼边安排入座。那种热情不卑不亢，恰到好处，让你感到自然而温馨。那时没有储衣柜，若有贵重的衣服，跑堂的就会用木制的丫杈悬挂在铺位的高处。那娴熟、漂亮的动作可谓一气呵成，至今我仍然不忘。

我小脚套入大木屐子，咯得咯得跟父亲屁股后下池子。父亲总帮我先洗，洗好后把我抱上外面的铺位，他再返回泡池、搓背。上来后，跑堂师傅用热毛巾把子擦去洗澡人背上的水珠。如果不忙，跑堂师傅会打上几次热毛巾把子。若要递上香烟，跑堂师傅会更热情些。有需要修脚的，跑堂的会吆喝起来："7号张爹爹修脚。"一会儿修脚师傅从隔壁堂口跑过来，忙乎了一阵又服务下家了。我披着大毛巾，吃着父亲买给我的青萝卜，一咬嘎嘣脆。

我渐渐长大了，不再随父亲去澡堂，而是约上家门口的小伙伴一起去澡堂洗澡，走时母亲不忘交代要相互搓搓污垢之类的话。可是一入池中我就与小伙伴互相打水仗，潜水，狗刨式游泳，俨然把浴池当成了河。我们溅起水珠洒在浴池里大人的脸上，总被他们呵斥。等我们都疯够了，就湿漉漉地爬上来，顾不上揩干身上水珠，便匆匆穿上衣服回家了。那时候总会丢三落四把某样东西遗落在澡堂，于是不得不返回去找。如果落下的衣物或肥皂不见了，免不了要挨大人一顿臭骂。

那时的澡堂没有淋浴，上下一把连，若要去迟了，那水就会变得混浊黏稠起来，洗在身上滑溜溜的，有人说这是"熟水"，还有人特别喜欢洗这种水呢。按我们这儿的习俗，春节前每个人都要到澡堂洗一次澡，所以每年腊月二十至除夕夜是各大澡堂最忙的时候。那么多人就洗这么一池水，也叫"除除疑"。有些人为洗上干净水，除夕一大早就去澡堂洗澡了。有的澡堂内设理发室，于是春节前许多人常理发洗澡一并完成。

擦背、修脚是专属于澡堂的两大特色服务。所谓擦背，是因背部不易擦洗，故请擦背的师傅代劳。部分条件优越者逢澡必擦，一是摆谱，二是享受。擦背时先将毛巾整干，且手平巾平，用力得当均匀，既要把身体的各个部位擦到，又要使浴客舒服，还可起到舒筋活血的作用。若再配以敲腰推拿，更是一种超级享受，就连那有节奏的敲击声响都令人羡慕。而修脚不仅需要专业的技术，还蕴藏有医道在其中，修嵌甲、刮脚丫、去老皮等无一不需纯熟的刀法。我们那个时候洗澡，擦背都是相互间擦，修脚更是没有的事。

你可不要小看澡堂里跑堂的，可谓八面玲珑，毛巾朝肩上一搭，到处招呼客人。来了什么客，称呼什么，有什么爱好与要求，他们一目了然。他们能察言观色：浴客之间有什么误会纠纷，他们也许打个哈、一声笑就能化解。浴客递上的香烟，他们有时来不及抽，就往耳郭上一夹，又忙着招呼其他人了。当浴客少些了，他们也会抽起烟来，望着进进出出的浴客，仿佛有种"收获丰收"的喜悦。

澡堂里是有常客的，几乎天天一把澡。例如搬运工人，一天辛苦下来，二两老酒，一包熏烧肉，吃过以后往澡堂里一躺，所有的疲惫与烦恼都被抛到九霄云外去了，那真是神仙过的日子。"早上皮包水，晚上水包皮。"这是小城人悠闲生活的真实写照。在澡堂里，大人拿伢子开心是常有的事。"你是爹爹和妈妈养的吧？""小麻雀子呢？"也有动手皮小麻雀的，大家嬉笑一阵了事。

1968年底，我到农村插队，生活上的艰苦自不赘述，洗澡更是成了问题。夏季没事，洗澡可以下河，但到了秋冬天就成了一大难题，只好结伴跑到几里外的村庄上的澡堂子去洗。那澡堂子的水太浅，只起"箍拐"，凑合着吧，总比不洗强。所以每次回城，第一件事就是去澡堂，在大池子里洗洗泡泡也算是个享受。后来工作了，城里的澡堂又多了起来。如今，生活条件好了，澡可以在家天天洗：浴霸一打开，耀眼的灯光，升腾的雾气，温暖的环境，任凭喷头的水肆意地冲刷身体。看着水滴细细密密地洒在肌肤上，心中洋溢着满足。冬季，我偶尔也会到浴场里舒舒服服地泡上一把，擦个背。不过，搬家后，满澡堂没有几个熟人了，也插不上话，这让我总觉得缺少点什么——缺少的可能是当年"澡堂文化"的氛围吧。

文学家的秘境

赵厚麟与我们聊汪曾祺

2023年10月17日，国际电信联盟原秘书长赵厚麟发微信给我："昨天晚上我再次回到高邮。过几天将结束休假回日内瓦。你可以邀请汪曾祺纪念馆负责人和'汪迷部落'负责人一起，今天下午3点或明天下午3点在汪曾祺纪念馆见面聊聊，时间控制在一个小时左右。不要安排饭局或早茶了，我没有时间陪你们，敬请谅解。"

他之所以建议不要安排饭局或早茶，是因为他近期在高邮休假期间，各种酒宴和早茶让他应接不暇，他很不适应。他在微信上对我说："桌上闹哄哄的，根本无法交流，饭局纯粹成了拉近关系的平台，全然不是真心交谈的场所。汪老笔下似乎没有描述过高邮饭局令人头疼闹哄哄的'热闹'。他的'小酌''浅吟'在我这几天经历的饭局上几乎没有表现的机会。"他倡导"君子之交淡如水"，反对"小人之交甘若醴"。

2023年9月18日和9月19日两天，在"汪迷部落"会议室举办了高邮中学66届初三（3）班进校60周年纪念活动，赵厚麟先生受邀参加了这次活动。这次活动结束后他主动与我聊起了汪曾祺，聊起汪曾祺的《炒米和焦屑》，他对汪曾祺笔下的"焦屑"产生了疑问。

因此，我们就把小型茶话会定在2023年10月18号下午3点，地址就在环境幽雅的汪曾祺纪念馆的"一往情深"茶吧。高邮市文联主席赵德清，市文联副主席、市作协主席徐霞，汪曾祺纪念馆负责人姜红兰，"汪迷部落"文学社社长姚维儒、副社长戎同、副社长陈玉华等出席活动；高邮市文联原副主席陈其昌也兴致盎然地来到活动现场。有"天下第一汪迷"之美称的苏北，正在高邮，也应邀前来参加。扬州作协主席周荣池因故未能到场，特向赵厚麟先生致歉。

这天天气晴朗，微风吹拂在人的脸上很舒服，到处飘溢着桂花的清香。赵厚麟先生准点来到了活动地点。当我介绍戎同时，他就联想到戎同的父亲戎椿年，还知道戎椿年是搞集报的；当介绍陈玉华时，他就关切地询问如何传承老钟表手艺。

交谈中，赵德清向赵厚麟讲述了"汪迷部落"的成长历程和社会影响力，向他介绍了高邮的文艺事业和群众文艺活动。"汪迷部落"从微信群、微信公众号，发展到"汪迷"们自发组建"汪迷部落"值班室、"汪迷部落"文学社、"汪迷"丛书编委会、"汪迷部落"工作室，组织了"汪迷"讲坛、"汪迷"读书会、"汪迷"寻访汪曾祺足迹等线上与线下的"汪迷"文学活动，立足民间自发自愿原则全面展开，形式多样，有声有色。刚刚接触使用微信的赵厚麟，听到介绍后欣然关注"汪迷部落"，成为第30980位"汪迷"。他用微信回复赵德清说："我也是有编号的汪迷了。"高邮市文联工作近年来也丰富多彩，八个直属文艺家协会异彩纷呈，全市已经有63名国家级会员、360多名省级会员，全国美展、汪曾祺文学奖品牌文艺活动影响广泛，高邮文艺奖每年发放60多万元文艺精品奖金。这次茶话会期间，赵德清、徐霞分别将他们的作品和"汪迷"丛书、文联《珠湖》等出版物赠送给赵厚麟。

赵厚麟与大家聊到汪曾祺的《大淖记事》《异秉》，聊汪曾祺笔下的美食，还聊到汪曾祺下放张家口时发生的故事。他建议汪曾祺纪念馆应该与国际接轨，搞专家驻会制，建立汪曾祺基金会，这样便于纪念馆的发展。

他早年就买过汪曾祺的《汪曾祺自选集》。陈其昌接过话题说《汪曾祺自选集》首印 2000 册，高邮帮他销售了 600 册，当时的汪曾祺感到很高兴。后来的《汪曾祺书画册》共印 2000 册，高邮市文联帮助销售了 800 册。

苏北老师简单介绍了他与汪老的师生情谊，讲他当初投稿总是不被采用的难过心情。汪曾祺帮他分析原因，认为还是语言关没有过，嘱咐他要多读名著，多读《红楼梦》之类古今中外经典作品。当赵厚麟知道徐霞和姜红兰写小说且成果颇丰时，由衷地为她们感到高兴。赵厚麟认为，汪曾祺的作品生动描写了旧高邮百姓的生活和社会现象，他希望当代高邮文化人秉承汪曾祺的精神和写作风格，创作出反映当代平民百姓生活和社会现象的作品，这方面应该有很多东西可以写。他鼓励我们多看多写，多出文化精品，为宣传高邮和汪曾祺做出更大的贡献，也期待高邮能够出现新的"汪曾祺"。

时间过得真快，一晃 1 个小时就过去了，有人提议大家到室外拍照留念。拍照后大家又回到茶吧继续聊关于汪曾祺的话题：聊到革命现代京剧沙家浜，聊到汪曾祺的好友林斤澜……虽然约定的茶话会时间早已过了，然而大家仍意犹未尽。这时候茶吧工作人员为我们买来了晚茶麻团和插酥烧饼。赵厚麟还记得汪曾祺关于晚茶所写的文字："我的家乡有'吃晚茶'的习惯。下午四五点钟，要吃一点点心，一碗面，或两个烧饼或'油墩子'。1981 年，我回到阔别 40 余年的家乡，家乡人还保持着这个习惯。"赵厚麟虽说长期在国外生活，但对家乡高邮的关注，对汪曾祺的热爱，丝毫没有因此受到影响，仍有深厚的家国情怀，也不愧为实打实的"汪迷"。

傍晚，赵厚麟给我发微信说："今天下午的聚会非常轻松愉快！认识了汪迷部落的几位管理者们，了解了很多情况，学到了很多知识，令人高兴！为你们点赞！"苏北给我发微信说："昨日有幸在汪曾祺纪念馆见到赵厚麟先生，先生风神昳丽，态度亲切。初见之下，相谈甚欢，叙汪学之精妙，研汪馆之未来，厚麟先生多有卓见。厚麟先生儒雅务实，言谈投足极具现代精神，使我们汪迷受益匪浅，度过了一个愉快而难忘的秋日下午。"苏北老师的一席话也代表了我们的感触。

赵厚麟在高邮中学上学期间，品学兼优，我初一时就读过他写的被学校评为范文的作文；他插队横泾种田，吃苦耐劳，表现突出，出席了扬州专区知识青年代表大会；在农机三厂当过工人，善于思考，专研技术，被推荐到南京邮电学院读书；工作后被选派到国际电信联盟，从普通职员一直做到国际电信联盟的掌门人。他一步一个脚印，为世界的电信事业做出了巨大贡献，为我们祖国争得了荣誉。他不愧为国之骄子，是祖国的骄傲，也是我们高邮的骄傲。

一场不寻常的秋日茶话会，让我们永远记住吧！

后 记

汪曾祺是20世纪中国的文学大师,连接了中国现代文学和当代文学。他的作品已成为读者心目中百读不厌的经典。汪曾祺不只是高邮的汪曾祺,更是当代文学的汪曾祺,是现代汉语的汪曾祺。他的故乡应该是喜爱他的作品的读者们的共同的故乡。对他的作品的研究逐渐成为现当代文学研究中的一个重要课题。

我生在高邮,长在高邮,高邮是我最熟悉的地方。可以说我家与汪曾祺家是街坊邻居。目之所及,心之所悟,我对汪曾祺作品中的人和事有着更深的理解与感悟。汪曾祺的作品多取材于旧高邮人的平常事。他对高邮的风土人情、东大街及其周边的市井逸事的描写,是其最为出彩和动人的篇章。自他19岁离开高邮到他第一次返回高邮,40多年已过去了。在他的情感世界里,故乡的水、故乡的情,无时不在他的心中流淌,让他魂牵梦萦,念念不忘。他用质朴淡雅、温润自然的笔触,写就这些"初读似水,再读似酒的名篇"。在这些身处逆境的社会底层人群中,在这些坚韧又富有人情味的人们身上,寄托着汪曾祺的人生理想、生活情趣和对高邮这块故土的热爱和对乡邻的关爱之情。

我从20世纪80年代初开始了搜寻汪曾祺的足迹之旅。他作品中的人物大多是有原型的,书中的故事仿佛就发生我的身边,我对他的作品中的人和事竟十分熟悉。汪曾祺虽离开我们已经20多年了,但他的作品历久弥新，在中国文坛上"无可争辩地占据着独特隽永、光彩常在的位置"。多家出版社争相出版汪曾祺的作品，对他作品的研究热度不减，相关研究探讨汪曾祺作品的文章更是层出不穷。不过，外地"汪迷""汪研"更多的是偏重于"纸上谈汪"，无法深入了解研究其文学地理和高邮的市井文化，这总让人觉得言犹未尽。

研究汪曾祺的作品这个课题，恰似一座富矿，可做的事很多，我们若能沉下心来，耐得住寂寞，肯下硬功夫，是可以聚沙成塔、集腋成裘，不断地收获更多成果。作为高邮的"汪迷"文学爱好者，敬重汪曾祺不能只是把研究重点放在理论研究的深度上，或满足于写汪曾祺的一段逸事、一次接触，或得过一字一画的经历的描述，我们要用事实来说话，写出一个鲜活真实的汪曾祺来。我充分利用自身的"地域"优势，另辟蹊径从汪曾祺作品人物溯源入手，探索其作品中的故事来源，从另一个侧面来诠释汪曾祺作品。

对汪曾祺笔下人物的溯源是件十分有意思的事，也比较辛苦。汪曾祺写故乡的人和事，大都来自他1939年离开高邮前的一些记忆，少部分来自三次回高邮与亲朋好友之间闲聊中的碎片采撷。因年代久远，汪曾祺笔下的人物原型几乎都去世了，了解情况的第二代寥寥无几，第三代对上代的旧事几乎不甚了解。要挖掘人物原型的真实面貌是有相当大难度的。有时为了探寻或求证一件逸事我要采访好多人，还要对收集的资料细致地整理分析，厘清汪曾祺作品中相关故事的来龙去脉，去伪存真，力求真实地还原故事的原貌。经过近几年的探究，我大有收获。

为了梳理汪曾祺笔下的文学地理和他儿时在高邮的足迹，便于外地"汪迷""汪研"快速熟悉高邮东大街的地理位置，我先后手绘了《汪曾祺在故乡旧时足迹示意图》和《中华人民共和国成立前高邮东大街工商业分布示意图》，后来这两张图被光明日报出版社的《家人闲坐，灯火可亲》一书采用。2019 年和 2020 年《北京青年报》副刊曾先后两次整版报道了我的"汪研"成果，后被《报刊文摘》《作家文摘》转载。近几年我先后参加了《北京青年报》"青睐"人文寻访团、深圳卫视"汪曾祺专题组"、《三联生活周刊》、澎湃新闻、扬州电视台和《新华日报》交汇点等新闻媒体来高邮的采访和拍摄活动。汪曾祺研究会会长陆建华和扬州文化学者朱延庆鼓励我在汪曾祺研究上走得更远更好。旅京著名作家王树兴对我的指导最多。著名"汪迷"作家苏北称赞我的《琐忆汪老》是汪曾祺故乡的"文学图谱"。著名"汪研"杨早博士说："姚维儒先生，通晓言语，厘清关系，辨别地形，访谈人物，高邮之外的研究专家再自称第一，也是做不到的。"

掸去历史的尘埃，追忆昔日的故事，我的文字解开许多鲜为人知的往事之谜：汪家药店为新四军送药治疗伤员的义举，对汪曾祺的老师高北溟等人物的深度挖掘，对汪曾祺家族情况的叙述，对高邮民俗风情的解说，对汪曾祺朋友圈的介绍，还再现了旧时高邮的许多生活场景。这些客观上延伸了汪曾祺在故乡的生活轨迹，也体现了搜寻汪曾祺足迹的意义，有些内容具有史料价值。若此书能为读者了解研究汪曾祺提供不同的视角和启迪，对我来说算是一件聊以慰藉的事。

在成书的过程中，得到了高邮市文联及许多文友的热心帮助。杨早博士和苏北老师欣然为我作序，扬州市作协主席周荣池为我的书名再三斟酌，作家陆建华、朱延庆和王树兴等对我在创作方面加以指导，高邮市文联主席赵德清对我的文章积极推介，焦成钢老师对书稿电子档的编辑工作很是辛苦……为此，特向各位领导、专家、老师们一并表示感谢。

姚维儒

2022 年 11 月 8 日